KB027754

사람
곁에
사람
곁에
사람

인권운동가 박래군의 삶과 인권 이야기

사람 곁에
사람 곁에
사람

박래군 지음

운명을 바꾼 약속,
잡은 손 놓지 않고

영화 〈또 하나의 약속〉을 뒤늦게 보았습니다. 이 영화를 보고는 많이들 울었다던데 나도 많이 울었습니다. 깜깜한 영화관은 누구 눈치 보지 않고 울기에 적당한 곳이었기 때문인지 모르겠습니다. 죽어가는 딸 앞에서 한 약속, 꼭 진실을 밝히겠던 그 약속을 지키기 위해서 영화 속의 아버지, 아니 현실 속의 황상기 씨는 약속을 합니다. 그리고 이기기 힘든 싸움에 나섭니다. 그 아버지가 약속하는 그 장면이, 그리고 숱한 고생 끝에 법정에서 삼성을 상대로 최초로 산업재해를 인정받아내는 그 과정이 너무도 공감이 되었습니다.

사람들은 나라는 인간이 왜 외골수로 인권운동의 길을 걷고 있는가를 묻고는 합니다. 이 길을 떠나지 못하는 건 나도 약속이 있어서입니다. 벌써 25년 넘게 그 약속을 지키기 위해서 살고 있습니다. 그때 내게는 특별한 일이 있었습니다. 동생이 온몸에 시너를 붓고 불을 지르고 이틀 만에 저세상으로 서둘러 가버렸습니다. 동생은 유서에서 "민중의 새 세상"을 염원했습니다. 동생을 땅에 묻으며 약속했습니다. 그날을 위해 네 몫까지 싸우겠다고, 그날이 올 때까지 절대 울지 않겠다고 약속했습니다.

나는 아직 그 약속을 이루지 못하고 있습니다. 그러니 이 길을 떠날 수 없습니다. 약속을 이룰 때까지 내가 할 수 있는 일을 하겠다고 찾은 게 인권운동이었습니다. 한 가지 약속은 벌써 못 지킨 것 같습니다. 요즘 나는 종종 울고는 합니다. 울면 약해질까봐 애써 북받쳐 오르는 울음을 참아왔던 세월이었는데 요즘은 눈물이 잦아졌습니다. 나이가 들면 남자에게 여성호르몬이 많아진다고 하지요. 그래서인가 싶기도 하고요.

영화에서 아들이 아버지에게 대들면서 하는 말이 있습니다. 누나는 아버지 때문에 죽었다는 그 말. 나에게도 그런 적이 있습니다. 정말 듣고 싶지 않았던 그 말, "너 때문에 동생이 죽었어." 저세상에 가서 동생을 만난다면 묻고 싶었습니다. 정말 나 때문에 죽은 거냐고. 한때 그런 말을 하는 사람들을 원망도 많이 했지만 가슴에 담아두기로 했습니다. 그 말이 오히려 오기를 발동시켰기 때문에 지금껏 동생과의 약속을 지키려 애쓰는지도 모르겠습니다. 동생의 몫까지 싸우는 것, 그것이 내 운명이라고 생각하기로 했습니다. 지금도 동생의 죽음은 담담하게 할 수 없는 얘기입니다. 애써 아무렇지 않은 척말하지만 속은 그렇지 않습니다. 그런 점에서 나의 연기력도 썩 괜찮은 편입니다.

나는 한이 많은 사람입니다. 그러다보니 노래도 슬픈 노래, 한이 서린 노래들만 좋아하게 되었습니다. 경쾌하고 빠른 리듬의 노래는 가슴에 와 닿지 않습니다. 열띤 사랑의 노래보다는 이별의 노래에 더 공감합니다. 하지만 세상 사람들은 슬픈 것보다는 즐거운 것, 재미있는 것을 좋아합니다. 나 슬프다, 그러니 같이 울어달라 하면 오히려 외면받더군요. 내가 슬플 때보다 즐거울 때 더 많은 사람들이 같이한다는 것을 어느 순간 깨달았습니다. 내가 악다구니 쓴다고 내 말을 귀담아듣지 않습니다. 즐겁게 함께할 수 있는 곳에 사람들이 옵니다. 가장 슬픈 현실에서도 함께 손잡고 기쁘게 할 수 있는 일이 있어야 합니다. 그래서 나도 가급적이면 즐겁고 재미있게 살려고 노력하고 있습니다.

하지만 인권운동가를 찾아오는 사람들은 뭔가 억울한 일을 당한 사람들입니다. 또 내가 달려가는 현장들도 그런 곳들입니다. 잘되고 즐거운 자리를 굳이 찾아갈 이유가 없는 직업이 인권운동가이니까요. 나를 찾아오거나 나를 만나는 사람들은 내게 도와달라고 합니다. 내가 도움을 주는 것일 수도 있겠지만 나는 내 일을 하는 것입니다. 그리고 일을 하는 가운데 나는 그 사람을 알아갑니다. 그 사람이 살아온 인생, 내가 몰랐던 사실들, 그의 가족과 그 주변 사람들의 삶까지 보게 됩니다. 대체로 그런 사람들은 착하고 좋은 사람들입니다. 그런 사람들의 곁을 지키면 그의 일이 나의 일이 됩니다. 그의 일과 나의 일이 분리될 수 없는 하나가 될 때 진정으로 나는 운동을 하고 있구나 하는 생각이 듭니다. 그런 감정의 동화가 되지 않으면 곁에는 있지만 겉만 빙빙 돌며 남의 일을 하는 것이 되고 맙니다.

그렇게 나는 많은 일을 하면서 많은 사람들을 만났고 그 사람들과 이런저런 약속을 하면서 살아왔습니다. 역시 그 약속들을 지키기 위해서도 나는 인권운동가의 길을 떠나지 못합니다. 죽은 사람과의 약속, 산 사람과의 약속 안에서 뜨겁게 살아야 하는데 나이 들면서 점차 그 뜨거움이 식는 것 같아서 두렵습니다.

사람들이 마냥 좋은 것만은 아닙니다. 몇 번의 배신이 있었습니다. 큰 배신을 당했을 때는 운동이고 뭐고 해일처럼 회의가 밀려왔습니다. 못난 나 자신이 미워서 술을 푸고 또 푸고는 했는데 그럴 때마다 나를 일으켜준 것도 사람입니다. 배신하고 도망친 자들보다 더 많은 사람들이 나와 함께 있어주었습니다. 작은 배신들도 있었습니다. 가난한 사람들일수록 돈 앞에서 작아지는 것을 많이 보았습니다. 돈 몇 푼이면 해결할 수 있다는 가진 자들의 오만함이 역겨운데, 그 돈 앞에 가난한 사람들이 무너져내리는 걸 보면서 심하게 비난하고는 했습니다. 그런데 오죽하면 그러겠느냐고 어느 순간 이해가 됐습니다. 욕을 해봤자 부질없는 짓이고, 돈의 유혹을 이기도록 힘을 주지 못한 우리가 못났음을 탓하기로 했습니다. 그러므로 돈 앞에서 약속을 저버리지 않은 황상기 씨는 충분히 존경받아야 합니다.

*

그동안 이런저런 글들을 참으로 많이 써왔습니다. 인권운동을 하면서 제일 많이 썼던 글은 단연 성명서입니다. 나름 상투적으로 안 쓰려고 밤을 새우고 낑낑댔던 것 같은데 그때가 지나고 나면 곧 잊히는 글이 성명서입니다. 언론 기사에 단 한 줄이라도 인용이 되면 좋은 거고, 그렇지 않으면 그대로 폐기되는 글이지요.

제안서도 많이 썼습니다. 어떤 사안이 발생하면 상황을 공유하고 무엇을 할 것인지를 토론하자고 하는 제안서를 써서 돌리는 일을 후배 활동가들은 종종 '사고 친다'고 말하고는 했습니다. 그렇게 해서 연대하는 단체들과 함께 공동대책위원회도 만들었습니다. 그 안에서 상황실장이나 집행위원장 역할을 참 많이도 했습니다. 그 외에도 칼럼, 주장이나 정세 분석을 담은 글 등 청탁이 들어와서 쓰기도 하고, 필요에 따라 써둔 글을 언론사에 보내기도 했습니다. 때로는 모자라는 생활비에 보태기 위해서 글을 쓴 적도 있습니다. 그런 글들을 나중에 찾아보면 맘에 드는 것은 별로 없고, 낯 뜨거운 글들이 대부분이었습니다.

부끄러운 글들을 모아서 첫 에세이집을 세상에 내놓습니다. 이번 책에 묶은 것들은 가장 최근에 쓴 글들입니다. 우선『한겨레21』에 1년 정도 연재했던 「박래군의 인권 이야기」와 '민주사회를 위한 변호사 모임(민변)' 기관지에 썼던 글들을 모아 수정했고, 나머지 많은 글들은 출판사의 요청에 의해 새로 쓴 것입니다.

이번 책에 묶인 글들은 주로 국가폭력에 맞서 싸워온 과정을 말하고 있습니다. 내가 해온 일들이 주로 그런 쪽에 맞춰졌던 것 같습니다. 국가가 저지르는 폭력에는 여러 결이 있습니다. 고문이나 폭행과 같은 직접적인 폭력에서부터 제도와 법으로 사람의 목숨조차 빼앗는 폭력도 있고, 사상과 표현마저 억압하는 폭력까지 있습니다. 폭력을 자행하는 국가에 맞서고, 범죄를 부인하는 국가에 맞서는 일은 인권운동가에게는 피할 수 없는 운명 같은 것입니다. 인권은 왕이 지배하던 시절 국가의 폭력에 맞서는 일에서 탄생되었고 그로부터 발전해왔기 때문입니다. 괴물처럼 날뛰는 국가를 인권을 지향하는 국가로 바꿔가는 일이 인권운동이 해야 할 일입니다. 그래서 국가의 폭력을 단죄하면서 그런 범죄가 반복되지 않도록 만들어야 하고, 나아가 국가가 적극적으로 인권을 보호하고 실현하는 역할을 하도록 만들어가야 합니다. 나는 그런 일을 하고 싶었습니다. 국가만 바로 잡혀도 세상은 참 좋아질 거라고 생각해왔고, 지금도 그런 생각을 하고 있습니다.

1부에는 자전적인 글들을 담았습니다. 인권운동을 하기 전에 젊은 시절 내가 살아왔던 시간들입니다. 나중에 회고록이나 쓰게 된다면 더 보완해야 할 것들이겠지요.

2부는 인권운동을 하면서 기억에 남는 현장들입니다. 주로 『한겨레21』에 실린 글들을 현재 상황에 맞게 수정했고, 몇 편은 새로 썼습니다. 연재가 아쉽게 끝나서 하다 만 작업이 되었는데 나중에 기회가 닿는다면 기록 차원에서라도 더 써볼까 생각 중입니다. 연재라는 제한성 때문에 각각의 사건들을 충분히 그려내지 못한 측면도 있으니까요. 사실 이 사건들을 해결하는 과정은 동료 활동가들, 그리고 피해자이기도 하고 주체이기도 한 많은 이들과 함께 노력한 일들입니다. 그런 일들을 마치 나 혼자 해낸 것처럼 읽힐까 걱정입니다.

3부는 용산 참사와 관련한 생각들을 적은 것입니다. 참사가 발생하고 나서 썼던 글들을 시간대별로 실었습니다. 용산 참사는 두고두고 생각할 거리를 주고 있습니다. 단지 국가폭력이라는 주제뿐만 아니라 우리가 살고 있는 사회의 많은 문제들이 거기에 담겨 있습니다. 용산 참사 문제를 해결하려다가 수배도 되고 감옥에도 다녀왔지만 지금도 이 문제를 해결하지 못하고 있습니다.

나는 이제 일선에서는 어느 정도 물러나서 현장을 뛰는 후배 활동가들을 지원하는 역할을 하고 있지만, 지속가능한 인권운동의 조건을 어떻게 만들까 하는 생각은 계속하고 있습니다. 인권운동만이 아니라 '망가진' 진보운동을 새롭게 시작하기 위한 고민도 함께하고 있습니다. 4부에서는 이런 고민들의 일단을 담아보았습니다. 덧붙여 앞으로의 내 인생 계획을 조심스레 밝히기도 했습니다. 4부의 글을 쓰면서 30년 가까이 인권운동을 해왔으면서도 인권운동의 미래를 제시하지 못하는 한계점을 분명히 보았습니다. 이 부분은 앞으로 지속적으로 숙고해야 할 과제인 듯합니다.

*

나를 아는 세상 사람들은 내가 어떻게 먹고사는지를 가장 궁금해합니다. 쥐꼬리만도 못한 인권활동가의 활동비로 생활을 하냐고, 딸이 둘이나 있는데 어떻게 사느냐고 말입니다. 거기에는 인권운동을 하는 사람에 대한 고단함을 걱정해주는 면도 있지만 순전한 호기심도 있겠지요. 그래서 어떤 대담에서는 인권운동으로 밥 먹고 산다고 약간의 허세를 부리기도 했습니다. 인권운동으로 밥 먹고 살 만한 사회가 되었다는 얘기도 포함되어 있는 말입니다.

　실제로 나는 인권운동을 하면서 밥 먹고 살았습니다. 하지만 솔직히 고백하건대 내가 운동을 하면서 살 수 있었던 뒤에는 많은 사람들의 노고가 깃들어 있습니다. 나라는 존재는 세상의 수많은 이들과 관계를 맺으면서 상호작용하면서 살아가는 존재일 수밖에 없으니까요.

12

가장 먼저, 내가 운동을 할 수 있도록 도움을 준 사람은 뭐니뭐니 해도 나의 아내입니다. 나는 아내의 노동과 배려 덕분에 운동을 할 수 있었습니다. 자신이 생계를 책임질 테니 운동 열심히 하라고 했던 아내는 가냘픈 몸으로 두 딸을 키우면서 글쓰기 학원을 운영했습니다. 1년 반 전까지 무려 16년 넘게 학원에서 돈벌이를 했습니다. 매일 밤늦게 귀가하는 남편을 걱정하는 아내는 한때는 아침 첫차로 출근하는 남편을 위해 도시락을 싸주기도 했습니다. 그런 남편은 걸핏하면 연행되고 기소되고 구속되고 수배까지 당하는 일로 아내에게 힘든 시간을 견디게 했습니다. 얼마 되지 않는 활동비에 원고료나 강연료 등을 얹어서 생활비에 보탰다고 하지만, 아이들이 어릴 때부터 대학에 들어갈 때까지 우리 가족은 아내의 헌신 위에서 나름 행복한 가정을 누릴 수 있었습니다. 이런 아내의 도움이 없었다면 나는 이 길을 지키지 못했을 겁니다. 더 아픈 이들의 곁을 지키고 그들의 손을 잡아주느라 충분히 시간 내서 아내의 곁에 있어주지도 못했던 것 같습니다. 이런 나를 변함없이 사랑하는 아내는 천사표입니다.

　우리 두 딸도 더 이상 고마울 수 없는 존재들입니다. 어릴 때부터 친구처럼 놀아주기만 했지 맛난 것도 제대로 사주지 못했지만, 비싼 음식점 한번 가자고 조른 적도 없습니다. 아빠가 사는 모습을 보면서 어느 정도의 가난함은 우리에게 당연한 것인가보다 생각했는지도 모릅니다. 그렇지만 늘 밝게 살아주었습니다. 한참 사춘기 때 아빠가 덜컥 감옥에 가 있는데도 엄마에게 비굴하게 탄원하지 말라고, 아빠는 정당한 일을 하다 구속된 거라면서 힘을 주던 녀석들이 이제 대학생이 되었습니다. 지금도 아빠와 잘 놀아주고 속마음까지 보여주면서 대화를 청하는 친구 같은 녀석들 때문에 피곤한 나날에 아드레날린이 솟습니다. 내가 지켜야 할 가족이 있고 가정이 있다는 건 운동가에게는 행운입니다. 가정을 제대로 돌보지 않는 엉터리 가장을 불만도 없이 반겨주고 지지해주고 응원해주는 가족이 내게는 있습니다.

일용한 양식을 댄 것은 아내였는데, 그런 정도의 일용할 양식으로도 살 수 있도록 밑받침해준 건 시골의 부모님이었습니다. 부모님 입장에서 말하면, 나는 그분들의 기대를 한 몸에 받았다가 한순간에 고통을 주는 아들이 되었습니다. 운동가의 길을 걷는 것은 그분들의 몸과 마음에 고스란히 고통으로 새겨졌습니다.

*

가족들보다 더 많은 시간을 함께했던 인권운동사랑방을 비롯한 인권단체연석회의 활동가들도 고마운 이들입니다. 어려운 제안을 선뜻 받아서 함께 밤새 조사하고, 보고서를 쓰고, 기자회견에 집회, 토론회 준비까지, 그리고 현장에서 농성, 단식, 불복종운동을 하면서 같이 연행도 되고, 벌금도 물고, 감옥에도 갔다 오고는 했던 그들을 기억합니다. 부족한 나를 일깨워준 것도 그들이었고, 군사주의 문화에 찌든 80년대 운동권이었던 나에게 인권감수성이 배도록 비판해준 것도 그들이었습니다. 그 덕에 오늘의 나란 인간이 있을 수 있었습니다. 이 책에 나오는 사건들도 일일이 거론할 수 없는 많은 활동가들과 함께 만들어왔던 일입니다. 더 넓게는 인권운동을 넘어 일마다 대책위원회 등으로 함께했던 단체들의 활동가들도 있습니다. 선배님들이건 후배님들이건 대책위원회로 모인 분들이 보여준 열정과 동지애가 있어서 연대활동을 이어갈 수 있었습니다. 그분들에게도 고마움을 전합니다.

인권의 현장에서, 투쟁의 현장에서 만났던 사람들의 얼굴도 떠오릅니다. 앞서도 얘기했지만 그들에게 내가 도움을 준 게 아니라 내가 그들의 도움을 받으며 살았습니다. 그런 사건들을 만나지 못했다면, 그런 사건의 주인공들을 만나지 못했다면, 나는 편협한 시야에 갇혀서 내가 하는 일만 파는 전문가 정도가 되었을 겁니다. 하지만 두루두루 세상의 밑바닥까지 함께 볼 수 있었고, 세상의 벼랑 끝도 알 수 있었습니다. 그렇게 같이 일을 풀어가면서 마음의 근육이 단단해졌고, 시야도 넓어졌습니다. 오히려 그런 기회를 만들어주신 그분들에게 고맙다는 인사를 전해야 합니다.

15

이처럼 내 삶은 많은 분들에게 빚지고 살아온 과정입니다. 앞으로도 그럴 겁니다. 일일이 이름을 들어 설명하지 않아도 서운해하지 않을 친구들, 선배들, 후배들까지 그리고 이름도 얼굴도 드러내지 않으면서 나를 지지하고 격려해주고 함께해준 많은 사람들에게까지 나는 빚지고 있습니다. 이런 분들에게 이 책을 드리고 싶습니다.

이 책이 나오기까지 매번 원고 마감 약속을 어기는데도 초인적인 인내심으로 기다려준 출판사 클의 김경태 편집장과 박정우 팀장, 홍경화 편집자에게도 고마움을 전합니다. 김경태 편집장은 나의 글을 모아서 검토하고 재구성하고 글의 방향도 짚어주었습니다. 그와는 두번째 작업인데 첫번째 작업의 결과가 좋지 않아 그에게 타격을 좀 입혔습니다. 그게 미안해서 이번 작업을 같이하기로 했습니다. 이번 책이 많이 읽혀서 그에게 진 빚 좀 덜었으면 하는 바람도 있습니다.

*

앞으로도 사람들의 곁을 지키는 사람이 되어야겠다는 생각을 합니다. 그리고 나만이 아니라 다른 이들도, 지금은 외면했던 이들도 끌어와 내 곁에 서도록 하고 싶습니다. 인간의 관계가 처참하게 파괴된 야만의 시대를 살아가는 우리가 인권의 가치로 만나게 되는 세상이 동생이 꿈꾸었던 '민중의 새

세상'이 아닐까요. 그런 길을 더 많은 사람들과 같이 가기 위해서 시민들의 도움으로 만든 게 인권센터 '인권중심 사람'입니다. 이곳을 통해 더욱 토대가 단단한 인권운동, 더 넓고 더 깊게 지속가능한 인권운동의 미래를 준비하고 싶습니다. 사람 곁에 선 사람 곁에 또 사람이 다가가 선다면, 그들이 잡은 연대의 손으로 세상은 더 밝아질 수 있겠지요. 그러기 위해 나는 사람의 곁을 지키며 서 있겠습니다.

2014년 초봄에
박래군 드림

1부

인생 1막에서
2막으로

인생에서
처음 만난 '국가'

내가 처음으로 만난 국가國家는 태극기였을까 애국가였을까. 아니면 국민교육헌장이었을까. 박정희 정권 때 '국민학교'를 다닌 내게 국가는 감히 의심할 수 없는 거대한 그 무엇이었다. 국가가 있기 때문에 내가 있다는 생각을 주입받던 시절, 조국 대한민국을 위협하는 공산 집단 북한은 머리에 빨간 뿔이 난 짐승들의 나라였다.

어린 시절 우리 집은 풍족한 적이 없었다. 보릿고개를 심하게는 아니어도 그게 어떤 건지 알 만큼은 겪은 것 같다. 어머니가 갑자기 병원에 입원해서 집에 오지 못하던 때는 멀건 된장국에 보리밥도 제대로 먹지 못했다. 국민학교도 들어가기 전에 배곯았던 기억은 이상하게도 오래 남아 있다. 막 익어가던 밀이나 겨울쯤 아버지가 벗겨주던 소나무 속껍질을 입안에 넣고 오물오물 씹은 적도 있다. 끼니 대신이었다. 그래서일까. 지금도 밥은 남기면 안 되는 것, 밥을 할 때 쌀은 한 톨도 흘리지 않아야 하는 것으로 내 머릿속에 깊이 박혀 있다.

나도 나름 시골 학교에서 공부깨나 한다던 놈이었지만, 월사금을 못 내서 선생님한테 종종 불려가곤 했다. 학교에서는 미술시간이 참 싫었다. 집안 사정을 빤히 아는 터에 부모님께 준비물을 사달라고 말하기가 너무 어려웠다. 물풀 대신 밥풀을 싸갖고 가서 무엇을 붙일라치면 친구들에게 무척이나 창피했다.

더욱 창피스럽게 생각한 건 아버지가 뻥튀기 장사를 한다는 사실이었다. 아버지는 추수가 끝나고 찬바람이 불기 시작할 때부터 준비를 했다. 그러고는 오일장을 찾아가거나 동네를 돌면서 장사를 했다. 내가 어렸을 때 겨울은 요즘 겨울보다 몇 배나 더 추웠던 것 같은데, 그런 겨울이면 농촌 마을은 농한기여서 일 없이 노는 게 다반사였지만 아버지는 그러지 않았다. 리어카에 기계와 나무장작 등을 잔뜩 싣고 얼음길을 나아갔다. 그러면 어머니, 때로는 형, 정말 드물게 내가 아버지의 리어카를 뒤에서 밀어야 했다. 십릿길도 넘게 리어카를 끌고 가서 판을 벌이면 뻥, 뻥 소리에 동네 꼬마들이 몰려나왔다. 학교 친구들이 나오면 저절로 얼굴이 붉어져서 어딘가로 숨고 싶었다. 뻥튀기를 튀기는 아버지는 벙거지를 뒤집어쓴 머리서부터 털신을 신은 발끝까지 새까맣게 그을렸다. 따라나선 나도 마찬가지였다.

그런데 그 겨울 뻥튀기 장사 덕분에 우리 집 생활 형편은 나아졌다. 장작 연기에 그을려서 새까매진 손으로 식구들은 동전과 지폐를 셌다. 그런 돈을 모으고 모아서 논도 사고 밭도 샀다. 우리 식구들이 가난에서 벗어나 살 수 있게 해준 것은 분명 국가가 아니었다. 장날에 가서도 짜장면 한 그릇 먹지 않을 만큼 악착같이 돈을 벌어 절대로 쓰지 않고 모았던 부모님 덕분이었다.

그럼에도 당시 나는 공부 잘하는 시골 학생으로서 나라와 대통령 덕분에 우리가 더 잘살게 될 거라는 확신을 가졌던 것 같다. 그 시절, 대한민국이라는 국가는 절대적인 존재였고, 대한민국과 박정희 대통령은 하나였다. 박정희 대통령 없는 조국을 상상이나 할 수 있었을까. 1979년 박정희가 죽었을 때 수많은 국민들이 그를 진심으로 애도했다. 얼마나 많은 사람들이 국장 기간 중에 눈물을 흘렸던가. 나는 유신헌법이 공포되었을 때 유신을 찬양하는 화성군 글짓기 대회에서 최우수상을 수상했다. 국민소득 천 불 시대, 수출 백만 불 시대, 그리고 마이카 시대가 유신 덕에 열릴 것이라는 학교교육을 열심히 체화했던 국민학교 5학년이었다. 새마을운동의 바람이 불 때도 '국민'학생으로 열심히 호응했다. 마을길도 깨끗하게 쓸고, 길섶의 풀 깎는 일에 동참했으며, 학교와 집의 풀을 베어 퇴비로 쌓는 일에도 열심이었다. 아, 이렇게 하면 우리는 잘살 수 있겠구나. 어린 마음에도 그 생각뿐이었다.

그런데 언제부터였을까, 신작로 바로 옆집인 우리 집의 퇴비장은 겉만 풀로 덮고 그 속은 나뭇가지들로 채워서 그럴싸하게 퇴비가 쌓인 것처럼 보이게 만들었다. 신작로를 지나가는 고위급 공무원들에게 지적당하지 않도록 풀을 베어서 퇴비를 쌓기에는 아버지나 우리 가족 모두가 너무 바빴다. 정부의 방침을 피해간 또 다른 일은 밀주였다. 당시 정부가 쌀을 절약해야 한다며 집에서 막걸리를 담그지 못하도록 했는데, 어머니는 술 없이는 하루도 살 수 없었던 아버지를 위해서 몰래 술을 담갔다. 막걸리란 시골 농사꾼들에게는 일용할 양식 그 이상이었다. 술이 익을 즈음에는 단속반이 언제 들이닥칠지 몰라서 집 뒤의 숲에 술항아리를 몰래 감추었다. 어느 집에서는 그것마저 발각되어 지서에 끌려갔다는 얘기도 들렸지만 우리는 용케 한 번도 걸리지 않았다.

더 뚜렷한 기억은 통일벼 사건이었다. 당시에는 '아끼바레' 쌀을 주로 심었는데, 정부에서 일괄적으로 통일벼라는 신품종을 보급하고는 그것만 심게 했다. 아버지를 비롯한 농민들은 통일벼 심기를 꺼려했다. 아무리 정부가 통일벼를 전량 수매해준다고 했지만 조생종인 이 벼는 제때에 수확하지 않으면 후두둑 낱알이 떨어졌고, 수확량이 많다고는 하지만 쌀값도 아끼바레의 절반밖에 하지 않았기 때문이다. 거기다가 밥맛도 깔깔한 게 영 일반미보다는 못했다.

수원서 고등학교를 다니던 시절, 집에 내려가 모판에 볍씨를 넣던 어느 일요일이었다. 그해의 논농사는 모판을 잘 만들어서 모를 잘 키우는 일부터 본격적으로 시작된다. 모판 일을 거의 다 끝냈을 때였다. 일요일인데도 공무원들이 들이닥쳤다. 자전거를 타고 나타나서는 논으로 들어왔다. 아버지와 우리 가족들이 제지했지만, 그 면서기 몇 명이 장화를 신은 채로 모판을 밟아댔다. 정부에서 심으라는 통일벼가 아니고 일반 벼 모판을 했다는 이유였다. 지금이야 말단 면서기들이 무엇이 무섭겠냐만 그 시절에는 그들이 권력이었다. 그런 모습을 본

나와 동생은 격분했다. 나는 낫을 들고, 동생은 작대기를 들고 그 면서기들을 패죽일 기세로 대들었다. 어린 나이에도 다 죽어버리겠다는 살벌한 욕설과 함께. 아마도 아버지나 형이 우리를 말리지 않았더라면 무슨 짓이라도 했을 것만 같았다. 그때의 분함이라니.

하루 종일 논두렁에 앉아서 한숨만 내쉬던 아버지는 그날 밤 만취해서 노래를 불렀다. 천둥산 박달재를 울고 넘는 우리 님아, 물항라 저고리가 궂은비에 젖는구려, 왕거미 집을 짓는 고개마다 굽이마다, 울었소 소리쳤소 이 가슴이 터지도록. 노래 끝에 아버지는 그예 울음을 터뜨리고 말았다.

내게 국가는 그런 존재였다. 감히 대항했다가는 작살이 나는, 내게는 너무도 호랑이 같던 아버지마저 울게 만드는 그런 사람들의 모습으로 나타났다. 그 시절, 실제로 박정희의 대한민국에서는 훨씬 더 끔찍한 범죄가 저질러지고 있었지만 그런 일들은 까맣게 몰랐던 순진한 시골 출신의 고등학생에게 국가란 감히 어찌해볼 수 없는 그런 존재였다. 학교 문 앞에도 가보지 못했던 아버지와 어머니는 말씀하시고는 했다. 너는 대학 가서 출세해야 해. 출세해서 내 한을 풀어줘야 해. 흙 파먹고 사는 농사꾼이 돼서는 안 돼. 너만은, 너만은…… 귀에 못이 박이도록 들어온 부모님의 한 맺힌 그 말이 20대의 나를 두고두고 괴롭게 했다.

공포에 점령된 대학

한 해 재수를 한 뒤에 1981년 대학에 입학했다. 광주 학살에 대한 의분이 소리 소문 없이 대학가를 지배하고 있었지만, 대학을 점령한 경찰들 때문에 쉽게 표출되지 못하고 있었다. 특히 '청카바'를 입은 사복경찰은 '삼청교육대'라고 불렸다가 나중에는 '백골단'으로 통칭되었다. 전경과 청카바들은 학교 곳곳에서 진을 치고 있었다. 그들이 우유팩으로 제기차기나 족구를 하는 모습을 우리는 맥없이 지켜보고는 했다. 그들만이 아니라 정보과 형사들도 건물 수위실에 자리 잡고 드나드는 학생들을 감시했다. 안기부(현 국가정보원) 요원이나 보안사 요원까지 학교 안에 상주하고 있었다.

한번은 조선후기사 강의를 들을 때였는데 강의를 하던 교수님이 갑자기 한 학생을 지목하고 자리로 다가갔다. 그러고는 책상 밑에 있던 녹음기를 들어올렸다. 교수님은 그 학생을 내쫓았다. 그런 뒤에 별말씀이 없었지만 우리는 그가 경찰이라고 생각했다. 경찰이 도서관에도 강의실에도 들어오면서 학생들의 동향을 일일이 감시하는 살벌한 대학, 그때의 익숙한 풍경이었다.

1학년 때 나는 소설만을 생각하는 문학도였다. 소설가가 되기 위해 국문과를 택했고, 대학 입학도 하기 전에 연세문학회 문을 두드렸다. 그때부터 지저분한 차림의 문학도를 흉내 내고 다녔고, 1년 내내 원고지를 끼고 살았다. 그러다 학교에서 주최한 문학상에 「땅강아지」라는 단편소설로 당선이 되었다. 선배들도 타기 힘들다는 문학상을 1학년인 내가 받은 것이다. 지금은 원고도 잃어버렸고, 그때 학교 신문에 실렸던 작품만 오려져서 찾을 길이 없지만, 그 소설은 내 경험을 살려 농촌 현실을 다룬 리얼한 작품이었다. 평생 죽도록 땅만 파다 농약중독에 걸려 죽어가는 농민들의 현실을 그래도 한 번은 날 수 있는 날개를 가진 땅강아지보다도 못한 존재로 그렸다. 전혀 기대도 하지 않았는데 덜컥 당선이 되자 우쭐한 마음에 '다음은 등단'이라고 생각했다.

나는 학생운동과는 거리를 두며 살았지만 도서관, 화장실 등에서 나돌던 유인물을 읽고 광주에서 전두환이 시민들을 학살했다는 사실에 분노했다. 유인물은 늘 "군사파쇼 타도하자!"라고 끝나곤 했다. 그 유인물을 들킬까봐 꼬깃꼬깃 접어 양말 밑에 감추고 서클룸에 갖고 와서는 떨리는 심장을 누르며 돌려봤다. 매일 술자리에서 듣던 광주 학살에 대한 소문들, 전두환 정권에 대한 분노는 소설만 쓰기로 한 내 가슴에도 여지없이 파고들었다.

대학 들어간 그해, 1981년 5월 광주에서 시민들을 학살한 "전두환은 물러가라!"며 시작한 시위는 5분도 안 되어 주동자가 경찰에 연행되는 것으로 끝났다. 노천극장에서 탈춤 공연을 본 연세대생들은 아현동 고개까지 가두시위를 벌였고, 연고전 이후에 가두시위도 있었던 것 같다. 언젠가 문학회 선배와 연고전에 응원하러 갔다가 선배가 소지한 유인물 한 장 때문에 서대문경찰서 유치장에서 하룻밤을 보내기도 했다. 그때만 해도 나는 학생운동권은 아니었기에 구경꾼의 위치에 머물러 있었다. 하지만 내게 피할 수 없는 운명 같은 시위가 있었다. 지금도 날짜를 선명하게 기억하는 1981년 11월 25일 학내 시위였다.

그날 학교는 하루 종일 전쟁터였다. 시위주동자였던 3학년 여학생 양 아무개 선배가 학생회관 4층에서 떨어졌다. 시멘트 바닥으로 떨어졌으니 죽을 수도 있는 상황이었다. 누군가는 "사람이 죽었다!"라고 외쳤다. 시위대의 눈은 붉게 충혈되어갔다. 경찰은 학생회관 4층에서 떨어진 시위주동자의 안위보다는 시위대를 해산하기 위해 그 자리에 최루탄을 쏘며 달려들어 학생들을 마구잡이로 연행했다. 당장 병원으로 후송해도 모자랄 판에 학생을 연행하는 광경을 지켜본 학생들은 분노했다.

1학년인 내 친구들도 그 시위대열 속에서 돌을 나르고, 청카바의 '삼청교육대', 전경들과 대치하는 모습이 보였다. 백양로 끄트머리에서서 가슴 졸이며 시위를 구경하던 내게 동참하자는 학우들의 외침과 손짓이 있었지만 그날 나는 1천여 명의 시위대에 합류하지 못했다. 그들이 주장하는 "파쇼정권 타도!"의 주장에 공감하지 못해서가 아니라 용기가 없어서였다. 그곳에 합류하기에는 두려움이 너무도 컸다. 시위를 하다가 잡혀가기라도 하면 어떻게 될까. 고생고생하며 대학 보낸 부모님의 얼굴이 그때 왜 갑자기 떠올랐을까. 그렇게 치열한 전투를 지켜본 그날은 술자리도 피해서 집에 돌아간 기억이 난다.

다음날 문학회 서클룸에 들렀다가 송 아무개 선배가 다른 연행자들과 함께 강제징집되었다는 소식을 들었다. 경찰에 잡혀간 지 하루만에 군대에 끌려갈 수 있었던 시대에 살고 있었던 것이다. 나는 그날만큼은 떡이 되도록 술에 취했다. 난 왜 비겁하게 시위에 합류하지 못했을까. 강제징집된 선배는 얼마나 매를 맞을까. 지금 훈련소에 가 있을까. 밀려오는 부끄러움과 미안함에 떨어야 했다. 그날 밤늦게 탄 버스에서 제때 내리지 못하고 안양 종점에서 내렸을 때 내게는 돈 한 푼 없었다. 어떻게 어떻게 걸어가서 과천 아파트 건설현장 인근의 수목원에서 떨다가 아파트 현장사무소에 사정해서 그곳에서 쪽잠을 잤다. 초겨울이던 그날 밤은 얼마나 추웠던지, 술기운이 깨면서 이를 다닥다닥 부닥치고 있자니 이러다가 죽겠다 싶은 생각이 절로 들었다.

고민이 깊어가던 차에 운동권 친구에게서 제안이 들어왔다. 소설을 쓰기 위해서 공부를 하자, 문학에 대한 공부, 사회를 알기 위한 공부를 하자는 말에 솔깃했다. 운동권이 되어야겠다는 결심이 아니었다. 일단 해보자고 발을 들였다가 나도 모르는 사이 점점 운동권이 되어버린 것이다. 전혀 생각지도 못한 인생의 전환점이었다.

빛나던
학생운동 시절

내가 처음 발을 담근 조직은 지하서클 '문우극회'였다. 1980년 〈공장의 불빛〉이라는 마당극 공연을 한 뒤에 학교로부터 승인이 취소되어 서클룸도 없이 학습조직을 유지하고 있었다. 그해 겨울 합숙훈련을 비롯해 빡빡하게 진행되었던 학습일정을 따라잡기에도 벅찼지만 나는 단기속성 과정을 거쳐 운동권 학생이 되었다.

그 겨울 이전과 이후의 나의 삶은 확연히 달랐다. 당장 소설을 쓰기보다는 내게 주어진 현실을 받아들이기로 했다. 이제는 원고지에 매달리는 대신 해독도 잘 안 되는 변증법과 자본주의에 대한 일본어 자료들에 매달렸다. 이른바 의식화 서적들을 대충 다 떼고 탈춤 기본기도 배웠다.

내가 어떤 사람이 될 것인지는 잘 몰랐지만 함께 운동을 고민하는 사람들과의 관계 속에 젖어들었고, 그 관계에서 요구되는 일들을 하기에 정신없었다. 고통스러운 민중의 삶을 이해하고, 그들의 해방을 위한 길을 위해 나 자신을 던져야 한다는 신념이 매일 이어지는 학습과 술자리 속에서 차곡차곡 쌓여갔다. 선택받은 지식인으로서 세상의 모순을 깨는 역할을 해야 한다는 자부심도 컸다. 학생운동의 열렬한 성원으로 자리를 잡아가면서 자연스레 문학회 출입도 뜸해졌다.

2학년 초부터 나는 문우극회 소속이자 국문과 학회 '언더(지하조직)' 소속원이기도 했다. 당시 학생운동이 질적인 변화를 하던 때였다는 것도 나중에 알았지만, 학회를 설립하고 그 학회를 통해 학우들을 조직하면서 1980년에 파괴된 학생운동 역량을 복원하던 중이었다. 그러니까 소수의 운동가들 집단인 서클을 벗어나서 일상적으로 학우들과 호흡할 수 있는 공간인 학과를 학생운동의 주요한 공간으로 상정하기 시작할 무렵, 나는 학생운동권이 된 것이었다. 언론에는 언더의 음침한 면을 소개하는 기사들이 연일 실리곤 했던 시기였다.

시골 집안에서 내가 유일하게 4년제 대학을, 그것도 명문대학을 갔다며 아버지가 어깨에 힘을 주고 다닌 건 채 1년도 되지 않았다. 1학년 겨울방학 때 집에 내려가니 이미 지서에서 나왔었다고 했다. 아마도 유인물 문제로 서대문경찰서에서 하룻밤 자고 나온 전력 때문에 운동권 학생으로 등록되어 있던 모양이었다. 아버지는 나와 함께 지서에 가서 일장 훈계를 듣고 돌아왔다. 아버지는 평생 경찰서에 끌려가본 적이 없었다면서 절대 데모에는 나서지 말라고 내게 신신당부를 했다.

하지만 나는 그런 아버지의 바람과는 점점 더 멀어져만 갔다. 2학년 1학기 때 어설프게도 1학년 후배들이 문무대(1980년대 대학생들에게 필수 군사훈련을 시키던 교육기관)에 입소할 때 운동가요들을 복사해주었던 일 때문에 학교에서 '문제 학생'으로 지목하기도 했다. 치사한 경찰과 학교는 이 문제로 아무것도 모르는 시골 부모님을 올라오라 했다. 나는 다시는 그런 짓을 하지 않는다는 각서도 쓰고 정학도 먹었다.

시위가 있을 때는 도서관 앞 잔디밭 등지에서 "학우여!"를 외치며 주동자가 밧줄을 타고 내려오기를 초조하게 기다리곤 했다. 1초 1초가 왜 그리 길었던지, 심장의 박동은 점점 빨라지고 누구라도 이런 내 표정을 보고 시위를 눈치채지 않을까 불안해하면서도 그 자리를 피하지 않았다. 그러다 후배들을 꼬여내어 몇 번의 학내시위와 가두시위에 참가하고 학교에서 멀리 떨어진 곳에 가서 뒤풀이도 할 줄 알게 되었다.

물론 나보다 먼저 운동을 시작한 동기들은 이미 조직 내에서 핵심적인 역할들을 하고 심지어는 시위주동자가 되기도 했다. 나는 그만큼 후발주자였다. 동료들이 논리적으로 정세를 분석하고 우리의 운동방향을 설파할 때면 나는 주로 듣는 입장이 될 수밖에 없었다. 이론적으로 접근하기보다는 몸으로 행동하는 게 내 직성에 맞았다. 시위대의 앞에서 스크럼을 짜고 돌을 던지고 각목을 들고 전경들과 붙는 일이 내게는 더 어울렸다.

그해 내내 나는 확실한 운동권이 되어가고 있었다. 근현대사 공부도 열심히 하고, 자본주의에 대해서도 사회주의 혁명에 대해서도 나름의 논리를 갖고 설명을 해낼 수 있을 정도가 되었다. 그때는 학습하랴, 후배들 조직하랴, 술 먹고 후배들 고민도 들어주랴, 매일매일을 열정적으로 살았다. 그때만큼 공부에 미쳐본 적도 없었고, 그때만큼 온몸을 바쳐서 내가 해야 할 일을 한다는 자부심으로 가득했던 적도 없었다. 전두환 군부독재에 맞서 싸우고, 혁명을 위해서라면 이 한 몸 부서진다고 해도 아까울 게 없겠다는 생각이 나를 지배했던 시절이었다.

그해 2학기에는 국문과 학회장으로 낙점되었다. 별로 찍히지 않은 인물이라는 점, 나름대로 비운동권 학생들과 관계를 잘 맺고 있어 대중친화적이라는 점이 고려되었다. 그렇게 이미 2학년 2학기부터 사실상 학회장으로 활동하다가, 1983년 3월에 정식으로 학회장(전두환 정권 초기 관제 학생조직인 학도호국단이 있었는데 그 조직 산하에 단대 학생장, 과 학생장이 별도로 존재했고, 학회장은 이후 총학생회가 정식으로 부활하면서 이를 대체했다)이 되었다. 학교에서는 학점이 모자란다는 이유로 학회장을 인정하려 하지 않았지만 뭐 그리 큰 문제는 없었다. 어쨌건 나는 과 선거에서 선출된 학회장이었다.

겨울이 되자 우리 과는 비관적인 전망이 우세했다. 신입생 83학번 75명 중 3분의 2가 여학생이었기 때문이다. "국문과는 망했다"던 한 선배는 남자 신입생 중에서만 선발해서 별도의 언더 팀을 만들자고 했던 것으로 기억난다. 그렇지만 나로서는 그런 말들이 도대체 이해가 되지 않았다. 여학생들은 학생운동을 하지 말라는 법도 없거니와,

여학생들이 더 잘할 수도 있지 않겠냐는 생각도 들었다. 오기가 발동해서인지 어떻게 학교에서 몰래 빼낸 83학번 신입생들의 명단과 그들의 전화번호와 출신학교 등을 모두 암기했다. 그리고 83학번들을 대부분 학회원으로 만들어버렸다.

우리 81학번들 중에 운동권 인자들이 꽤나 많았기 때문에 그들이 주축이 되고 82학번들을 그 아래 배치하여 각종 학회들을 만들어냈다. 신입생 오리엔테이션 때부터 시작해 입학식을 거치면서 나는 83학번들과 단박에 친해졌다. 3학년들보다는 그들과 더욱 친밀한 관계를 만들기 위해서 점심밥도 그들과 함께 먹었고, 강의가 끝나면 노천극장 등지로 끌고 다니면서 국문과답게 민속놀이를 한다며 운동권식의 공동체놀이를 했다. 그렇게 땀이 질펀하도록 놀다가는 신촌시장에 있는 '훼드라'로 데려가 술판을 벌이면서 학회에 대한 소속감을 확실히 심어주었다. 연세대 선봉학과 국문과의 일원이 되었다는 자부심, 학교에서도 가르쳐주지 않는 문학에 대한 다양한 학습, 그리고 잘은 모르겠지만 조금씩 맛보는 학생운동에 대한 정보들, 그리고 눈에 띄는 후배들을 언더로 유인해가면서 3월 한 달 동안 학회활동을 활기차게 진행했다. 연세대 내에서도 우리 국문과 학회 활동에 대해 좋은 평가들을 할 정도로 잘 돌아갔고, 1학년들이 잘되니 그 위 학년들도 덩달아서 그 분위기에 편승할 정도였다.

그러나 나의 가장 빛나던 학생운동 시절은 예기치 않은 사건으로, 그렇지만 학생운동가들에게는 언제고 닥칠 수 있는 사건으로 끝나가고 있었다. 국문과 언더를 지도하던 홍 아무개 선배가 4·19 시위의 주동자가 되었다는 소식을 들었다. 시위가 있기 며칠 전 우리는 그 사실을 알았고, 그리고 시위 이틀 전엔가 그 선배와 마지막 인사를 했다. 선배는 내게 신신당부했다. 절대 앞에 나서지 말라고, 네가 학회장으로 중심을 지키고 있어야 한다고, 넌 시위할 때마다 흥분하니까 절대 자제하라고 말이다. 나는 걱정 말라고 했지만, 과 동료들과 함께 선배의 '가드'를 맡았다. 그 선배는 내가 학생운동을 하도록 이끌어주었던 정말 존경해 마지않는 선배였다. 논리가 아니라 실천으로 운동하는 자세를 가르쳐준 몇 안 되는 직속 선배였다. 그런 선배가 시위를 주동하면 잡혀갈 텐데 가드 정도는 해야 한다고 생각했다.

1983년 4월 19일, 선배가 점심시간 학생식당에서 식탁 위에 올라섰다. 시위가 시작된 것이다. 선배가 그때 뭐라고 외쳤는지 모를 정도로 시위에는 베테랑이 되었던 나도 긴장하고 있었다. 곧 선배를 둘러싸고 스크럼을 짠 채 식당을 나서서 백양로를 올라갔다가는 돌아내려와 도서관으로 향했다. 그쯤에서 전경들과 청카바에 공격을 당해서 백양로를 가득 메운 학우들 속으로 흩어졌다가는 다시 모이기를 몇 번, 우리는 우리의 주장을 집요하고 확실하게 표현했다. 1천 명도 더 모였다가 다시 대중 속으로 흩어졌다가 다시 모이는 시위대에 경찰은 속수무책이었다. 이런 양상은 이후 경찰이 학교를 물러날 때까지 계속되었다.

그 선배는 경찰도 파악하지 못한 히든카드여서 그날 잡히지 않고 교문을 빠져나갔다. 문제는 다음날이었다. 며칠간 숨어 있자고 해놓고는 다음날 나는 나름대로의 변장을 하고 (머리를 가운데 가르마로 하고, 안경을 끼는 참으로 어설픈 변장이었다) 도서관을 찾아들었다. 당시에는 학회실이 없었으므로 주로 도서관 몇 층을 정해놓고 그곳에서 약속을 해서 일을 보던 상황이었는데, 그날따라 학회 총무를 맡은 여학우와 약속이 있었다. 부주의하게도 별생각도 없이 도서관을 들어서는데, 뒤에서 내 이름을 부르는 귀에 익은 목소리, 서대문경찰서 정보과의 내 담당 경찰관이었다. 나는 그 길로 꼼짝없이 서대문경찰서로 끌려가서 취조를 받았다. 그들의 관심사는 나보다는 시위주동을 하고 학교를 빠져 나간 선배의 뒤를 캐는 일이었다. 하지만 나라고 알 도리가 없었다.

그때 서대문경찰서에서는 나를 포함한 시위 참가자 다섯 명이 각각의 조사실에서 조사를 받고 있었다. 네 명은 81학번 3학년이었고, 한 명은 1학년이었다. 시위가 끝난 지 일주일 뒤에 우리 중 남자 넷은 군대로, 여자 한 명은 구류를 살러 경찰서 유치장으로 갔다. 그렇게 피하고 싶던 강제징집을 내가 당한 것이다.

━━ 어느 날
갑자기 군대로

1983년 4월 28일. 아침에 병무청에서 갖춰온 모든 서류들에 지장을 찍었다. 그 서류만 보면 나는 자진입대자일 것이지만, 그때 공식명칭으로는 '특수학적변동자'로서 모든 절차를 생략한 채 군대로 끌려가게 된 것이다. 나를 포함해 네 명의 연세대생을 실은 경찰 봉고차는 이슬비가 내리는 경춘국도를 달려갔다. 경춘국도 주변에서 얼마나 많은 엠티를 가졌던가. 그 길을 달리면서 언제 다시 이 길을 볼 수 있을는지, 정말 살아 돌아올 수는 있을는지 불안감이 엄습해왔다.

옆에서 한 친구는 소리 없이 눈물을 지었다. 그날 아침에 어찌 알았는지 소식을 듣고 서산에서 녀석의 아버님이 달려왔는데, 비 내리는 서대문경찰서 앞마당에서 "다녀오겠습니다" 하고는 넙죽 절하던 녀석, 나보다 한참 먼저 운동을 시작했던 녀석이고 강한 녀석이었는데 그 녀석이 울고 있었다. 그는 나와 같은 고등학교를 다녔고, 3년을 내리 같은 반이었던 노항래다. 그 후 재수를 하고 함께 같은 학교를 들어왔고, 강제징집도 같이 가는 신세가 되었다(그 뒤에도 감옥살이까지, 고생을 같이 하는 오랜 친구가 되었다). 우리 넷 옆에는 경찰들이 붙어 앉아 있었다. 서로 말도 못 하고 봉고차 유리창 밖만 바라보면서 언제 볼지 모르는 풍경을 오래오래 두 눈에 담아두고 싶었다.

당시 학생운동가들은 군에 강제징집되는 일을 감옥 가는 일보다 더 싫어했다. 군대에서 일어나는 의문사 소식을 들으며, 언제 개죽음을 당할지 모른다는 공포감을 갖고 있었다. 나와 같은 학교 동기였던 정성희는 군에 끌려간 지 6개월 만에 철책에서 총 맞은 시체로 돌아왔지만 어처구니없게 '자살자'로 처리되어버렸다. 당시에는 그런 경우가 알려진 것만 여섯 건이었다.

이른바 '녹화사업'. 양심수들로 넘쳐나던 감옥에 보내는 대신에 군에 보내서 철저하게 감시하고 통제하고 사상까지 개조하겠다는 야심 찬 계획은 전두환이란 악마가 만든 녹화사업이었다. '빨간 물'이 든 학생운동가들의 머리를 '퍼렇게' 바꾸겠다는 말도 안 되는 시도였고, 병역법에도 위반되는 일이었지만 당시에는 버젓이 행해지고 있었다.

보안사(현재의 기무사)는 군에 끌려간 학생운동가들을 내무반 생활부터 철저히 감시했다. 가장 가까이 있는 누군가가 강제징집당한 이들을 감시하고 주기적으로 보안대에 보고도 했다. 그리고 소대장도 중대장도 대대장도 이들의 동향을 파악하고 관리하고 보고했다. 내게 오는 편지는 개봉되어 있었고, 중요한 부분에는 빨간 밑줄이 그어져 있었다. 이것이 녹화사업의 전부가 아니었다. 학생운동가들을 상대로 학생운동 조직과 학습내용을 캐고, 프락치 활동을 강요했다. 나아가 그런 학생들을 학교로 휴가 보내서는 학생운동의 동향을 파악하고 와서 보고하게 했다.

녹화사업은 서울을 비롯해 각지에 있는 보안사 안가들이나 보안부대에서 진행되었는데, 대표적인 곳은 경기도 과천과 서울 퇴계로 진양상가의 분실이었다. 그곳에 끌려갔던 한 선배는 토로했다. "가서 유서까지 썼어. 고문당하다가 죽으면 자살로 위장하려 했던 거지. 그리고 조직을 불라는 거야. 알아야 불지. 물고문에 된통 당했지." 그렇게 고문을 가하는 일도 다반사였다.

그런 과정에서 강제징집된 대학생 여섯 명이 의문의 죽임을 당한 것이다. 정성희(연세대)를 비롯해 김두황(고려대), 한희철(서울대), 최온순(동국대), 이윤성(성균관대), 한영현(한양대). 내 또래의 20대 전반 청년들이 주검으로 돌아왔다. 녹화사업은 1984년 국회에서 문제가 되면서 공식적으로는 사라졌지만, 이후 1990년대에도 이름만 바뀌어 비밀스럽게 진행되기도 했다.

그렇게 대학과 군에서 만난 국가는 공포의 국가였다. 언제고 잡아갈 수 있고, 잡아가서는 온갖 폭력을 휘두를 수 있으며, 고문을 가하고는 은폐할 수도 있고, 의문사시킬 수도 있는 그런 국가였다. 정성희는 나와 일면식도 없는 친구였지만 그 일을 들으면서 감옥에는 가더라도 군대는 가지 않겠다고 다짐했던 것이 기억났다. 내 앞에 어떤 일들이 기다리고 있을지 정말 아무것도 알 수 없었다.

춘천 103보충대에 도착한 것은 점심 무렵, 간단하게 형식적인 신체검사 몇 가지를 했다. 아마 키 재고 몸무게 쟀을 것이다. 어쨌든 우리는 무조건 '갑종'이었다. 평발이고 시력이 안 좋고 심각한 병이 있다고 해도 정부에 대항해서 데모를 한 우리는 무조건 갑종, 현역이었다. 그리고 네 명이서 서로의 머리를 바리캉으로 밀어주었다. 긴 머리카락이 잘려 떨어지고, 장발에서 빡빡머리로 순식간에 변해버렸다. 그리고 지급받은 군복과 군번줄. 군번줄의 차가운 금속성이 살갗에 닿는 순간, 눈물이 팽 돌았다. 이제 정말 군인이 되는구나. 독재의 개가 되는구나. 친구들은, 선배들은, 후배들은 내가 이렇게 끌려온 것을 알기나 할까. 시골집의 부모님은 어떻고. 그 순간에 그리 많은 사람들의 얼굴이 한꺼번에 파노라마가 되어 스쳐 지나갔다. 그때 집에 보낼 옷가지에 살짝 편지를 썼다. 내용은 기억나지 않지만 부모님과 형제들에게 안심하라는 내용이었을 것이다. 집에서는 일주일 뒤에 도착한 소포를 보고서야 내가 입대했음을 알았다고 했다. 그 소포를 앞에 놓고 식구들이 한바탕 울고불고 했다고 했다.

우리는 소양강에서 21사단과 12사단으로 두 명씩 나뉘어서 배를 갈아탔다. 나는 21사단이었다. 나와 임 아무개는 다시 군용트럭을 타고 산속으로, 산속으로 달려갔고, 초저녁에 우리가 짐짝처럼 부려진 곳은 21사단 신병훈련소였다. 이미 저녁 배식이 끝나서 밥도 안 주고 라면 하나 끓여서 먹이고는, 데모하다가 왔다는 이유만으로 조교들이 '앞으로 굴러, 뒤로 굴러'를 수십 차례 시켰다. 한 시간이나 했을까, 기진맥진해서 온몸이 땀으로 범벅이 된 다음에야 내무반에 들어가서 점호를 받았다.

훈련소를 마치고 자대 배치를 받은 곳은 강원도 양구의 최전방 철책에서 근무하는 GOP였다. GOP 철책 근무에 처음으로 투입되던 날 고참은 나를 세워놓고 사회에서 뭘 하다 왔냐고 물었다. 군기가 바짝 들었던 이등병인 나는 대학 다니다 왔다고 솔직하게 말했다. 그러자 고참은 거짓말한다고 두들겨 팼다. 어느 대학 다니다 왔냐고 물어서 솔직하게 얘기했더니 또 거짓말한다고 맞았다. 당시 최전방 철책에는 대학생이 거의 없었다. 학벌 좋고 '빽 좋은' 이들은 이미 후방의 편한 곳으로 배치받아 갔기 때문에 최전방의 험한 철책까지 온 사람들은 대체로 중졸이었다. 그런 곳에서 새까만 얼굴에 촌티가 풀풀 나는 이등병이 명문대를 다니다 왔다니 거짓말한다고 생각했을 수도 있다. 그게 아니어도 무조건 그때는 맞았을 일이었다. 군기를 잡는다는 명목으로 고참의 폭력이 일상화되어 있던 곳이었다. 사회에서 아무리 잘나가던 이들이라 해도 후줄근한 군복에 이등병 계급장을 달아놓으면 멍청해 보이기 마련인데, 나는 외모 때문에 더욱 그랬을 것이다. 내가 겪은 심각한 외모차별에 의한 폭력이었다.

다음날 아침 철책에서 철수하고 난 뒤 변을 보려고 화장실을 갔다. 그렇지만 어젯밤에 두들겨 맞은 엉덩이에 피가 엉겨붙어 팬티를 내릴 수가 없었다. 고통을 참아가며 이를 악물고 겨우 팬티를 끌어내리는데 눈물이 쏟아졌다. 한꺼번에 아픔과 서러움이 밀려와서인지 참 많이 울었던 것 같다. 그러면서 앞으로는 어떤 일이 있어도 울지 않겠다고 다짐했다. 그리고 정말 그 뒤로 군대에서 울지 않았다.

내 생애 첫 투표도 스물다섯 살 때 군대에서 했다. 신군부세력이 광주에서 시민들을 학살하고 집권한 뒤에 치러진 사실상의 첫번째 총선이라 할 수 있는 1985년 제12대 총선. 그때는 전두환이 당 총재로 있던 민주정의당(민정당)과 관제 야당이던 민주한국당(민한당) 등이 있었다. 사실상 신군부가 정치를 모두 장악하고 있을 때였다. 그런데 총선을 불과 한 달도 남겨두지 않은 시점에서 김영삼 씨 등 정통 야당 세력이 신한민주당(신민당)을 만들었고, 미국에 망명 중이던 김대중 씨가 총선 나흘 전에 귀국하자 2월 12일의 총선 열기가 달아올랐다. 총 276명의 국회의원을 뽑는 선거에서 집권 여당이던 민정당은 148석, 민한당은 35석을 얻은 반면 신생 정당인 신민당은 서울·부산·대구·인천 등의 도시 지역에서 압승을 하며 67석을 얻는 돌풍을 일으켰다. 비록 의석수에서는 집권 여당이 다수당이 되었지만 이런 결과는 매우 충격적이었고, 야당 세력은 이에 자신감을 얻고 직선제 개헌 투쟁을 전개하며 2년 뒤에는 6월 항쟁으로 발전하는 정치적 계기를 잡게 된다.

당시 군대에서는 야당에 표를 찍는 게 거의 불가능했다. 부재자투표일이 다가오자 대대장은 공언을 하고 다녔다. '반란표'가 나오면 반드시 응징을 하겠다고 눈을 부라리며 말하곤 했다. 대대장은 광주에서 자신이 얼마나 용감무쌍하게 폭도들을 진압했는지 자랑하던 군인이었고, 화가 나면 권총을 빼들고 난리치던 무식하기 짝이 없는 지휘관이었다. 그런 그가 단 하나의 야당 표도 허용할 수 없다고 엄포를 놓았다.

대대 전체의 시선은 나와 같은 강제징집자에게 쏠렸다. 대학에서 학생운동을 하다가 끌려온 우리 같은 강제징집자가 대대 전체에 여러 명이 있었다. 중대장은 특별히 우리를 불러놓고는 괜히 허튼짓을 해서 다른 사람들까지 피해를 보지 않도록 해달라고 부탁했다. 부재자투표를 하는 유권자에게 보내는 선거홍보물은 보지도 못했다. 부재자투표는 중대 행정실에서 했다. 문을 열고 들어서자 내심 야당에 표를 찍겠다는 전의는 사라졌다. 중대 인사계가 여당 찍는 곳만 보여주고 찍으라고 했기 때문이다.

다음날 대대에 난리가 났다. 대대 전체에서 '반란 1표'가 발견됐기 때문이다. 대대장은 대대원을 모두 연병장에 집합시키고는 배신자와 같은 부대에서 살 수 없다며 반란표가 나온 12중대에 완전군장 집합을 명했다. 12중대원들은 밤새도록 연병장을 '뺑뺑이' 돌아야 했고, 반란표의 주인공은 다른 부대로 전출됐다. 그 주인공 역시 강제징집자였다. 그는 양심대로 야당을 찍은 것이고, 나는 소신을 꺾고 시키는 대로 여당을 찍었다. 나의 첫 투표 기억은 굴욕이었다.

군생활 중 가장 기억에 남은 일을 꼽으라면 아웅산 테러 사건 당시였다. 버마(현재의 미얀마)를 국빈 방문한 전두환 일행이 아웅산 국립묘지를 참배할 때 큰 폭발이 일어난 것이다. 전두환을 수행하고 갔던 일행들이 모두 현장에서 사망했다. 그 일로 군에 비상이 걸렸다. 전쟁 직전의 단계로 매우 살벌했다. 우리는 일주일을 완전군장을 하고 군화도 못 벗고 잠을 잤다. 상황이 발생하면 언제고 전투태세로 들어가야 했다. 그러면서도 나는 내심 전두환도 같이 죽기를 얼마나 바랐던

가. 내가 단 한 번도 대통령으로 인정할 수 없었던 악마 전두환. 그는 부인 이순자와 살아 돌아왔다. 하늘도 무심하시지. 나의 바람은 허망하게 날아갔다.

그렇게 살아온 군생활 2년 3개월. 철책과 대암산 고지와 '훼바Feba' 지역을 오가며 엄청 두들겨 맞으면서, (참 우리 세대는 맷집 없이는 견디기 어려운 폭력의 시대였다. 그러니까 '말죽거리 잔혹사' 세대!) 보안대의 감시를 받으면서, 대충 군대에 불충하는 요령을 배우면서, 북한의 스피커를 통해 흘러나오는 사회의 노동운동과 학생운동 소식을 접하면서 세월을 보냈다. 틈틈이 사회과학서적을 들여와 탐독하고, 몇몇의 '강집자(강제징집자)'들과 몰래 토론을 진행하면서 나는 더 확실하고 단단한 운동권 인자가 되어 제대 날짜만 손꼽고 있었다.

그렇게 나는 돌아왔다. 학교에서 경찰은 물러났고, 총학생회는 부활했고, 버젓이 단과대 학생회실, 과 학생회실까지 마련되어 있었다. 분위기가 달라진 학교에서 학생운동을 이어갈 생각은 없었다. 군에 있을 때부터 이제 학생운동은 끝내고 노동운동에 뼈를 묻자고 작심을 했던 터라 별 고민은 없었다.

당연하게 시작한
노동운동

군대에서 노동자들의 투쟁 소식을 들었다. 1984년 대우자동차 노동자들의 파업투쟁은 섬유산업-여성노동자 중심 노동운동을 넘어 대기업-남성노동자 중심 노동운동의 가능성과 그 파업이 지닌 위력을 보여주었다. 전두환 독재정권하에서도 노동운동이 새롭게 태어나고 있었다. 그리고 군복무를 마칠 무렵에 터져나왔던 구로동맹파업은 구로공단 일대를 마비시켰다. 한 지역이라도 연대파업을 하면 지배세력에게 큰 파괴력을 보여줄 수 있음을 알게 해주었다.

이런 소식들을 듣고 가슴이 뛰었다. 1980년대에는 학생운동을 정리하고 나면 노동현장으로 가는 것이 정해진 코스이기도 했다. 하지만 노동현장에 당연히 가는 게 아니라 평생 노동운동을 하며 살고 싶다는 열망에 들떴다. 1985년 8월에 제대한 뒤, 집에는 학교에 복학한다고 해놓고 선배와 동료 몇으로 구성된 현장이전팀(학생운동을 하던 사람들이 노동운동을 준비하기 위해 구성하는 팀)의 일원이 되었다.

인천·부평 지역에 가서 먼저 교회에 장소를 확보해 노동자들의 생활야학을 준비할 생각이었다. 하지만 사정은 녹록지 않았다. 그 일대의 교회들을 돌아다녔지만 우리에게 야학을 허락하는 곳은 없었다. 아무리 생각해도 그것은 무모한 계획이었다. 결국 야학 준비를 때려치우고 부평 지역에서 위장취업을 하기로 했다.

당시에는 학생운동을 정리하고 공장으로 들어가는 위장취업자가 워낙 많았던 탓에 노동부·경찰·검찰·안기부까지 나서서 위장취업자들을 색출하는 데 혈안이 되어 있었다. 그래서 우리 같은 '학출(학생운동 출신)'들은 자취방을 관리하는 일에도 무척 신경 써야 했다. 집주인이 이상한 사람들이 방을 빌려서 쓴다는 신고만 해도 방이 털리고 잡혀가는 일이 다반사였던 때다. 우리 방도 긴박한 상황이 닥쳐서 짐을 그대로 둔 채 몸만 빠져나와 달아난 적이 있었다.

하지만 나는 위장취업하기가 너무도 쉬웠다. 생겨먹은 외모부터가 대학 출신이라고는 누구도 믿지 못했으니 말이다. 농촌에서 일자리를 찾아 공장을 찾아온 총각 정도로 보여 공장에 쉽게 취업할 수 있었다. 다른 학출들은 그야말로 먹물 냄새를 지우려고 노동판에 일부러 가서 몇 달 일하거나, 손바닥에 굳은살을 만들려고 힘든 일을 찾아서 하고, 용접 같은 기술을 어렵게 배우고는 했지만, 나는 외모가 무기였기에 그런 걱정은 없었다.

몇 군데 공장에 들어갔다가 며칠 만에 나오기를 반복했다. 고무장갑 공장을 사흘 만에 때려치운 다음에 찾아간 곳은 목장갑을 만드는 공장이었다. 하루 열두 시간씩 주야간 맞교대를 하며 장갑 짜는 기계에 실과 바늘을 갈아주고 쌓이는 장갑들을 1차포장하는 일이었다. 고참들이야 여유 있게 놀면서도 하지만, 신참 노동자들은 열두 시간이 어떻게 흘렀는지 모르게 정신없이 돌아가는 일이었다. 바늘을 부러뜨리고 온갖 실수와 시행착오를 반복하면서도 한 달 정도 지나니 차차 일이 손에 익었다. 고참들도 내가 일을 잘한다며 눈썰미가 있다고 칭찬해주었다. 세상에, 대학을 다니며 교수님한테 한 번도 칭찬 같은 걸 듣지 못해서인지 나는 고참들의 그 칭찬이 아주 좋았다. 일 끝나고 졸린 눈을 하고도 그들과 어울려 나누는 소주 한 잔과 돼지껍데기의 맛을 지금도 잊지 못한다. 여기서 노동자들을 꼬여 의식화팀을 만들겠다는 희망을 품고 말을 조심스레 건넬 정도가 되었다. 그때 만난 게 나보다 먼저 공장에 들어와 있던 송영길(현 인천시장)이었다. 같은 학교를 다녔지만 만나본 적이 없었는데, 거기서 처음 그를 만나 같이 조직사업을 하기로 했다.

그러던 어느 날, 출근을 하니 회사 관리자 누군가가 공장 공터로 노동자들을 불렀다(그러고 보니 그때는 '노동자'라는 말도 입에 올릴 수 없던 시절이었다). 한 명 한 명 호명을 했다. 나도 그 축에 들어서 열외자 그룹이 되었다. 그러고는 내일부터 나오지 말란다. 이런 황당한 데가 있나. 겨울 동안 물건을 많이 쌓아놓았으니까 필요 없다는 것이다.

나와 같은 신참들은 대부분 열외자였다. 그때부터 사람들을 만나고 다녔다. 이대로 그만둘 수 없다며 고참들도 설득했다. 내일 아침 출근시간에 모여서 작업을 거부하자고 했다. 잘될까 하는 불안감으로 그날 밤을 꼬박 새웠다. 다음날 아침 공장에 가니 사람들이 진짜 작업을 거부하고 회사를 성토하고 있었다. 그런 분위기에도 노동자 120명 중에서 10여 명은 공장에 들어가 일을 했는데, 당장 그들에게 배신자라는 비난이 쏟아졌다. 우리는 억울하다며 공장에서 한바탕 집회를 했다. 그리고 인천지방노동청으로 몰려가서 부당해고의 억울함을 호소했다. 다시 공장으로 돌아오니 회사가 없던 일로 하잔다. 세상에 이런 일이. 파업 하루 만에 너무도 손쉽게 승리를 얻었다. 우리는 신나서 돼지껍데기에 소주를 마시면서 무용담을 나눴다.

나도 그들과 다를 바 없었다. 내가 경험 있는 노동운동가라면 그때 승리감에 젖어 술에 취하지는 않았을 것이다. 싸움은 사실 그때부터였으니까. 초짜 노동운동가였던 나는 그걸 제대로 알지 못했다. 회사는 바로 그때부터 주동자들을 색출하려고 혈안이 되었고, 위장취업자를 찾아내려 한 명 한 명 면담을 해갔다. 분열과 회유. 우리는 조직의 도움을 받아서 유인물을 노동자들의 집에 뿌리고 매일 그들을 찾아갔지만 회사의 회유에 말린 고참들이 돌아섰다. 하나둘 회사가 던져주는 위로금을 받고는 공장을 떠났다. 그다음은 내 차례였다. 사실 내가 실제로 집회를 선동하고 작업 거부를 주동했지만 회사에서는 내가 스스로 밝힐 때까지 나를 위장취업자라고 생각지는 못했다. 회사에서 부평경찰서로 끌려가 조사를 받다가 고향 출신 경찰을 만나서 입건까지는 되지 않고 풀려났다.

나는 인천지역노동자연맹(인노련)의 해고자투쟁위원회(해투위) 소속 해고자가 되었다. 당시 노동운동 그룹 중에 하나였던 서울노동운동연합(서노련)과 인노련은 노동자의 정치투쟁을 강조했던 조직이었다. 노동자의 의식적인 투쟁을 통해서 노동운동을 조합주의적인 운동이 아닌 정치적인 운동으로 발전시켜야 한다고 했다. 당시에도 노동운동의 정파들은 여럿 있었는데 나는 나도 모르게 인노련 소속이 되어 있었다. 그때의 조직은 내가 선택할 수 없었다.

해투위의 일원으로 참가하면서 주로 했던 일은 노동자 밀집지역에 유인물을 배포하는 일, 이른바 '피세일(유인물을 뜻하는 페이퍼를 배포한다는 의미로 당시 운동권 은어)'이었다. 주로 새벽에 부평구 십정동의 비탈길 주변 집들에 피세일을 나갔다. 그 일을 마치고 부평공단 근처의 팀방으로 흩어져 잠자리에 들었다. 그리고 가두시위가 있는 날의 선두 전투조는 주로 해고자들이 맡았다. 그때는 투쟁력이 왕성했던 터라 전경들과 싸우기도 잘했다.

해투위 활동에 재미를 붙여가던 무렵인 1986년 5월 3일은 인천에서 야당인 신민당이 주최하는 '직선제 개헌추진본부' 현판식이 예정되어 있었다. 그동안 야당이 지역을 돌며 조직세를 과시하면서 여론몰이를 해왔는데 수도권 지역에서는 처음 열리는 행사였다. 행사 장소인 인천 주안의 시민회관에 운동권들이 총집결하게 되어 있었다. 각 정파의 운동권들이 각자의 입장을 내걸고 전두환 독재정권과 한판 붙는 그런 날로 잡았다. 물론 경찰의 경계는 삼엄했다.

전날 해고자들은 열심히 화염병과 각목을 준비했다. 전투 준비였다. 나는 화염병을 다 만들고는 운반하는 책임을 맡았다. 고민 끝에 삼엄한 경계를 뚫고 시민회관까지 안전하게 운반할 방법을 찾았다. 외모가 출중한 내가 고물장수를 흉내 내어 리어카를 끌고 들어가기로 한 것이다. 화염병 박스는 전날 저녁 무렵에 시민회관 건너편 시장 화장실의 빈칸에 옮겨놓았다. 5월 3일, 아침부터 시민회관 주변은 시위를 막으려는 경찰병력으로 살벌했다. 화염병을 바닥에 싣고 고물을 그 위에 얹어서 안 보이게 위장을 한 뒤 리어카를 끌고 경찰 저지선으로 향했다. 리어카 뒤를 동료들이 짐짓 무심한 시민 행세를 하면서 따랐다. 사람들을 일일이 검문하던 경찰과 가까워지자 심장이 벌렁벌렁 뛰었다. 경찰은 처음에는 내가 정말 고물장수라고 생각했는지 나를 그냥 통과시켰다. 다행이다 싶던 바로 그 순간 경찰이 "저건 뭐야!" 하고 고함을 쳤다. 그러면서 리어카를 낚아채려고 했다. 그러자 뒤를 따르던 동료들이 경찰을 밀쳤고, 그 순간 나는 화염병이 가득 든 리어카를 힘껏 끌었다. 그렇게 그날 시민회관 주변을 불바다로 만든 화염병을 반입하는 데 성공했다.

그날 우리는 전두환 군사독재정권을 규탄하는 폭력시위를 이어갔다. 거기서 투석전에 쓸 돌을 깨고 있는 내 동생 래전이를 만났다. 어찌나 반가웠던지, 우리 형제는 힘껏 포옹하면서 서로의 안녕을 기원했다. 거기서 학교 동기들과 후배들도 만났다. 전국에 있는 운동권은 다 모인 것 같았다. 하루 종일 경찰에 쫓기면서도 강력한 투쟁을 만들어냈다.

그 일이 있은 뒤 당시 공안기관은 우리를 찾기 위해 혈안이 되어 있었다. 지도부는 우리에게 낮에는 일절 돌아다니지 말고 은신해 있으로고 했다. 우리는 낮에는 부평 쪽의 한 자취방에 숨어 있다가 밤만 되면 피세일을 하고는 했다.

그렇게 지내던 어느 날, 서노련과 인노련 지도부는 5월 투쟁을 하달했다. 미국 관련 시설을 점거하여 노동자의 반미 입장을 천명해야 한다, 광주 학살에 대한 미국의 책임을 묻고 노동자의 반제국주의 투쟁을 선언해야 한다는 정도였던 것으로 기억한다. 대부분이 수배 중이었기 때문에 '안개 지도부'라고 불리던 그 지도부(그들 중에는 현 경기도지사 김문수도 있었다!)의 지시에 따라 나도 점거농성 투쟁에 참여하게 되었다. 당시의 점거농성은 구속으로 이어질 것이 당연했다.

나는 그때 분명히 항의했다. 이제 제대한 지 10개월밖에 되지 않았는데 이번 투쟁에서 빠지면 안 되겠냐고 했지만 돌아온 대답은 역시 안 된다는 것. 나로서는 참 난감했다. 조금의 고민 끝에 될 대로 되라는 심정으로 조직의 방침을 따랐지만, 뼈를 묻을 각오로 하려던 노동운동인데 운동다운 운동을 제대로 하지도 못하고 점거농성에 차출되는 것이 너무도 아쉬웠다.

1986년 5월 30일, 영등포 한미은행 2층을 점거했다. 당시 미국 시설을 점거하려고 했으나, 관련 시설들은 워낙 삼엄한 경비를 하고 있어서 접근을 할 수 없었다. 겨우 찾아낸 게 미국 자본이 좀더 많다고 알려졌던 한미은행이었다. "노동자 농민 피땀 짜는 미제국주의 타도하자!"로 기억되는 펼침막을 유리창을 깨고 내걸었다. 아침 출근시간대라서 우리를 지켜보는 시민들이 많았다. 우리는 문 앞에 바리케이드를 쌓고 각자의 위치로 갔다. 나는 선동조였다. 깨진 유리창 위에 올라 시민들 들으라고 구호를 선창하고 연설을 해댔다. 아침 시간에 허를 찔린 경찰들이 주섬주섬 옷과 신발을 꿰면서 나타나고, 소방차도 나타나 물줄기를 뿜어댔다. 처음에는 멋모르고 소방차의 물줄기를 정면으로 맞았다. 순간 숨이 턱 멎을 것 같은 고통과 함께 몸이 붕 떠서 바닥에 내동댕이쳐졌다. 그러다 소방차도 공기의 압력이 다하면 다시 그걸 주입하는 시간이 필요하다는 것을 알아차리고는 물줄기를 뿜을 때는 기둥 뒤로 몸을 숨겼다가 압력이 다했을 때는 구호를 외치는 식으로 집요하게 버텼다.

하지만 그것도 잠시, 경찰들은 '오함마(대형 해머)'로 벽을 부수고 쳐들어왔다. 그들에 비하면 우리 열여섯 명은 너무도 적었다. 바리케이드도 화염병도 각목도 소용이 없었다. 밀리고 밀린 우리는 창틀에서 뛰어내렸다. 바닥에 떨어지는 순간, 무수한 군홧발이 우리를 머리며 얼굴이며 사정없이 짓밟았다. 우리의 투쟁은 45분 동안 진행되다가 진압되었다. 경찰 지프차에 실려가면서도 내가 구호를 외치자 뒷자리에 있던 경찰이 내 머리를 뒤로 젖히더니 가죽장갑 낀 채로 눈을 마구 가격했다. 눈은 퉁퉁 부어올랐고 그 때문에 거의 한 달을 고생했다. 끌려온 동지들도 모두 피투성이가 되어 있었다.

노동자들의 반미투쟁에 포문을 열어준다는 투쟁에 동원된 우리에게 붙여진 죄명은 집회및시위에관한법률(집시법)과 폭력행위등처벌에관한법률(폭처법) 위반 두 가지였다. 그렇게 해서 내 징역생활이 시작되었다.

감옥, 가족,
눈물, 편지

나에 대해 세상에 널리 퍼진 오해가 있다. 전과 11범이라는 사실이 알려지면서 나를 잘 모르는 사람들은 내가 꽤나 오래도록 감옥살이를 한 것으로 생각한다는 점이다. 유치장을 들락거린 건 셀 수 없이 많지만, 감옥은 네 번 다녀왔다. 하지만 감옥에서 살았던 기간은 다 합쳐야 1년 반을 조금 넘는 정도다. 예전의 장기수들은 수십 년 감옥살이를 했으니 그분들에 비하면 "변기통에 앉아 있는 시간도 안 되는" 짧은 시간을 살았을 뿐이다.

유치장의 첫 경험은 대학 1학년 5월쯤이었다. 한 학년 위의 문학회 선배와 함께 연고전을 구경하러 갔을 때였다. 어디고 경찰들이 수시로 불심검문을 하던 시절이라 동대문운동장에 들어가다가 경찰이 선배의 가방을 뒤졌는데 재수 없게도 유인물이 발각되었다. 그 일로 곧

장 서대문경찰서로 끌려갔다. 나야 아무것도 모르는 일이었지만 바짝 쫄아 있었다. 선배는 경찰에게 몇 번 쥐어박히면서 유인물의 출처를 추궁당했다. 그러다가 저녁 먹고는 유치장에 들어갔다. 희미한 전등 불빛 아래서 문을 열자마자 확 얼굴을 덮치는 역겨운 쓰레기 냄새. 경찰은 구멍이 숭숭 뚫린 흥부네 이불 같은 것을 달랑 한 장 모포라고 던져주었다. '뺑끼통'이라고 하는 오줌통을 머리 위에 놓고 문가에서 어떻게 하룻밤을 잤다. 그리고 다음날 아침 훈방으로 나왔지만 30년도 더 지난 그때의 기억이 선명하다.

그 후 제대로 유치장을 거쳐 감옥으로 갔던 건 1986년 스물여섯 살 때, 짧았던 노동운동을 점거농성으로 마감하고 현장에서 체포되었을 때였다. 영등포경찰서에서 흠씬 두들겨 맞고 노량진경찰서 유치장에 수감되었다. 그런데 신체검사를 한다고 유치장 근무하던 고참 전경이 다짜고짜로 팬티를 내리라고 했다. 항문검사까지 한다는 것이어서 당연히 거부했다. 하지만 그의 위압에 눌려서 굴복하고 말았다. 전경 앞에서 항문까지 벌려 보이는 짓, 참으로 치욕스러운 일이었다.

노량진경찰서 유치장을 거쳐서 영등포구치소(지금의 서울남부구치소)로 넘어갔다. 여러 명이 함께 쓰는 혼거방이었는데 체포당할 때 맞았던 데가 욱신욱신 쑤시고 눈은 시퍼렇게 멍이 들어서 한 달 동안은 만사가 다 귀찮고 의욕이 없었다. 더욱이 처음에는 감방 안 다른 수감자들의 기에 눌려 밖에서 운동 나온 동료들이 불러도 대답을 못할 지경이었다. 그런 나에 비해서 다른 동료들은 얼마나 씩씩했는지 모른다.

한 달 정도 소심하게 지낸 뒤에 나도 어느 정도 구치소의 분위기에
적응을 했다. 감방 안의 다른 이들과 관계도 잘 맺었다. 사실 감방 안
에서 만난 사람들 중에 악질적인 범죄를 저지른 이들도 있었겠지만
'빽' 없고 가난해서 감옥에 들어온 이들이 대부분이었다. 나는 점차
정치범, 양심수의 지위를 찾아갔다. 감옥 안에서 가장 센 '왈왈이'가
조폭 아니면 양심수 아니던가.

요령도 생겼다. 그해 여름에 나는 스스로 이름 지은 '민중의 소리'
방송을 매일 저녁 점호 전에 했다. 방송이라고 했지만 큰 목소리로
재소자들을 향해서 바깥의 정치 소식을 전하는 것이었다. 당시 감옥
에는 신문도 라디오도 TV도 없던 때였다. 나는 주로 면회와 운동시간
에 통방(재소자들끼리 교도관의 눈을 피해서 소식을 전하거나 소통하는 방
법)을 통해서 들은 소식들을 정리해서 떠들었다. 목소리를 최대한 높
여서 교도관들이 제지하든 말든 소식을 내보내고, 마지막은 전두환
정권을 규탄하는 구호로 끝을 냈다.

그 시절에 기억나는 일은 일주일에 한 번씩 면회 오시던 어머니였
다. 지금처럼 교통도 좋지 않던 시절이었는데, 어머니는 시골 일이 바
쁜 와중에도 꼭 면회를 오셨다. 오셔서는 별로 하시는 말씀도 없었다.
그저 잘 있느냐, 배는 고프지 않느냐, 날이 추워지기 전에 나와야 할
텐데 등의 걱정을 늘어놓으셨다. 나는 면회 오는 후배들도 거의 없던
때인지라 바깥소식이 궁금했지만 어머니에게 그것을 기대할 수는 없
었다.

노량진경찰서 유치장 시절과 구치소 초기에는 가족들이 면회 오는 날은 괴로운 날이었다. 경찰들은 반성문만 쓰면 1심에서 집행유예로 나갈 수 있다고 가족들에게 말하면서 내가 반성문을 쓰도록 회유하게 했다. 그런 말에 현혹되지 않을 가족이 어디에 있겠는가. 감옥에 가면 인생이 끝나는 것으로 알던 시절이었으니 말이다. 아버지까지 구치소로 면회 와서는 겨울에 감옥에 있으면 몸 상한다고 우시면서 반성문을 쓰라고 호소하시던 모습이 지금도 선하다. 그런 아버지의 모습을 보면서 가슴이 아렸다. 그래도 독하게 마음먹고 아버지의 호소를 거절했다. 내가 잘못한 게 아닌데. 그리고 한번 무너지고 나면 끝없이 무너질 내가 두려웠다. 그 옆에서 도리어 어머니는 아버지더러 그러지 말라며 내 편을 들어주시고는 했다.

다섯 살 위의 형도 노량진경찰서를 찾아와 유리창 너머에서 반성문을 종용했다.

"래군아, 반성문 좀 쓰면 안 되겠냐. 나와서 또 운동하면 되잖니. 너 대학 보내고 부모님이 얼마나 좋아하셨니. 부모님 생각해서라도 눈 딱 감고 반성문 쓰고 나오자."

너무도 간곡한 호소였는데 나는 미안하다며 거절했다. 그러고 돌아와 유치장 방 안에서 얼굴을 무릎에 묻고 고개를 들지 못했다. 나의 행동으로 괴로워하는 가족들을 어떻게 한단 말인가. 사실 가족에게는 늘 미안했다. 집안의 기대를 한 몸에 받던 명문대학생이었는데, 강제징집에 이어 가족들을 속이고 공장으로 간 것도 모자라 이번에는 감옥에 있으니 식구들은 억장이 무너져내렸다.

그런 뒤에 형은 갈아입을 옷 사이에 편지를 보냈다. 역시 같은 내용이었는데, 그 편지는 눈물로 번져 있었다. 그깟 한 장, 맘에도 없는 반성문 써주면 되는데, 나는 그럴 수 없었다. 눈물로 번진 편지. 그 시절, 제일 가슴 아팠던 일로 기억에 남는다.

그 무렵 군 제대 뒤에 학교에 복학했던 동생이 식구들에게 끌려 내려가 집에서 농사를 짓고 있었다. 그러다 다시 서울에 올라왔다가 노량진유치장에 갇히는 일이 생겼다. 86아시안게임 반대 투쟁에 화염병을 운반하다가 잡힌 것이다. 막 화염병 처벌법이 시행되던, 추석을 앞둔 때였다. 운동을 하던 나와 동생은 가족들에게 괴로움만 주었다.

추운 계절을 향해 소리치다

1986년 10월 말 나는 2년6월의 징역형을 선고받았다. 1심 재판은 재판거부투쟁으로 금세 끝났다. 당시에 양심수들은 종종 재판거부투쟁을 했다. 사법부가 정치권력의 시녀였던 때였고, 시국사건, 공안사건들에서는 더욱 그랬으므로 정치적인 주장을 하는 양심수들은 법정에서 준열하게 판사와 검사를 꾸짖었다. 나의 첫 재판은 그렇게 판사를 꾸짖고 구호를 외치는 것으로 끝났다. 그런 뒤에 대부분의 공범 동료들은 항소를 포기하는 바람에 형이 확정되어 전국의 교도소로 흩어졌다. 나와 다른 한 명만 항소를 한 뒤에 영등포교도소로 이감되었다.

이감되고 나서 일주일이나 지났을까. 건국대학교에서 학생들이 시위를 하다가 1천 명도 넘게 체포되어 수감되는 일이 발생했다. 이른바 '건대항쟁'이라고 부르는 사건이었다. 이 일을 계기로 전두환 정권은 운동권을 싹 쓸어버리겠다는 기세로 사람들을 잡아들였다. 개헌을 주장하는 야당의 공세가 날로 뜨거워지고 있었고, 학생운동만이 아니라 노동운동이 발전하면서 정권을 압박하고 있던 때였다.

이런 정치적 상황은 곧바로 감옥의 분위기를 위축시켰다. 우리가 1심이 끝나고 항소를 하게 되어 영등포구치소에서 영등포교도소로 이감 온 뒤에 영등포구치소에서는 양심수들의 통방도 제지했고, 재소자들을 향해서 선전하는 일도 못 하게 막았을 뿐만 아니라 한날에 양심수들을 모두 보안과 지하실로 끌고 가 공중에 매달고 '비녀 꽂기'(양팔과 양다리를 뒤로 묶어서 그사이로 쇠파이프 등을 집어넣어 공중에 매다는 고문) 같은 고문을 가했다. 양심수들이 거의 일주일 동안 폭행을 당하는 일이 일어났다고 했다. 다행히 나는 그 화를 피해서 먼저 영등포교도소로 온 것이었다.

따라서 교도소의 분위기도 만만치 않았다. 하지만 전태일 열사의 추모식을 안 할 수는 없었다. 우리는 추모일을 맞아 재소자들에게 알리고 행사를 진행했다. 묵념과 〈임을 위한 행진곡〉을 제창하는데 문이 열리고 경비교도대들이 방 안으로 뛰어들었다. 안 아무개라고 하는 악질적인 보안과장이 진두지휘하면서 영등포교도소의 모든 양심수들을 보안과 지하실로 끌고 갔다. 폭행은 기본이고, '비녀 꽂기'라는 고문도 당했다. 그러고는 손을 뒤로 하여 포승줄로 묶은 채 징벌방에 집어넣었다. 거기서 그친 게 아니라 손과 발을 뒤로 다시 묶는 이른바 '돼지묶음'을 당했다. 배만 바닥에 대고 버둥대야 하는 그 밤이 서러웠다.

차디찬 바닥에서 냉기가 올라오고 담요도 덮을 수 없는 상황. 하지만 굴하지 않았다. 담요를 입으로 끌어다 당겨 덮고 담요 속에서 손을 꼬물꼬물 움직여 포승줄 매듭을 어찌어찌 풀었다. 온몸은 땀으로 범벅이 되었다. 손의 매듭을 풀고 나니 다리의 매듭을 풀어내는 일은 식은 죽 먹기, 갑자기 희열이 몰려오는 듯했다. 그런데 그 일에 몰두하느라 그런 내 모습을 지켜보는 이상한 시선이 있을 줄은 몰랐다. 안 아무개 보안과장이었다. 그는 문을 따고 들어와 담요를 걷어내더니 다짜고짜 내 뺨을 갈겼다. 눈에 불이 번쩍 일었다. 순간적으로 나는 그의 얼굴에 "씨발" 욕을 하며 침을 뱉었다. 그러자 화가 난 그는 내 뺨을 수차례 더 갈기며 분풀이를 해댔다. 어떻게 저항할 수 없는 상황이었다. 애써서 풀어낸 포승줄에 다시 묶여서 버둥거리게 됐다. 독방 징벌방에서 초겨울 추위에 떨며 밤을 지샜다. 분하고 억울했다.

다음날 포승줄은 풀렸지만 우리는 보름씩의 징벌을 먹었다. 운동도 못 하고, 면회와 서신도 금지되었다. 책도 볼 수 없었다. 방에만 틀어박혀 있으니 시간을 죽이기가 너무 힘들었다. 그러자 징벌 동료들은 모두 식구통(배식용 구멍)에 머리를 갖다대고 통방했다. 우리는 자기소개부터 최근의 정세까지 하루 종일 식구통에 입과 귀를 대고 수다를 떨었다. 교도관들이야 우리의 통방을 막고 싶어했지만 그때 우리는 그들의 말에 고분고분하지 않았다.

감옥에서 가장 추운 계절은 겨울이 아니었다. 정치범들마저도 얼어붙게 만드는 정국이었다. 1986년 겨울, 전두환 정권은 학생운동을 비롯해서 노동운동 등 모든 저항운동의 씨를 말리고자 대형 공안사건들을 계속 만들어냈다. 그해 겨울 우리의 감옥에는 물이 꽁꽁 얼었고 우리의 활동도 위축되었다.

눈이 많이도 내렸던 어느 날로 기억한다. 징벌방에서 혼거방인 3사상 10방으로 돌아온 지 며칠 지나지 않았던 날이었다. 아침 점호를 마치고 식사까지 끝낸 뒤였는데, 밖에서 매 때리는 소리와 억, 억 하는 소리가 들렸다. 창으로 확인한 장면은 믿을 수 없었다. 웃통이 벗겨진 남자들이 눈 위에 '원산폭격'을 하고 있었고, 교도관들이 그들의 엉덩이를 두들겨 팼다. 재소자들은 오리걸음까지 했다. 이전 같으면 당장 거기에 항의했을 것이다. 문짝을 걷어차든지 소리라도 꽥꽥 질렀을 것이다. 그렇지만 징벌방에서 막 돌아온 우리는 날씨만큼이나 바짝 얼어붙어 있었다. 나는 그 장면을 지켜보기만 하는 내 모습이 너무도 싫었다. '재소자의 인권'이라는 말을 그때도 했는지는 몰라도 교도소 당국이 재소자들에게 함부로 하는 것을 그냥 눈뜨고 지켜보는 비겁한 양심수가 되기는 싫었다.

그날 이후 재소자들의 처우에 관심을 갖기 시작했다. 정치적인 주장을 하다가 끌려갔던 적도 있었지만, 재소자들의 처우를 개선하기 위해 적극적으로 교도소를 상대로 싸움을 벌이니 재소자들이 나를 무슨 대단한 능력이 있는 사람으로 취급했다. 한번은 내 옆방에 치루 환자가 방치된 채 치료도 받지 못하는 걸 알게 되었다. 이 문제를 즉각 제기하고 보안과장 면담을 요청했다. 그냥 넘어갈 문제가 아니라고 생각했다. 같은 방 사람들이 그를 돌보고는 있었지만, 흘러나온 고름 냄새가 방 안에 진동했다. 그런데도 병사에도 보내지 않고 방치하는 교도소와 작정하고 붙어볼 요량이었다. 그런데 보안과장 면담도 하지 않았는데, 교도소에서 알아서 그를 병사로 옮겼다. 그 뒤는 알 수 없었지만 아무튼 열악한 치료라도 받게 되었을 것이다. 그런 일들이 쌓이면서 나는 재소자들에게 인기 있는 문제 해결사가 되어갔다.

혹독한 겨울 시간을 책도 읽고 같은 방 사람들과 장기도 두면서, 그렇게 소일하면서 1987년을 맞았다. 새해가 된 지 20일 정도 지났을까. 면회를 통해서 박종철이라는 서울대생이 남영동 대공분실에서 고문받다 1월 14일에 죽었다는 소식을 뒤늦게 들었다. 그냥 넘어갈 수 없는 일이었다. 우리는 교도소 내의 옥중투쟁위원회(당시 전국의 양심수들은 각 구치소와 교도소마다 옥중투쟁위원회를 결성했다. 뿐만 아니라 외부접견 등을 통해 전국의 옥중투쟁위원회와 연결하여 공동의 요구를 걸고 연대투쟁을 하고는 했다)를 통해 저녁 점호 끝나고 일시에 행동에 들어갔다. 문짝을 빵빵 걷어차고 "고문정권 물러가라!" "박종철을 살려내라!"고 '샤우팅(구호 제창)'을 시작했다. 그러자 득달같이 경비교도대가 출동해서는 우리를 방에서 끌어냈다. 다시 보안과 지하실에 끌려가 두들겨 맞고 보내진 곳은 재소자들이 가장 두려워하는 '먹방'이었다. 먹방은 빛 한 점 들어오지 않는 정말 먹빛처럼 깜깜한 방이었다.

다시 돼지묶음으로 묶여서 한 방에 두세 명씩 집어던져졌다. 양손과 양발이 뒤로 묶여서 밥도 개처럼 입을 대고 먹고 똥오줌도 바지에 그대로 지려야 할 판이었다. 내가 들어간 먹방에도 둘이 들어갔다. 그런데 둘이잖은가. 내가 먼저 입으로 그의 포승줄을 풀었고, 손이 자유로워진 그가 내 포승줄을 풀어줬다. 개밥을 먹어야 하는 신세는 면했지만, 빛 한 점 없는 방에서 최소한 보름은 있겠지 하고 각오했다.

그런데 먹방에 들어간 바로 다음날 오전에 갑자기 방문이 열리더니 우리를 모두 각자의 방으로 돌려보냈다. 우리는 어안이 벙벙했다. 교도소 측에서 갑자기 뭔 생각으로 그러는지 몰라 불안했다. 그럴 리가 없는데 말이다. 다시 돌아온 사동에서는 대환영을 받았다. 재소자들이 나의 귀환을 진심으로 반겨주었다.

우리가 먹방에서 쉽게 풀려난 이유를 곧 알게 됐다. 박종철을 죽인 고문경관 셋이 우리가 들어가 있던 먹방에 면해 있는 특별사동에 수용된 것이었다. 이런 사실을 모르고 있던 우리는 너무도 분했다. 우리는 면회가 있을 때나 운동시간에 특별사동을 향해 달려가면서 다시 구호를 외쳤다. 무모하기는 했지만 고문경관을 옆에 두고 그대로 볼 수만은 없었다. 그러자 교도소에서는 비상이 걸렸다. 우리가 면회를 가거나 운동을 나갈 때 교도관들이 대거 따라붙었다.

때마침 이부영 씨(나중에 정치인이 된 그는 그때 1986년 5·3인천항쟁 주도 혐의로 수감 중이었다)가 특별사동에 있었는데 그가 고문경관들을 잘 꼬여내서 그들 말고 고문경관이 더 있고, 사건이 은폐 조작되었음을 알아냈다. 그러고는 그 내용을 편지로 써서 밖으로 내보냈다. 그 편지가 천주교 신부들에게 전달되어 1987년 5·18 미사에서 김승훈 신부가 이런 사실을 폭로했고, 그에 분개한 시민들이 거리로 쏟아져나왔다. 6월 항쟁의 시작이었다.

나의 항소심에서 당시로는 그나마 제대로 된 재판을 했다. 최후진술도 멋지게 했다. 그때 나를 호송했던 교도관들까지 감동적이었다고 했고, 이상수 변호사도 그랬다. 하지만 내가 뭐라고 근사하게 말했는지 지금은 기억나지 않는다. 2심에서 6개월이 깎여 2년형을 받은 뒤에 상고를 포기했다.

그러고는 3월 말이었던가. 며칠 동안 부식이 이상했다. 반찬에서 냄새가 나서 먹을 수 없을 지경이었다. 여기저기서 불만이 터져나왔다. 옥중투쟁위원회에서 통방을 해서 이 문제를 제기하기로 했다. 옥중투쟁위원회가 소장 면담을 요구했는데도 부식은 여전히 사람이 입에 댈 수 없을 정도였다. 특히 두붓국은 쉰 두부를 썼는지 냄새가 역하고, 입에 넣었다가는 뱉어내는 상황이 되어버렸다. 옥중투쟁위원회의 정치범들이 행동에 들어갔다. 부식을 집어던지고 문짝을 걷어찼다. "우리는 돼지가 아니다." 아마도 그런 구호였을 것이다. 즉각 경비교도대(경교대)가 출동해서 문 앞에 섰다. 한두 번 있던 상황이 아니라서 우리는 곧 그들에게 끌려갈 판이었다.

그런데 이번엔 상황이 달랐다. 재소자들이 같이 호응했다. 모든 방에서 문을 뻥뻥 걷어찼다. 모든 재소자들이 우리와 같이 행동을 했다. 20명 남짓의 정치범들뿐 아니라 조폭까지 모두 함께 들고 일어났다. 겁날 만한 상황이 벌어지고 있었다. 방에서 고함이 터져나왔다. 양심수들을 옹호하는 발언들도 나왔다. 우리를 끌고 가면 가만 안 두겠다고 으르댔다. 얼마나 힘이 나는가. 더 힘이 나서 방 철문을 뻥뻥 걷어차는데, 어라, 갑자기 문이 열려버렸다. 평소 문짝을 많이 차대서 그랬던 것 같다. 나는 복도로 나와서 방마다 돌아다니면서 선동을 했다. 재소자들은 더욱 기세를 올렸다. 곧바로 다시 나는 방으로 끌려들어왔지만 모든 방에서 창살을 잡고 나와 함께 외치는 재소자들, 나를 끌고 가는 경교대원들에게 항의하는 모습들…… 그렇게 한 시간 동안이나 폭동을 방불케 하는 소동이 일어났다. 그러자 곧바로 교도소장이 옥중투쟁위원회 대표를 만나겠다고 했고, 그날 중으로 부식 문제에 대한 사과 방송이 나왔다. 우리는 징벌방에 끌려가지도 않았고, 부식 문제도 대체로 잘 해결됐다. 대중이 일어서면 그 힘이 얼마나 큰 것인지를 깨달았던 경험이었다.

1987년 4월 13일 아침, 대전교도소로 이감 가는 날, 이 방 저 방에서 먹을 거며, 수건, 속옷 등을 잔뜩 보내왔다. 짐을 다 꾸린 다음에 방마다 돌아다니면서 건강하라고 인사를 하는데 눈물이 날 지경이었다. 사동 담당 교도관은 골치 아픈 내가 이감 가는 게 그렇게 좋은지 입이 귀에 걸려 있었다. 사동을 나서면서 큰 목소리로 이감 인사를 했다.

감옥은 '정치 대학'

포승줄에 묶인 채로 검은 지프차에 실려서 라디오를 통해 흘러나오는 특별방송을 들었다. 전두환의 호헌성명 발표였다. 개헌 논의를 중단하겠다는 선언, 야당과 재야세력, 운동세력에 대한 탄압을 예고하는 방송을 이감 가는 중에 들은 것이다. 그렇잖아도 대전교도소는 정치범 중에서 악질로 찍힌 사람만 간다는 얘기며, 장기수들을 수용한 곳이라서 훨씬 독하다는 얘기를 들어왔던 터라서 긴장하고 있었는데, 속으로 죽었다 생각했다.

대전교도소는 그때만 해도 '동양 최대의 감옥'이라고 했다. 새로 지은 건물이라서 시설도 잘되어 있었다. 먼저 간 곳은 독방이었다. 그곳에서 며칠인가 있었다. 빛과 공기마저도 사동 교도관실에서 버튼 하나로 통제할 수 있다는 얘기를 누군가에게서 들었다. 통방도 여의치 않았다. 방을 배정받아서 갔더니 그곳은 미지정 사동이었다. 기결수로 확정되었으나 출역장(재소자들이 일하는 감옥 안 공장이나 일터)을 지정받지 못했거나 출역장에서 말썽을 일으켜 다른 작업장으로 옮길 동안에 임시로 머무는 기결수들이 있는 사동이었다. 그러니 대전교도소에서도 최고로 골치 아픈 재소자들이 모여 있는 곳이기도 했다. 며칠 뒤 노항래가 내가 있는 곳으로 왔다. 그도 형이 확정되어 대전교도소로 왔고, 마침 내가 있던 사동으로 오게 되었다. 노항래와 나는 질긴 인연이었다. 고등학교, 대학교, 강제징집, 감옥까지 어려운 생활을 같이 해냈다.

다른 사동과 통방도 잘되지 않았지만, 5·18광주민중항쟁은 그냥 넘어갈 수 없는 일이었다. 5월 15일부터 시작해서 3일간의 단식에 들어갔다. 매년 양심수들이 하는 연례행사이기 때문에 교도소로부터 제지를 받지도 않았다. 그렇게 무사히 3일간의 단식을 마치고 복식을 시작하려던 아침에 일이 생겨버렸다. 그날은 교도소에서 소내 체육대회가 있어서 사동 사람들이 손꼽아 기다려온 날이었다. 기결수들에게 운동장에서 하루 종일 뛰고 노는 게 얼마나 신나는 일이었겠는가. 그런데 그날 아침에 교도소 당국은 미지정 사동 사람들은 운동장에 나오지 말라고 일방적으로 통보해왔다. 사고뭉치들이 모인 미지정 기결수들은 빼놓고 운동회를 한다는 것이었다. 그 일로 사동은 일순간 엄청난 동요에 휩싸였다. 여기저기서 항의가 터져나왔다.

나와 친구 노항래는 이런 재소자들의 요구를 받아서 소내 투쟁에 돌입했다. 문짝을 걷어차니 경교대가 와서 우리를 끌고 갔다. 영등포에서처럼 다시 돼지묶음을 당하고는 징벌방보다 더 가혹한 중구금방에 던져졌다. 그런데, 그런데 단식 끝이어서인지 너무 힘들었다. 팔과 다리를 묶은 포승줄은 자꾸만 죄어왔다. 온몸에 피가 통하지 않을 만큼 바짝 조인 포승줄은 아무리 손으로 끄르려 해도 매듭을 풀어낼 수가 없었다. 배를 바닥에 깔고 버둥대면 댈수록 온몸은 땀으로 젖어가고 힘이 더 빠져만 갔다. 더 이상 버틸 수 없다는 나약한 생각, 이대로 가다가는 항복할 것 같다는 생각이 솟구쳤다.

무슨 방법이 있을까. 퍼뜩 떠오른 생각, 혀를 깨물자. 혀를 윗니와 아랫니 사이에 물고 깨물어보았다. 그런데 힘을 아무리 쥐도 혀는 깨물어지지 않았다. 이상했다. 책이나 영화에서는 잘도 되던데. 이리저리 방법을 궁리하다가 혀를 빼물고 마룻바닥에 쾅 턱을 내리찍었다. 비릿한 피가 입안에 잔뜩 고여들었다. 성공이다. 한 번, 두 번, 세 번, 찍고 또 찍었다. 퉤, 퉤 입안에 고인 핏물을 벽면에 뱉어냈다. 붉은 핏물이 벽과 바닥에 고루 뿌려졌다. 으윽 하는 비명도 같이. 이런 소리를 들었던 걸까. 노항래가 큰 소리로 교도관을 불렀다.

딸깍, 문 따는 소리에 나는 이겼다고 생각했다. 내가 혀를 깨물어 핏물을 뱉어놓은 걸 보면 저들이 내 포승줄을 풀어줄 것이라는 속셈이었다. 아마도 영등포의 구치소나 교도소에서는 이런 방법이 통했을 것이다. 하지만 일제시대부터 정치범을 다루어온 노하우가 축적된 대전이었다. 그들은 내게 오히려 소리를 지르지 못하도록 방성구防聲具를 씌웠다. 그러고는 포승줄을 더 단단히 묶었다. 절망이 아마 그런 것이리라. 고문 끝에 당하는 절망과 체념이 이런 것이리라. 결국 나는 그들에게 타협했고 항복했다. 다시는 소내 규정을 어기는 행위를 하지 않겠다는 각서를 쓰고 말았다. 감옥살이에서 첫 패배였다. 포승줄이 풀린 자리에는 묶였던 그대로 물집이 동그랗게 나서 팔과 다리를 휘감고 있었고(그 자국은 몇 년 뒤까지 남아 있었다), 끝이 좀 잘려진 혓바닥에는 누런 고름이 배었다. 그런 몰골로 간 곳은 6사하였다.

대전교도소에는 비전향장기수들이 특별사동에서 정말 특별한 보호를 받으며 살고 있었다. 그런 그들을 전향 공작하는 기간에 격리 수용하는 곳이 6사하 특별사동이었다. 그곳에 가니 20여 명 중 대부분이 무기수였고, 나머지는 10년, 7년형의 장기형을 받은 국가보안법 위반자들이었다. 격리되어 생활한 지 20년이 넘은 이들도 있었다. 겨우 2년짜리인 나는 피라미일 뿐이었다. 그런데 그런 분들이 나를 너무도 극진하게 걱정해주었다. 존댓말로 '박선생'이라고 불러주며 나의 상처를 진정으로 걱정해주니 눈물이 날 정도였다. 굴욕감과 패배감에 휩싸여 있던 내게 그들의 위로는 큰 힘이 되었다. 그곳에는 나중에 준법서약서를 쓰지 않고 버텼던 장기수 강용주도 있었는데, 1985년 구미유학생간첩단 사건으로 무기형을 받고 복역 중이었다.

전향 공작으로 죽어간 이들도 있었다고 하는데, 남아 있는 그곳의 장기수들은 그 모진 고문을 당하면서도 꿋꿋이 이겨낸 사람들이었다. 그들의 사상이나 신념을 자세히 들을 기회를 그때는 갖지 못했다. 다만 한 치의 흐트러짐도 없는 그들의 생활이 눈에 들어왔다. 새벽 4시면 일어나서 냉수마찰을 하고 앉아 묵상을 한다. 그러고는 걸레로 깨끗이 청소를 한다. 정좌를 한 채 독서를 하고, 아침 먹고 또 조용히 독서를 한다. 그러다가 운동 때는 각 방의 선생들과 함께 빗자루 등을 들고서 민족무예를 익힌다. 그런 모습이 은근히 감동적이었다. 아랫사람에게 하대하지도 않았다. 소지(청소하는 사람)나 교도관에게도 깍듯했다. 우리처럼 걸핏하면 화내고 욕하고 하는 모습은 찾으려야 찾을 수 없었다. 티내는 일도 없지만 누구라도 그들 앞에 주눅이 들게 하는 기품이 있는 사람들. 죄수복을 입은 그들에게서 그런 풍모를 발견한다는 건 상상 밖의 일이었다.

나는 장기수들의 그런 모습을 보면서 많은 반성을 했다. 당시 운동 좀 한다는 사람들은 혁명이란 말을 입에 달고 다녔다. 나도 그런 부류였다. '혁명을 위해서'라는 말을 그리 쉽게 할 수 있는 게 아닌데, 혁명을 남발해왔던 나의 가벼운 모습이 거울을 보는 것처럼 환하게 보였다. 얼마나 어쭙잖았던가. 겨우 몇 시간 묶였던 것도 이겨내지 못한, 입으로만 혁명하는 게 내 모습이었다. 나의 운동은 너무도 오만했다. 그들의 조용한 모습 앞에 나는 한없이 작아졌다.

6사하에서 살았던 1개월여의 짧은 기간에 나는 정말 많은 반성을 했다. 잘못 살아온 운동가의 생활을 반추할 수 있는 충분한 기회였다. 그때 그런 반성이 없었다면 나는 지금까지 운동을 지속하지 못했을지도 모른다.

그러던 6월의 어느 날, 매우 익숙한 냄새가 우리의 코를 자극했다. 이거…… 최루탄 냄샌데? 하면서도 믿지 못했다. 대전교도소는 시내에서도 멀리 떨어진 곳이었다. 그런데 최루탄 냄새가 나기 시작한 날부터 교도관들이 군복을 입고 집총을 하고 근무를 섰다. 무슨 사달이

난 거라고 생각했다. 혹시 5·16 같은 군부 쿠데타라도 났나 생각해 보았다. 그것도 가능하지 않은 것 같았다. 교도관에게 왜 그러냐고 물어도 대답은 없었다. 통방을 통해서도 확실한 답을 얻을 수 없었다. 답답해 미칠 지경이었다.

마침 면회를 다녀온 사람들이 전해주는 얘기는 도저히 믿을 수 없었다. 4·19 때보다도 더 큰 데모가 전국적으로 일어나고 있다고 했다. 감옥에 갇혔던 사람으로서는 믿기지 않았다. 운동권은 바짝 얼어 있었는데 어디서 누가 이런 운동을 만들었는지 도저히 이해할 수 없었다. 그렇지만 시시각각으로 전해지는 소식에 따르면 점점 더 큰 데모가 일어나고 있고, 조만간 정권에서 무슨 발표를 한다고 했다. 6월 민주항쟁이었다.

6·29선언이 발표되고 우리는 곧 석방된다는 소식을 들었다. 장기수들은 제외하고 이른바 시국사범들은 사동 하나를 비워서 집단수용했다. 0.75평의 독방을 벗어난 것이다. 얼떨결에 그곳을 벗어나게 되어 그곳에 있는 장기수들에게 제대로 인사도 못 했지만, 그들은 내가 곧 석방될 거라면서 자기의 일처럼 기뻐해주었다. 전국의 한다 하는 운동권이 대전교도소의 그 사동에 모였다. 교도소의 간섭도 없었다. 아침식사가 끝나면 감방 문을 열어놓고는 방치했다. 폐방하는 시간까지 우리는 배구도 하고 '땅 탁구'도 하면서 즐겁게 놀았다.

그리고 7월 초, 우리는 감옥에서 풀려났다. 하지만 모두에게 가석방의 혜택이 주어지지는 않았다. 방화사건으로 수감되었던 일부가 가석방에서 제외되자 우리는 못 나간다고 버텼다. 교도소로서는 곧

혹스러운 일이었다. 자신들이 결정하는 일이 아니었기 때문이다. 우리는 강제로 버스에 태워져 대전역에 부려졌다. 대전역에서 이한열 열사에게 분향을 했다. 시민들은 우리를 환영했다. 그리고 마중 나온 형수와 함께 고향집으로 돌아왔다. 나의 첫번째 1년 1개월의 감옥생활은 해피엔딩으로 끝이 났다.

그런 뒤에 실로 20년 만에 다시 감옥에 갔다. 2006년 평택미군기지 확장저지 투쟁을 하다가 두 번 감옥에 갔다. 그런데 그 두 번 모두 구속적부심에서 풀려나서 수감 기간이 너무 짧았다. 그럼에도 감옥이 확연히 달라졌다는 게 보였다. 먼저 인권침해가 일어날 때는 국가인권위원회에 진정을 접수할 수 있었다. 이전의 '깡패징역(교도관이 폭력배들에게 특혜를 주어 부패를 저지르는 것)'도 사라졌고, 교도관의 폭력도 사라졌다. 2010년에는 용산 참사 투쟁을 하다가 서울구치소에 수감되어 4개월을 보냈다. 그때는 더더욱 달라진 감옥을 실감했다. 방 안의 화장실은 수세식 양변기였고, 바닥에는 충분하지는 않았지만 보일러가 들어왔다. 속칭 '비둘기 날린다(교도관을 매수하여 외부에 편지나 소식을 전하는 일. 증거인멸 등이 필요할 때 재소자들이 쓰던 방법이라 종종 다른 범죄로 이어지게 된다)'는 것도 사라졌다. 비리와 폭력이 현저하게 사라진 교도소의 모습을 보면서 흐뭇하기도 했다. 우리가 해온 감옥 관련한 캠페인이나 우리가 투쟁으로 세웠던 국가인권위원회 덕에 감옥이 달라졌으니까 말이다.

이때 감옥에 가면서 나름 바꾼 관행이 있다. 지문날인을 하지 않아도 되게 했다. 영치물이나 물품구입장 등 감옥에 가는 순간부터 출소하는 날까지 지문날인이 빈번하게 요구되었다. 하지만 나는 단호하게 버텼다. 경찰서나 검찰에서 조서의 간인을 할 때 지문을 날인하지 않고 사인을 하겠다고 버텼다. 그러자 교도소 신분장에서부터 지문 날인이 사라졌다. 아니 거부하는 사람에게는 굳이 강요하지 않는 정도의 관행은 만들었다. 이게 사소한 일 같지만, 이런 관행 하나하나에 제동을 거는 것이 또한 필요한 일이다.

서울구치소에서 생활하면서 아주 답답했던 게 컴퓨터를 못 쓰는 일이었다. 인터넷이야 막아놓는다지만 편지를 쓰거나 할 때 문서 프로그램을 쓰게 하면 왜 안 되냐고 항의했지만 지금까지 되지 않는다. 그리고 감방 검사를 할 때는 여전히 강압적이었다. 검사하는 것을 보지 못하게 뒤로 돌아서 쭈그리고 앉아 있게 한다든지 하는 것들이 그렇다. 의료나 접견 부분 등 아직도 해결돼야 할 문제는 산적해 있다.

아무튼 나는 20대 때 13개월의 감옥생활을 하면서 운동가로 단련을 받았다. 대중투쟁을 익힌 것도, 운동하는 사람은 겸허해야 한다는 교훈을 얻은 것도 그곳에서였다. 아마도 20대의 그 감옥살이가 오늘날까지 운동하면서 살게 했던 동력이 아닐까 싶다. 운동 제대로 하도록 만들어준 젊은 날의 감옥, 그곳은 '정치 대학'이었다.

내 동생
박래전

'죽음'을 알기에 스물여덟 살은 너무 젊은 나이였다. 고2 때는 할머니
가 돌아가셨고, 대학 2학년 때는 얼굴도 몰랐던 강제징집된 학교 동
기가 의문사를 당했다는 소식을 들었다. 스물여섯 살 때는 노동운동
하다가 자결한 박영진 열사의 장례 투쟁에도 참여했다. 이러저러한
죽음들을 대하면서 죽음이 삶과 통일되어 있다는 등의 개똥철학을
설파한 적도 있었다. 하지만 스물여덟에 맞은 동생의 죽음은 전혀 달
랐다. 내게도 그런 일이 있으리라는 건 상상도 할 수 없었으니까. 대
학가에서, 노동현장에서 자결하던 일에 분노하고 슬퍼했지만 내 혈
육이 그렇게 죽다니. 이제 쉽게 남에게 꺼내놓지 못했던 얘기를 해보
려고 한다.

내 동생 박래전. 스물여섯 나이에 자신의 몸에 불을 붙이고 세상을

서둘러 떠난 청년. 26년 전의 일이지만 오늘도 생생하게 그때가 생각난다. 1988년 5월 15일 서울대생 조성만이 명동성당 가톨릭회관에서 할복 후 투신했고, 5월 18일에는 천안 단국대생 최덕수가 분신한 뒤, 6월 4일 동생이 숭실대학교 학생회관 옥상에서 몸에 시너를 붓고 불을 댕겼다. 온몸은 숯덩이가 되었다. 그리고 이틀 뒤인 6월 6일, 그는 숨쉬기를 멈추었다.

*

두 살 터울인 동생은 나를 잘 따랐다. 삼형제 중 둘째인 나와 동생은 어릴 때 항상 같이 다녔다. 대체로 동생이 내 뒤를 졸졸 따라다녔다. 우리는 어른들에게 인사도 잘했다. 그런 우리를 보고 동네 어른들은 '창자가 이어진 형제'라고 말하고는 했다.

어릴 적 동생은 공부보다는 노는 데 더 열성이었다. 형과 나는 부모님 농사 돕느라 학교 갔다 오면 정신이 없을 때에도 동생은 해가 저물도록 놀다 들어오고는 했다. 그렇지만 머리도 좋았고 의리도 남달랐다. 자신이 옳다는 일에 대해서는 고집을 굽힐 줄 모르는 녀석이었다. 깡마른 몸에 훌쩍 키가 컸던 동생, 활달했던 그 아이는 사춘기가 지날수록 아버지를 닮아서 얼굴에 광대뼈가 삐져나오더니 점점 말수가 적은 사내로 자랐다.

내가 수원에 있는 고등학교로 갔을 때 처음 동생과 헤어졌다. 동생은 나와 헤어지고 나서 한 달 동안을 밥도 제대로 안 먹고 형 보고 싶다고 뒷산에 올라갔다고 했다. 우울한 나날을 보내다가도 내가 집에만 가면 활기를 찾던 녀석이었다. 부모님의 반대로 수원으로 진학하지 못하고 시골의 고등학교에 들어가서는 더욱 말수가 적어졌다. 또래의 친구들과 잘 어울리지 못하고 학교 도서관에 박혀서 막차를 겨우겨우 타고 집에 들어오곤 했다. 그때부터 동생은 시를 쓰기 시작했다. 서투른 습작들이 몇 개 남아 있지만, 그때까지는 썩 좋은 시를 쓰는 것 같지는 않았다.

친구들과는 다른 차원의 고민이 그때부터 자리 잡기 시작했던 것 같다. 더욱이 재수해서 대학에 간 내가 집에 내려갈 때마다 동생은 문학이며 대학 생활에 대해 꼬치꼬치 물었다. 그러면서 고등학교 생활의 답답함을 호소했다. 친구들이나 선생님들과는 말이 통하지 않는다는 얘기가 주였다. 좁은 시골 생활을 넘어 큰물에 대한 동경 같은 것이 있었다고나 할까. 대학 1학년 여름, 그러니까 동생이 고3 여름방학 때 과 친구 몇 명하고 시골집을 며칠 다녀왔다. 이른바 우리끼리의 농활(농촌활동)이었다. 그때 만났던 누나들과 내 동생은 그 뒤에도 친밀한 관계를 유지했다.

동생은 숭실대학교에 입학했고, 나를 따라서 국문학과를 갔다. 나는 사학과를 권했으나 국문과를 가려는 고집을 돌릴 수는 없었다. 동생은 종종 내가 다니던 학교로 놀러 왔다. 처음에는 나를 찾더니 그때도 바빴던 나를 제치고 내 친구들과 어울려서 술도 한잔하고 격한 토론도 했다. 내 친구들은 어설프기 짝이 없는 논리를 앞세우는 그의 열정을 잘 받아주었던 것 같다.

동생도 나처럼 운동권이 되었고, 숭실대 서클인 다형문학회에도 가입했다. 문학도와 운동권을 겸한 활동에 꽤나 열성적이었다. 학습을 하면서 모르는 것들이나 자기 학교에서 듣지 못하는 학생운동이며 정세를 종종 물어왔다. 우리는 이제 문학보다는 운동에 대해 더 많은 얘기를 나누었다. 운동을 하는 동지적 관계가 형성되기 시작한 것이다. 거리에서 데모하다가 만났고, 최루탄 냄새를 뒤집어쓰고 웃었다. 그리고 서로를 걱정해주었다.

하지만 그 시절 학생운동은 긴장을 강요했다. 숨어서 몰래 학습 모임을 해야 했고, 그럴 때마다 뒤를 조심해야 했다. 데모에 나가는 것도 비밀리에 전달되어온 이른바 '택(전술)'을 듣고 뒤를 밟히지 않게 움직여야 했다. 운동권은 방학 때마다 합숙훈련을 했다. 동생이 1학년이었던 1982년 겨울방학이 시작되자 동생도 합숙을 떠났다. 동생이 합숙을 끝내고 돌아오기로 한 날, 저녁에 갑작스런 연락이 왔다. 동생이 노량진경찰서에 잡혀 있다고 했다. 그리고 경찰이 집에 들이닥쳤다. 영장도 없는 압수수색이었다. 신림동 사촌 집에 있을 때였는데, 경찰은 대강 우리가 쓰는 방을 뒤지더니 책 몇 권을 가져갔다. 영어로 된 『한국공산주의운동사』도 있었지만 그건 거들떠보지도 않았다. 그들은 한글 책이나 일본어 책(당시에는 학생운동권에서 일본어로 된 자료들을 많이 봤다)만 건드렸다.

동생은 다음날 경찰서에서 풀려났지만 '지도휴학' 상태로 휴학을 하고 군대에 가기로 했다고 말했다. 동생이 처음 겪은 좌절이었을 것이다. 지도휴학은 강제징집과는 달라서 지도교수가 휴학을 권하는 형식으로 운동을 정리하도록 하는 제도였다. 그렇지만 그 시절에 누가 교수의 지도휴학을 거부할 수 있었겠는가. 사실상의 강제휴학 조치였다. 동생은 1학년을 마치고 휴학계를 내고는 7월에 군에 입대할 때까지 시골집에 있었다.

동생은 경찰과 교수의 강압에 의해서 휴학계를 낸 일을 굴복이라고 생각했다. 게다가 신학기가 되자 같은 서클 선배가 학교에서 데모를 주동하다 강제징집되는 일을 겪으면서 무척이나 괴로워했다. 군에 갔다가 더 단련돼서 다시 운동하자고 위로할 수밖에 없었다. 그런데 동생보다 내가 먼저 학내 시위로 강제징집이 되어버렸다.

우리 형제는 둘 다 1985년에 제대했다. 나는 여름에, 동생은 겨울에. 그런데 제대한 나는 집에는 복학해서 학교 다니는 걸로 하고, 부평으로 가서 노동운동 현장이전팀에서 활동하기로 했다. 동생은 이런 나의 입장을 이해하고 집에 함구했다. 그리고 복학생이 되어 학교로 돌아갔다. 동생은 대방동의 반지하방에서 자취를 했지만, 부평에 있던 나는 가끔씩 들를 뿐이었다. 동생은 그런 나를 밤마다 기다렸나 보다.

밤이 새도록 나는
내 방의 불을 꺼버릴 수 없습니다
그가 언제 돌아올지 모르니까요

겨울에서 봄으로 가던 날
그는 이 방을 떠났습니다
주렁주렁 매달린 연륜의 끈을 자르고

열두 시간 노동에 시달려도
십만 원에도 못 미치는 저임금 노동자가 되어
조그만 전세방을 떠났습니다.

폐를 갉아먹는 실밥 부스러기나
뼈를 삭히는 독향이 좋아서는 아닙니다
조악한 노동조건과
저임금이 좋아서는 더욱 아닙니다
그저 사랑하기 때문에
함께 웃고 함께 울고
함께 싸우기 위하여 간다고만 했습니다

아침이 올 때까지
나는 내 방의 불을 끌 수 없습니다
그가 돌아올 것이기 때문입니다
졸리운 눈 부비며 신새벽에
또는 어두운 밤에 비틀거리면서라도
돌아올 것이기 때문입니다

그가 오기까지 내 방의 불을 꺼버릴 수 없습니다
창문의 불빛을 보고 날아드는 불나비처럼
불나비를 부르며 돌아올 것이기 때문입니다

―박래전, 「밤이 새도록 불을 켜두는 이유」 전문

그 시절 대방동 자취방에서 나를 기다리며 이와 비슷한 시 한 편을 더 남겼다. 그만큼 그는 외로웠을 것이다.

우리는 그해 5월 3일 해고자와 학생운동가로 인천에서 극적으로 만났다. 이른바 5·3항쟁이라고 불리는 투쟁의 현장에서였다. 인천 주안의 시민회관 앞에서 신민당의 개헌추진위원회 인천경기지부 현판식이 있던 날에 전두환 정권에 대한 강력한 투쟁을 결의하고 거의 모든 정파의 운동권이 집결한 것이다.

한바탕 경찰과 공방이 있고 나서 최루탄이 가신 거리에서 동생은 투석전에 쓸 돌을 깨고 있었다. 그런 그를 보고 내가 뒤에서 툭 쳤다. "뭐해?" 녀석은 "형" 하면서 와락 끌어안았다. 무슨 말이 필요했겠는가. 서로 조심하라는 말을 하고는 그는 그대로, 나는 나대로 대오 속으로 들어갔다. 그리고 그해 5월 29일, 인천 지역의 해고노동자들이 한미은행 점거농성을 하기로 했던 전날 밤에 동생의 자취방을 찾았다. 동생은 걱정이 많았다. 내가 감옥에 가기로 한 것도 걱정이었고, 부모님이 알면 또 끌려 내려갈 것도 걱정이었다. 다부지게 맘먹으라고, 부모님이 뭐라고 해도 학교를 계속 다니면서 운동을 하라고 했지만, 착한 녀석이 부모님의 걱정과 압력을 이겨내리라고 생각지는 않았다.

한미은행 점거농성을 한 나 때문에 예상대로 그는 다시 시골로 잡

혀 내려갔다. 학교 다니면 위험할 것이라는 학교와 경찰의 말을 들은
부모님은 완강했다. 내가 동생의 운동 길을 막은 꼴이 되었다. 이 점
은 지금도 생각하면 참 미안한 마음이다. 복학해서 한참 학생운동에
깊이 참여하고 있던 참이었는데. 나는 노량진경찰서 유치장을 거쳐
서 감옥으로 갔고, 동생은 시골로 내려갔다. 그런데 시골에 내려가 있
으면서 그의 시는 한층 발전했다. 그리고 농민, 노동자 속으로 들어가
그들과 함께 일하면서 속이 깊어갔던 때로 보인다.

모래알이 구르고
자갈이 밟힌다
2층으로 올라가는 발판을 타면서
나를 부정하려 한다

'나는 대학생이 아니다
지금 여기서 나는 노가다 판의 질통꾼이다.'

그러나 옥상 꼭대기에 잰걸음으로 다다르면
이것이 착각임을 곧 깨닫는다
수십 년을 발판타기에 매달린
손씨의 삐걱거리는 발걸음이 저만치 아래에 있다
"젊은이는 달라."
그리고 곧 부정한다

"대학생이 참 잘해."
대학생—지금의 나는 대학생이 아니다
부정을 해도 곧 그것은
자기 긍정에 지나지 않는다
넌 이방인이다

아무리 감추려 해도 난 이방인일 뿐이다
같은 땅에서 살아도
같은 발판을 타도 신분이 다른
이방인일 뿐이다

—박래전, 「질통」 전문

그러다 그해 추석을 앞두고 서울에 다니러 왔다가 경찰에 연행되고 말았다. 당시 86아시안게임을 앞두고 전두환 정권은 화염병 처벌법을 만들어 단속 중이었다. 이때 테러에 대처한다고 경찰특공대도 만들었다. 동생은 시위현장에 화염병을 나르는 것을 도와주다가 덜컥 걸렸고, 노량진경찰서 유치장에서 보름간의 구류를 살게 된다.

어떡할려고 그러니 이노무 새끼들아
난 어떡하라고 두 형제가 다 유치장에 있어
나와라

나와서 이야기 좀 하자
어떡하란 말이냐 애들아

노량진 유치장에 면회 오신 어머님
나이 오십에
칠십 나이 겉늙은
할머니 주름 가득한
어머님

—박래전, 「어머니 말씀」 전문

한때 부모님의 자랑이었던 두 아들이 하나는 감옥에, 하나는 유치
장에 갇히는 상황을 맞은 어머니의 심정은 어땠을까. 마침 추석인지
라서 더욱더 섧게 우셨을 어머니 얘기를 동생은 두고두고 했다. 지지
리도 운이 없는데 심성은 여린지라 다시 시골로 내려가 부모님께 속
썩이지 않겠다고 다짐을 하고는 농사에 매진했다지만, 그 녀석의 속
도 속이 아니었을 것이다. 이처럼 1986년은 동생에게 두번째 찾아온
시련기였다.

겨울꽃,
당신들의 나라에서

1987년 7월 나는 감옥에서 나왔다. 6월 항쟁 덕분이었다. 동생은 다시 복학해서 6월 항쟁의 거리를 잘도 싸우며 다녔다고 했다. 그러다가 장안동 대공분실에 끌려갔다 나오기도 했다. 안 무서웠냐고 물으니 "견딜 만했는데, 박종철 생각이 났어." 이러다가 박종철이 죽었겠구나 생각이 들더란다. 수사관들도 안 불면 박종철처럼 될 수 있다는 협박을 했다고 했다. 하지만 시국이 시국인지라 함부로 고문을 해대지는 않았던가보다.

그때는 안양 할머니 댁 근처에 자취방을 얻어서 같이 지냈다. 나는 대학 졸업만 하면 더 이상 바라지 않는다는 부모님 말씀에 타협을 하고 복학을 했다. (그때는 감옥에서 얻은 고문후유증 탓에 허리를 제대로 못 쓸 때였다. 어차피 허리도 못 쓰니 현장에 취업은 불가능한 상황이었다)

다시 동생은 동생대로, 나는 나대로 운동 일정에 따라 바쁘게 움직였지만, 예전에 비해서 같이 보고 지내는 시간이 많아졌다. 우리는 대선의 향방을 놓고 많은 대화를 나누었다.

동생은 민중후보로 나선 백기완 선생의 선거운동을 돕고 있었다. 학생선거대책본부에서 선전국장 일을 하니 그때는 처음으로 동생이 나보다 더 바쁘고 집에 들어오지 않는 날이 더 많았다. 얼굴은 검어지고 눈에 띄게 건강이 안 좋아졌다. 그러더니 얼굴에 새까만 반점들이 올라왔다. 아무래도 걱정이 되어 돈을 마련해주고는 병원에 꼭 가라고 했다. 하지만 그는 끝내 병원에 가지 않았다. 그 돈으로 후배들과 술을 먹었다고 했다.

당시 운동이 힘들 때였다. 운동권은 대선에서 몇 갈래로 갈라졌다. 김영삼·김대중 후보단일화 입장이나 김대중 비판적 지지 입장, 그리고 백기완 독자후보 입장까지. 그러다가 대선에서 노태우가 당선되는 사태까지 보고 말았다. 패배주의와 끝없는 분열. 운동하는 후배들이 힘들어하는 건 당연한 상황이었으니, 동생은 그런 후배들을 달래는 데 병원비를 써버리고 말았고, 그 뒤로 마지막으로 병원에 실려가기까지 병원에 가지 않았다.

그해 겨울이 지나면서 동생은 인문대 학생회장에 나가야 한다고 했다. 나는 복학생이 왜 그런 일을 맡느냐고 했지만, 동생은 맡을 사람이 없어 어쩔 수 없는 선택이라고 했다. 결국 그는 1988년 3월 인문대 학생회장 선거에 출마해서 당선되고 말았다. 이제는 거꾸로 동생이 들어오지 않고 내가 그를 기다리는 입장이 되었다. '올기(혁명을 뜻하는 우리말)' 인문대 학생회장으로 그는 학내외 시위를 주동했다. 몇 명이 모이건 상관없이 교문 밖으로 시위대를 끌고 나가 거리시위를 하고 연좌시위를 했다. 그런 이유로 그는 노량진경찰서의 내부 수배를 받고 있었다. 경찰서 형사들은 동생이 학교 밖으로 나오면 언제고 체포할 태세였으므로 자연히 그의 거처는 인문대 학생회실로 좁혀졌다. 가끔 돈이 필요하다는 연락이 오면 그때마다 학교로 찾아가 돈을 쥐여주며 "조심해" 한 마디 하고는 돌아오곤 했다.

1988년, 그해의 운동권은 여전히 1987년의 대선 패배 후유증에서 벗어나지 못하고 있었다. 대선 투쟁의 책임을 둘러싸고 분열상을 극복하지 못하는 가운데서도 통일운동이 새롭게 제기되고 있었다. 88 서울올림픽을 공동개최하자는 제안이 운동으로 발화하고 있던 시기였다. 그리고 그해 4월에 있었던 총선에서 여당인 민정당보다 야당인 평화민주당, 통일민주당, 신민주공화당이 의석을 더 많이 차지하는 여소야대 정국이 펼쳐졌다. 대통령은 신군부의 노태우였지만 국회는 여소야대로 구성되었으므로 전두환 5공 정권에 대한 심판이 크게 이슈로 떠올랐다. 5월 광주 학살의 책임자들에 대한 처리 문제를 두고 국회에서 국정조사를 통해서 해결하겠다는 정치적 타협이 진행 중에 있었다.

동생은 이런 정치권의 움직임을 불신했다. 광주 학살 문제에 대해서는 단호했다. "학살원흉의 심판은, 아니 처단은 이 땅 4천만 민중의 투쟁을 통해 설치되는 민중재판에 의해서 이루어질 때만 가능"하다고 보았다. 보수야당들에 대한 불신은 1987년 하반기 대선 정국에서 김대중, 김영삼 씨가 서로 대통령이 되겠다고 분열한 모습에서 극대화되었던 것이고, 여소야대의 국회라고는 하지만 야당들을 불신하기에 그들이 벌이는 정치적 타협으로는 광주 학살의 진상이 밝혀지는 것은 불가능하다고 생각했던 것 같다.

하지만 이런 생각은 동생이 속해 있는 정파의 입장이었지 대다수 운동권의 입장은 아니었다. 운동진영은 여소야대 국회에서 이루어질 국정조사를 기대하고 있었고, 한편에서는 새롭게 분위기가 달아오르고 있던 조국통일운동에 관심이 집중되고 있었다. 마침 그해 9월에 올림픽이 열리기로 했던 상황을 적극 고려한 운동이었다. 5월 15일 조성만의 할복과 투신은 조국통일운동을 폭발시키는 계기점이 되었다. 다가오는 6월 항쟁 1주년은 조국통일투쟁 일정으로 잡혀가고 있었다. 그런 때문인지 조성만의 죽음 3일 뒤에 광주 학살원흉 처단을 주장하며 분신한 최덕수에 대해서는 관심이 덜했다.

5월 하순의 어느 날, 아마도 부처님오신날로 기억된다. 노는 날이기도 해서 시골 부모님 집에 내려가 산밭에 참외를 심을 때였다. 그런데 학교에 있어야 할 동생이 실실 웃으며 다가왔다. 어쩐 일이냐고 물으니 그냥 부모님을 뵙고 싶어서 왔다고 했다. 그리고 전날에는 안산에 있는 형네 집에 들러서 조카들도 보고 왔다고 했다. 형네 두 조카는 우리 형제를 삼촌, 삼촌하며 잘 따를 때였다. 갑작스런 그의 방문을 이상하게 생각하지 않았다. 학교에만 갇혀 있다보니 당연히 식구들이 보고 싶었겠고, 특히 조카들은 더더욱 보고 싶었을 것이라 생각했다. 산밭에 올라오더니 덥석 어머니를 껴안고 얼굴을 부벼댔다.

동생은 늘 그렇게 살을 맞대며 감정을 표현하고는 했다.

우리는 그날 하루 종일 부모님과 함께 너른 산밭에 참외를 오순도순 잘도 심었다. 참외를 심으면서 동생이 넌지시 말했다. "사람이 죽어도 세상은 별로 관심이 없어. 6월 항쟁에 나왔던 사람들은 다 어디 간 거지?" 아마 이런 정도의 말이었을 것이다. 그러고는 물끄러미 서산 너머를 바라보았다.

일 끝내고 우리는 몸조심하라는 어머니 말씀을 뒤로하고 버스에 올랐다. 동생과는 안양에서 헤어졌다. 나와 같이 사는 자취방에는 들르지 않겠다고 했다. 혹시나 경찰이 찾을 수도 있으므로 그러라고 했다. 나 역시 그에게 몸조심하라고 당부하고 악수를 하고는 버스 안에서 헤어졌다. 그것이 마지막일 줄이야.

그리고 며칠 뒤 당시에 글 쓴다고 나가고는 했던 세계출판사로 전화가 왔다. "형, 오늘이 내 생일이잖아. 잊었어, 형?" 변함없이 목소리에는 반가움이 그득 묻어났다. 순간 나는 당황했다. 동생의 생일을 까마득히 잊고 있었기 때문이다. "잊기는. 그렇잖아도 연락하려던 참이었어. 미역국은 먹었냐?" 시치미를 떼고 그렇게 말했지만 아마도 눈치챘을 거라고 생각했다. 며칠 뒤에 학교에 한번 찾아가겠다고 하고는 전화를 끊었다. 그게 지상에서 들은 동생의 마지막 목소리였다.

그리고 6월 5일 새벽 4시, 아니면 5시나 됐을까. 전화 왔다고 주인집 아주머니가 잠자는 나를 깨웠다. 전날 밤 병원에서 의문의 죽음을 당한 고정희 선배의 영안실에서 소주 한잔하고 늦게 들어와 잠자던 나는 잠결에 전화를 받았다.

"래군이냐. 너 뭐하고 다니는 거야. 여기 빨리 와, 래전이가……."

형은 말을 맺지 못했다. 뭔가 큰일이 났다는 생각에 정신이 번쩍 들었다. 래전이가 어제(6월 4일) 분신했고, 영등포 한강성심병원에 입원했다는 말을 전화를 바꾼 친척 형이 전해주었다.

안양에서 영등포까지 택시를 타고 달리는 중에도 믿지 못했다. 꿈을 꾸는 것만 같았고, 꿈에서 헛소리를 들은 것만 같았다. 제발, 제발, 믿지도 않는 신에게 기도하면서 달려갔다. 이미 병원 앞에는 학생들을 비롯해 병원을 지키는 많은 이들이 있었다. 나를 발견한 선배가 나를 곧장 중환자실로 데리고 올라갔다. 아, 거기 동생이…… 래전이가…… 온몸에 칭칭 붕대를 동여맨 채로 누워 있었다. 가쁜 숨을 내쉬면서, 형이 왔는데도 알아보지도 못하고, 말도 못 하고, 산소호흡기를 달고, 주렁주렁 링거를 달고, 침대 위에 누워 있었다. 정말 저게 래전일까, 손을 잡았는데 얼음장처럼 차가웠다. 심전계의 녹색 그래프는 위아래로 급하게 요동치고 있었다. 믿을 수 없는 광경이 펼쳐졌다. 쓰러지려는 나를 선배가 부축해주었다.

겨우 병실을 빠져나와 선배가 주는 담배를 피우는데 목울대가 너무 아파서 담배 연기를 넘기기도 힘들었다. 그때 선배가 내미는 것, 유서였다. 나중에 보라면서 네가 정신 차려야 한다는 선배의 말에 그저 의미 없이 고개를 끄덕였다. 유서를 펼쳤지만 눈앞이 흐려서 볼 수가 없었다.

아버지는 나를 보자 대성통곡이었다. "래군아, 어떡하냐…… 이놈들아, 내가 니들을 뭐 하려고 공부시켰냐! 도대체 그까짓 운동이 뭐라고!" 실신한 어머니는 링거를 꽂고서 내 손을 잡고 울기만 했다. 나는 입술을 꼭 깨물었다. 울지 말자, 내가 정신 차리자, 래전이는 안 죽는다, 내가 흔들리면 안 된다.

어머니와 식구들은 연락이 안 되는 내가 수배라도 당하지 않았나 걱정을 했다고 한다. 어머니는 병실에 들어가서는 동생의 손을 잡고는 "래전아, 장하다! 정말 장하다! 어서 일어나라! 일어나서 엄마랑 같이 싸우자! 이 에미는 너를 다 이해할 수 있다. 엄마도 이제부터 너랑 같이 싸우마! 어서 일어나라!"고 말씀하셔서 주위 사람들을 울렸다고 했다.

화상의 고통 중에도 구호를 외치기도 했다는데 내가 간 뒤로는 동생은 입을 열지 못했다. 우리 가족들이나 병원을 지키던 사람들의 바람과는 달리 동생은 가망이 없었다. 더 이상 호흡기로도 생명을 유지할 수 없는 지경이었다. 의사가 준비, 그놈의 준비를 하라고 했다.

6월 6일 낮 12시 23분. 동생의 생명을 연장하던 호흡기가 제거되고, 녹색 그래프를 그리던 계기판이 삐익, 심하게 소음을 냈다. 나는 동생에게 한 마디도 못 했다. 화상의 끔찍스런 고통에서 벗어나는 게 죽음이라니.

어떻게 일주일을 견뎌냈는지 지금 생각해도 모르겠다. 많은 사람들이 조문을 왔고, 범국민장례위원회가 꾸려졌고, 모든 절차가 진행되는 과정에 유가족 대표로 일들을 진행했다. 정신없는 나날 속에서 이소선 여사를 비롯한 유가족들을 만났다. 그분들은 우리 어머니에게 용기를 주는 말을 해주었다. 백기완 선생님이 찾아와 울었다. 이

못난 늙은이가 너를 죽였다고도 했다. 그런데 모두가 연극인 것처럼 여겨졌다. 지금 나는 무대 위에 올라가 대본에 쓰인 대로 연기를 하는 중이라고.

어느 날 새벽에 술을 먹다가 분향소를 찾아갔다. 대형 분향소 뒤에 관이 있었다. 동생이 누워 있었다. 퍼뜩 관에 드라이아이스를 채운 게 생각났나보다. 내 상복 윗옷을 벗어서 관 위에 덮어주었다. 춥지? 이 거라도 입어. 그리고 담배를 피워 물고는 담배 줄까? 그러다가 관 옆에 누웠다. 편안했다. 나도 거기서 잠자고 싶었다. 녀석이 나를 와락 끌어안고 무거운 다리를 내 배 위에 올려놓을 것만 같았다. 내 동생이 죽었다고? 천만에. 이렇게 우리가 같이 있는데. 정말 믿을 수 없는 날들이 지나갔다.

그리고 6월 12일, 학교에서 출발한 장례행렬은 시골집을 들렀다. 동네 어른들까지 나와서 동생을 눈물로 맞아주었다. 시골에서는 못 보던 광경이었다. 텔레비전으로 본 이한열 열사 때의 장례행렬 같은 거창한 장례를 구경나온 이들도 있었다. 그런 중에 내 귀에 꽂히는 한 마디. "대학 갔다고 좋아하더니, 이 집은 거덜 났구먼." 당시는 분위기 험악해질까봐 아무 말도 안 했지만, 지금도 그 목소리의 주인공을 기억한다. 그리고 초등학교, 중학교, 고등학교를 차례로 돌았다. 그런데 중학교나 고등학교에는 래전이를 기억하는 선생님들이 있을 텐데 아무도 나와 보지 않았다. 나는 뭐가 무섭냐고, 제자 마지막 가는 길을 배웅도 못 하는 게 무슨 선생이냐고 마이크를 잡고 악다구니를 쳤다.

광화문 경희궁터(지금의 서울역사박물관)에서 장례식을 갖고, 시청을 거쳐서 대학로까지 행진을 한 뒤에 마석 모란공원에 갔다. 전태일 열사의 묘지 옆에 안장했다. 동생을 묻으면서 울음을 참고 다짐을 했다. '래전아, 네 몫까지 내가 할게. 네가 바라던 민중의 새 세상 만들 때까지 독하게 맘먹고 싸울게. 그때까지 절대 울지 않을게. 이제 저세상 가서 지켜보거라.'

그해 산밭의 참외는 어느 해보다 잘 열렸고 맛이 좋았다. 래전이의 죽음으로 충격을 받은 숭실대 후배들이 집에도 찾아오고, 나도 숭실대를 찾아가면서 술만 먹으면 우는 그들을 달랬다. 집에서는 아버지도 술만 먹으면 울었고, 어머니도 걸핏하면 먼산바라기 하면서 울었다. 어머니는 한동안 대문을 잠그지 못했다. 래전이가 올지도 모른다고 했다. 언제고 껑충한 키에 환한 웃음 짓고 대문을 밀치고 들어와 "엄마, 나 왔어!" 그러면서 와락 껴안고 얼굴을 부빌지도 모르니까, 기다린다고 했다.

나도 한동안 정신을 차릴 수가 없었다. 어떻게 스물여섯 해를 살부비며 같이 살았던 동생의 죽음을 받아들일 수 있을까. 동생의 부재는 장례식이 끝난 뒤에 혼자 있을 때 확인되고는 했다. 혼자 있는 시간이 두려웠다. 사망확인서를 떼어서 신고를 할 때도 실감을 못 하다가 혼자 있는 시간이면 불현듯 래전이가 없지, 이런 생각이 들고는 했다. 길을 가다가 껑충하게 키 큰 청년을 보고는 달려가서 "래전아!" 하고 부른 적도 몇 번이었다. 어디선가 "형!" 하는 소리에 돌아보면 거기에는 아무도 없었다. 유가족에게는 장례 이후가 더 심한 고통의 시간이라는 걸 알았다.

그렇게 동생은 26년 전에 떠났다. 그런데 26년이 지난 지금에도 나는 그의 죽음 앞에서 한 약속을 지키기 위해서 싸우고 있다. 동생의 죽음이 아니었다면 나는 아마도 인권운동이 아닌 다른 일을 하고 있을 것이다. 인권운동을 하면서 아직도 멀기만 한 민중의 새 세상을 그리며 싸운다. 동생도 저세상에서나마 발목의 사슬을 끊기 위해서 싸우고 있을 것이다. 동토 위에서라도 꽃을 피우기 위해서 몸을 비틀며 싸우고 있을지도 모른다. 동생은 그런 녀석이니까.

당신들이 제게 돌아오지 않을 것을
아는 까닭에
저는 당신들의 코끝이나 간질이는
가을꽃일 수 없습니다.

제게 돌아오지 못할 것을 아는 까닭에
저는 풍성한 가을에도 뜨거운 여름에도
따사로운 봄에도 필 수 없습니다.
그러나 떠나지 못하는 건
그래도 꽃을 피워야 하는 건
내 발의 사슬 때문이지요.

겨울꽃이 되어버린 지금

피기도 전에 시들지도 모릅니다.

그러나 진정한 향기를 위해

내 이름은 동화冬花라고 합니다.

세찬 눈보라만이 몰아치는

당신들의 나라에서

그래도 몸을 비틀며 피어나는 꽃입니다.

—박래전,「동화冬花」전문

2부

인권운동으로 만난
대한민국

의문사의 역사를 쓰다
:유가협

숭실대학교 인문대 학생회장이었던 동생 박래전은 1988년 6월 4일, 학생회관 옥상에서 몸에 불을 붙였다. "광주는 살아 있다. 군사파쇼 타도하자!" 등의 구호를 외쳤다. 동생은 광주 학살원흉 처단 등의 주장을 담은 유서 네 통을 남겼다. 그리고 6월 6일 12시경 저세상으로 서둘러 떠났다.

동생이 떠난 뒤에 나는 할 수 있는 일이 없었다. 너무나 큰 충격에 휩싸였던 방황기였다. 그때 자연스레 유가협을 드나들다가 정식 회원이 되었다. 유가협은 유가족들의 단체다. '민주화운동유가족협의회'란 이름으로 1986년 8월 12일 창립되었고, 초대 회장은 전태일 열사의 어머니 고 이소선 여사였다. 지금은 전국민족민주유가족협의회로 이름이 바뀌었다. 반면에 1985년 12월 12일에 창립된 민가협(민주화실천가족운동협의회)은 구속자들의 가족이 주축이 되었다. 처음에 민가협은 구속학생가족협의회, 구속노동자가족협의회, 장기수가족협의회, 유가협, 양심수후원회로 구성되었다. 그러다 유가협이 1990년대에 들어와서 조직적으로 완전히 독립했다.

나는 1988년 10월에 종로5가 기독교회관에서 진행된 의문사 유가족들의 농성에 합류했다. 박정희, 전두환 정권에서 의문사를 당한 유가족들이 전국적으로 모여서 처음으로 진행한 농성이었다. 그나마 1987년 6월 항쟁 덕에 새로운 정치적 공간이 생긴 데다, 여소야대 국면이 만들어져서 국회에서 5공청산 특위와 광주 특위가 열리고, 전국적으로 전두환을 구속하라는 여론과 격렬한 시위가 계속되었던 때였기에 가능했다.

애초에 농성은 군 의문사 문제로부터 시작되었는데 그 소식을 듣고 전국에 흩어졌던 의문사 유가족들이 모여들었다. 11월쯤에는 35명이 되었다. 세상에 알려진 의문사 사건도 있었지만, 처음으로 이 농성을 통해 알려진 것들도 상당수였다. 유가족들은 서로의 아픈 경험들을 나누었다. 그리고 집회현장이나 국회를 찾아다니면서 의문사 문제 해결을 촉구했다. 처음에는 사람들 앞에 서본 경험이 없던 유가족들이라 말도 잘 못했지만, 갈수록 연설도 할 수 있게 되고 시위에도 적극적으로 참여했다. 가을에 시작한 농성이 한겨울까지 이어졌다. 135일간의 농성, 당시로는 장기간의 농성이었다. 그 일로 유가협에 의문사지회가 생겼고, 그때부터 시작한 의문사 진상 규명 특별법 제정운동은 이후 2000년에 의문사진상규명위원회 설치로 결실을 맺게 된다.

의문사. 사실 이 말도 농성 중에 유가족들과 함께 만든 것이었다. 당시 '의문의 죽음' '의혹의 죽음' 등으로 불렸던 걸 의문사로 통일했다. 사건은 다양했다. 서울대를 다니던 김성수는 한 통의 전화를 받고 신림동 자취방에서 교련복 차림으로 외출 후 실종되었다가 부산 송도 앞바다에서 돌덩이를 매단 시체로 발견되었다. 방위병 시절 자취방에 북한 삐라를 모았다가 문제가 되어서 가스를 배달하다 말고 끌려간 신호수는 서울 서부경찰서에서 조사를 받고 집에 갔다는데 고향인 여수의 한 동굴에서 목맨 시체로 발견되었다. 수배를 받던 우종원은 경부선 영동-황간 사이의 철로변에서 변사체로 발견되었다. 첫 휴가를 앞두고 있던 허원근은 M16 소총으로 양쪽 가슴과 머리에 총을 맞은 시체로 발견되었다. 휴가를 다녀온 한희철은 초소에서 M16으로 연속 발사한 총에 맞아 죽은 채로 발견되었다. 시내에 나갔다 불심검문에 걸렸던 김상원은 실종되었다가 가족들의 추적 끝에 50여 일 만에 시립병원에서 식물인간으로 발견되었지만 곧 사망했다.

이런 기가 막힌 사건들을 당한 유가족은 각자 그들이 할 수 있는 여러 방법으로 자식들의 죽음의 진상을 밝히기 위해서 노력하다가 모두 벽에 부닥친 상황이었다. 의문사 유가족들은 나와 같은 유가족과는 달리 죽은 식구가 어떻게 끌려가서 어떻게 죽었는지, 누구한테 무슨 이유로 죽임을 당했는지를 알아야 하는 사람들이었다. 멀쩡히 학교를 다니고 직장을 다니고 군복무를 하던 아들이 하루아침에 주검으로 돌아왔을 때, 정말 하늘이 무너지는 슬픔을 겪어야 했던 이들이었다.

한번은 명동성당에서 장기수 출신 출소자의 결혼식이 열렸다. 농성 중이라도 가서 축하해줘야 마땅한 일이었다. 유가족들도 당연히 그 자리에 참석해서 축하해주었다. 밤에 농성장으로 돌아온 어머니들은 소주를 까기 시작했다. "우리 애가 장기수로 감옥에 갔더라면 얼굴이라도 볼 수 있었을 텐데……" 그날 밤 어머니들은 대성통곡했다. "손이라도 한번 잡아보고 싶은데…… 에고." 그러면서 어떻게 죽었는지, 누가 죽였는지 모르는 아들들이 보고 싶다며 통곡하다가 시멘트 바닥 스티로폼 위에서 쓰러져 잠들었다. 아버지들은 이러지도 저러지도 못하고 담배만 뻑뻑 피워댔다.

그러나 세상은 이들의 슬픔도 고통도 잘 몰랐다. 그래서 농성장에서 밤을 새우며 의문사 문제를 알리기 위해서 자료집을 만들었다. 「내 자식 죽인 놈들 제명에 못 살리라!」 지금 보면 제목부터 살벌한 자료집이었다. 표지 그림도 어머니가 죽은 아들을 들어 안고 있는 모습의 판화였다. 의문사로 죽어간 35명에 대해 한 명 한 명 자료를 정리하고, 유가족들에게 묻고 물어서 자료집을 만들었다.

자료를 정리하는 일은 쉽지 않았다. 남아 있는 자료라는 게 별로 없는 경우도 있었다. 끔찍한 현장 사진이나 부검한 사체 사진들뿐이었다. 처음에는 그 사진들을 보기가 힘들었다. 하지만 어쩌랴. 아무리 끔찍해도 보고 또 보고 설명해야 하는 것. 볼수록 몰랐던 사실들이 드러나기도 했다. 나중에는 점점 익숙해져 피투성이 사진을 보면서 아무렇지 않게 밥을 먹을 정도가 되어버렸다. 온갖 지식을 동원하고 상상력을 발동하고 처음으로 법의학 책을 가져와 들춰보기도 했다.

그러면서 의문사에는 일종의 공식 같은 게 있음을 알게 되었다. 의문사 사건이 되는 건 죽음 이후 은폐와 조작이 가미되었기 때문이다. 사실 경찰이나 헌병대, 검찰이 아무런 외압 없이 객관적으로 수사를 했다면 의문사는 일어나지 않았을 것이었다. 국립과학수사연구소(지금의 국립과학수사연구원)조차 정치적인 외압에 흔들려 진실을 외면했던 그 시절에는 의문사는 필연적으로 나타날 수밖에 없었다. 그리고 관련 기관들은 서둘러 화장을 하거나 장례를 치르도록 해서 증거를 인멸했다. 나중에 안 사실이지만, 시신은 죽음의 진실을 밝히는 중요한 단서였다. 시신을 면밀히 관찰하면 사망의 원인이 무엇인지를 추론할 수 있기 때문에 법의학계에서는 시신이 말한다고도 했다. 그런데 이미 시신은 사라졌으니 진실의 규명도 어려워진 상황이었다.

유가족들은 각계 요로에 진정을 해보았지만 메아리는 없었다. 나중에 의문사진상규명위원회와 군의문사진상규명위원회, 진실화해위원회 등을 통해서 의문사의 일부 사건의 진실이 밝혀질 때까지 의문사 유가족들의 눈물겨운 투쟁은 계속되어야 했고, 지금까지도 투쟁은 이어지고 있다.

유가협에서 만난 고문 사건들도 마찬가지였다. 박종철을 비롯한 많은 사람들이 고문으로 죽었다. 고문추방운동도 벌어졌는데, 일단 놀라웠던 것은 고문에 대한 체계적인 연구자료가 없다는 점이었다. 나는 1993년 6월 유엔세계인권대회가 오스트리아 빈에서 열렸을 때 참석해서 고문, 실종과 같은 자료들을 눈에 보이는 대로 모았다. 짧은 영어실력으로는 자료 내용을 보고 선별하는 것도 불가능했다. 'torture(고문)' 'missing(실종)' 같은 단어만 눈에 띄면 그러모았다고 해야 맞다. 일부는 없는 돈을 내서 사오기도 했다. 나중에 그 자료가 고문 사건을 밝히는 중요한 토대가 된 것은 아이러니였다.

유가협을 그만둔 1993년 하반기부터는 고문피해자들을 모아서 고문피해자 문제를 부각시키려고 애썼다. 학교 선배 중에 매년 연행되던 때만 되면 돌아버리는 사람이 있었다. 수배 중에 경찰에 자수한 뒤에 당한 정신적·신체적 고문 탓이었다. 그 선배의 정신적인 고문후유증을 입증할 방법이 전혀 없던 상황에서 빈에서 가져온 고문피해자재활기관의 자료는 큰 도움이 되었다. '외상후스트레스증후군'이라는 병명을 알게 된 것도 그때였다. 그 자료를 기초로 배기영 정신과 의사가 소견서를 썼고, 백승헌 변호사가 국가를 상대로 손해배상 청구소송을 진행했다. 그리고 마침내 승소하여 국가로부터 배상을 받아냈다. 정신적인 고문후유증이 인정되지 않던 시절에 꽤 의미 있는 판결이었다. 그 뒤로도 몇몇 사건에서는 전부는 아니더라도 일부 승소하는 개가를 올렸다.

나의 인권운동은 이렇게 국가가 저질러놓은 잔인하고 끔찍한 범죄와의 싸움으로 시작되었다. 국민을 고문하는 국가, 국민을 죽이는 국가, 그러고도 은폐하고, 조작하고, 진실을 밝히거나 책임자를 처벌하는 일을 회피하는 국가. 그런데 그런 국가는 양태만 바뀌었지 인권운동을 20년 넘게 해온 지금에도 본질은 변하지 않고 있다.

인권운동가의 첫발
:인권운동사랑방 1

인권운동사랑방. 지금은 사람들에게 익숙한 단체이지만, 이 이름을
처음 들었을 때는 무슨 단체 이름이 이런가 싶었다. 지금이야 다양한
이름의 단체들이 많지만 그때만 해도 정형화된 이름을 가진 곳들만
있을 때였으니 더욱 그랬다. 무슨무슨 협의회니 연합이니 하는, 단체
의 정체성을 한눈에 알아볼 수 있도록 작명된 단체들만 보다가 '사랑
방'이라니. 사랑방에 마실 가듯이 인권운동을 하는 사람들이나 피해
자들이 쉽게 들러서 대화를 할 수 있는 곳을 생각하고 지었다는 설명
을 듣고는 그럴 수 있겠다, 그런 뜻이라면 나쁘지 않겠다 정도로 생
각한 적이 있었다.

　1992년 9월, 새로운 인권운동단체를 만들겠다고 인권활동가들을
초청해서 간담회를 가진 적이 있었다. 나는 그 자리에 유가협 사무국

장으로 참석해서는 민가협도 있고 유가협도 있는데 새로운 단체를 만들 필요가 있겠느냐고 힐난에 가까운 발언을 했다. 그때만 해도 서준식(재일동포간첩단 사건으로 18년간 복역한 장기수 출신 인권운동가)과 활동가들이 하던 인권운동에 대한 고민을 제대로 이해할 리 없었기 때문에 쉽게 얘기했을 것이다. 인권운동이라면 구속자 석방이나 고문방지 캠페인 같은 것을 하는, 전체 진보운동의 보조적인 운동, 그저 개량적인 운동, 체제 내 운동으로 인식하던 시대였다. 심지어 어느 분은 미국에 도움 주는 운동을 왜 하느냐고 비난하기도 했다. 그러면서도 서준식이라는 사람이 인권운동을 하겠다고 하니 나름 기대하는 사람들도 있었다.

그처럼 인권운동에 대한 몰이해가 판치는 상황에서 새로운 인권운동을 하겠다는 포부를 남몰래 키우다가 1993년 3월 초에 활동가들끼리 단체 이름을 지으면서 인권운동사랑방이 시작되었다. 그러므로 지금 창립일이 된 1993년 3월 2일은 10주년이 되었을 때 당시를 회상하면서 그때쯤이었을 것이라고 합의해서 찾은 날일 뿐이다.

인권운동사랑방은 창립행사를 가진 적이 없었다. 서준식 선배와 몇몇 활동가들이 민주주의법학연구회(민주법연)의 사무실을 빌려서 시작했다. 아무도 찾아오지 않는 사무실에서 신문 스크랩이나 하다가, 어쩌다 걸려오는 전화 한 통이 반갑고 어쩌다 들르는 사람이 그리웠다는 초기 시절도 있었다. 서울 종로구 낙원상가의 한 오피스텔에 민주법연이 사무실을 얻었을 때 인권운동사랑방은 인권활동가들을 초청해서 세미나를 하기도 했다. 그때면 서준식 선배가 만들어주던 카레 냄새가 구수했다.

그런데 운명이랄까, 나는 인권운동사랑방을 내 발로 찾아가게 되었다. 1993년 9월, 5년 넘게 일하던 유가협을 갑자기 그만둘 사정이 생겼다. 하지만 단체를 그만두었다고 활동을 중지할 수는 없었다. 유가협에서 붙들고 있던 일 중에서 고문피해자 모임과 관계된 일은 계속해야 했다. 그래서 당시 용산역 맞은편 건물에 민주법연 사무실을 빌려 쓰던 인권운동사랑방을 찾아가 사정해서 그곳에 책상 하나와 전화 한 대를 놓고 일을 다시 하게 되었다. 그렇게 인연이 되어 나는 1994년 8월에 정식 구성원이 되었다.

인권운동사랑방에서 처음으로 한 일은 무더운 여름날에 건물 옥상에서 앵글로 책장을 짜는 일이었다. 서툰 솜씨였으니 한여름 땡볕 아래서 소금 땀을 엄청 흘렸다. 인권정보자료실을 만들겠다는 포부를 안고 그때까지 아무도 하지 않은 일에 도전한 것이다. 그동안의 운동은 자료를 축적하는 운동이 아니라 자료를 버리는 운동이었다. 새롭게 인권운동을 하려면 인권정보에 대한 체계적인 관리가 필요하다는 판단이 있었다. 하지만 활동가들과 옥상 땡볕에서 앵글을 짜면서도 회의가 밀려왔다. 어디서부터 어떻게 시작해야 할지 몰랐으니까.

우선 인권운동사랑방이 갖고 있던 자료들부터 정리했다. 특히 팩스신문 인권하루소식을 발행하면서 이래저래 쌓이는 자료들이 꽤나 많아졌다. 그걸 인권 영역별로 분류했다. 그러니까 자유권을 신체의 자유, 고문, 공정한 재판, 사형제, 국가보안법, 표현의 자유 등으로 분류하고 사회권을 노동권, 건강권, 교육권, 사회보장권 등으로 나누는 방식이었다. 거기에 인권운동단체들이 발행하는 자료집이나 유엔의 인권 관련 조약들과 문서들을 분류함에 넣었다. 그렇게 만든 앵글과 박스 들이 사무실의 벽면을 가득 채웠다. 그렇잖아도 좁디좁은 사무실이 더 답답해졌지만, 그 답답함은 한편으로는 새로운 일을 시작했다는 뿌듯함과 자부심으로 이어졌다. 인권운동사랑방이 하는 일은 대부분 최초였다.

내가 정식 구성원이 되었을 무렵에 사랑방은 중요한 논의를 진행하고 있었다. 지금의 참여연대인 '참여사회와 인권을 위한 시민연대'에 합류하기로 결정이 나면서 참여연대의 인권센터로 재편되었다. 그렇지만 인권운동사랑방이라는 이름은 여전히 고수했다. 용산역의 어느 건물 한 층을 다 쓰는 넓은 사무실의 한편이 인권센터의 공간으로 되었다. 당시 경실련(경제정의실천시민연합)이 기존의 노동운동, 민중운동과 차별성을 강조하면서 출발했다면 이 새 단체는 기존의 운동을 이으면서 새로운 사회적 환경에 맞는 운동을 창출하자고 결의를 모았다. 그 안에는 사법감시센터, 의정감시센터 등의 권력감시기구도 있었고, 교수와 전문가들이 참여하는 정책위원회도 있었다.

1994년 9월이니까 참여연대도 설립된 지 20년이 된다. 그때는 시민을 강조하기보다는 폭압적인 비합법시대를 지나서 합법적인 운동이 가능한 조건에 맞는, 이전의 운동이 미처 보지 못했던 운동을 하겠다는 포부를 강조하면서 시작했던 것으로 기억한다. 당시 사무처장을 지금 서울시장인 박원순 변호사가 맡았고, 운영위원장을 안경환 서울대 법대 교수(전 국가인권위원회 위원장)가 맡았으니 진용은 화려했다. 사무실 집들이 때는 이회창 씨(전 한나라당 대표)가 법조인의 한 사람으로 찾아오기도 했다. 참여연대는 창립부터 주목받는 단체가 되었다.

하지만 인권운동사랑방 사람들은 시간이 지나면서 회의감이 커져 갔다. 좀더 넓은 공간을 사용한다는 점 외에는 좋아진 점이 별로 없었다. 사무실에는 쥐가 돌아다녔고 활동비는 여전히 35만 원 수준이었다. 단체가 크다보니 의사결정 과정이 복잡하고 의견이 다를 경우에는 자꾸 결정이 지연되었다. 몇몇 활동가들이 모여서 쉽게 회의하고 합의하고 결정하던 것과는 상황이 달라졌다. 체계를 밟아서 보고해야 하는데, 어떤 결정을 기다리다보면 현장 상황은 변하기 마련이었다. 이게 아닌데, 할 때쯤에 참여연대는 애초의 약속과는 달리 시민운동성을 더욱 강조하는 경향을 띠기 시작했다. 기존의 운동과 차별성이 강화된다는 점에서 경실련과 다를 바가 없는 방향으로 자꾸 흘러갔다. 지금으로 보면 당연한 일이었음에도 그때는 그것이 불편했다. 게다가 당시 이주노동자들이 우리 사무실에서 농성을 하자고 했는데 참여연대에서는 그걸 받아들이지 못했다. 이런저런 일들이 축적되면서 우리는 심각한 고민에 빠졌다. 계속 같이할 것인가, 분리 독립할 것인가. 결국 참여연대와는 4개월의 동거를 끝으로 갈라섰다. 원래의 인권운동사랑방으로 돌아간 뒤 그야말로 인권운동사랑방만의 단체가 되었고, 그렇게 초기단계를 벗어났다.

1995년 초에 옮겨간 곳은 갈월동이었다. 갈월동의 철길 옆에 비스듬히 기운 건물의 3층은 사무실 조건으로 최악이었다. 서울역으로 오가는 기차 소리가 수시로 울려댔고, 그때마다 건물이 흔들렸다. 생수통의 물이 잔잔한 파도를 일으킬 정도였다. 그리고 앞쪽은 자동차들이 질주하는 대로였다. 자동차들의 소음과 매연으로 한여름에도 창문을 열 수 없는 조건이었다.

이런 사무실을 얻었다고 동료들한테 지청구를 듣기도 했지만 불편하기만 한 참여연대로부터 벗어나고 싶은 마음이 더 컸던 것 같다. 참여연대의 박원순 사무처장을 비롯해 많은 이들이 개소식에 와서 축하해주었지만 말이다. 돈이 모자라니 변호사 사무실이나 단체들에 전화를 해서 혹시 안 쓰는 책상이나 책장, 의자 등이 없냐고 물었다. 그렇게 살림살이를 마련해서 사무실을 준비했다. 우리가 곁방살이를 하던 민주법연이 도리어 우리 사무실 한편을 사용하는 것으로 역전되었다. 허름한 그 건물에 활동가들이 열 명 가까이 상주했고 자원활동가들도 찾아왔다. 처음으로 우리만의 독립된 사무실을 만든 거라서 다른 사람들은 몰라도 나는 좋았다.

인권운동사랑방은 이때까지 신생단체였다. 류은숙(현재 인권연구소 창 상임연구원), 염규홍(현재 서울시 시민인권보호관), 김수경 등 활동가들의 헌신과 열정 없이는 인권운동의 새로운 지평을 열겠다는 목표는 실현되기 어려웠다. 인권운동사랑방의 기초를 다졌던 백승헌 변호사 등은 운영위원으로 결합하여 함께했다. 이후 배경내(현재 인권교육센터 들 활동가) 등의 활동가들이 합류하면서 갈월동의 기울어진 건물의 사무실에서 인권운동사랑방은 새롭게 도약해갔다.

인권하루소식으로 여는 아침
:인권운동사랑방 2

인권운동사랑방이 출발할 무렵 주변의 매우 부정적인 시선을 불식하게 된 것은 인권하루소식을 발행하면서부터이다. 나도 마찬가지였다. 처음엔 매일매일 팩스신문을 낸다는 일이 참으로 무모하다고 생각했다. 어떻게 한 단체에서 매일 팩스로 신문을 낸다고 하나, 며칠 가다가 말겠지 했다. 그런데 그 신문을 정말 매일 발행했다. 유가협 사무실에 출근할 때마다 어김없이 아침이면 들어와 있던 팩스의 감열지에 빼곡히 적힌 소식들은 다른 신문에서는 볼 수 없는 사건들이었고 내용들이었다. 그것을 읽는 것으로 하루를 시작하곤 했다.

인권운동사랑방의 정식 구성원이 되기 전, 사무실을 같이 쓰면서 활동가들이 밤을 새워서 인권하루소식을 만드는 일을 옆에서 지켜보았다. 그런 열정과 우직함이 열어가는 인권운동에 대한 신뢰가 내 마음속에 쌓였다. 그게 내가 인권운동사랑방의 일원이 되기로 결심하는 데 큰 역할을 했다.

앞의 편집인은 염규홍, 심보선이었다. 이 둘은 지독히 고생하면서 인권하루소식을 창간도 하고 틀을 잡았다. 그런데 심보선은 아예 컴맹이었다. 그런 녀석에게 지옥훈련을 시켜서 취재도 하고 기사도 쓰고 편집까지 하도록 한 건 염규홍이었다. 이 팩스신문을 창간한 계기가 된 것은 당시 인권운동사랑방 활동가였던 노태훈이 사무실에서 잠자다가 국가보안법 위반으로 남영동 대공분실에 잡혀간 사건이었다. 이 일을 알리는 방법으로 팩스신문을 고안해서 매일 소식을 전했다. 당시에는 그것만으로도 압력이 되었는지 노태훈은 불구속으로 풀려났다.

당시 김영삼 정부의 개혁이 엄청난 국민적 지지를 얻던 시절이었다. 국정지지도가 무려 90퍼센트가 넘었을 때도 있었다. 김영삼 정부가 추진한 금융실명제 도입이나 하나회 해체 등이 그런 현상을 불러왔다. 그러면서 마치 세상의 인권문제는 모두 사라지거나 해결된 것과 같은 착시현상을 만들어냈다. 하지만 여전히 사람들이 공안기관에 잡혀가고 있었고, 숱한 인권문제들이 언론에도 나지 않은 채 묻혀갔다. 그러자 인권운동사랑방에서는 이런 상황을 알려내자고 취재나 편집 경험도 없던 활동가들을 투입했다. 하루 종일 전화를 걸어 취재를 하고 확인도 하면서 기사들을 작성했다. 독수리 타법으로 한 자한 자 찍어가며 편집을 했다. 그렇게 해서 밤을 꼬박 새우고 만들어 프린트한 원본을 팩스로 발송해야 했다. 이걸 하나하나 팩스기계에

넣어서 확실히 전송되었음을 확인했다. 처음 200군데를 발송하는데 하루 종일 걸렸다고 하니 얼마나 기가 막힐 노릇인가. 그러다가 얼마 지나지 않아서 팩스기계 자체에 한 번에 20곳씩 발송하는 '동보송신' 기능이 있다는 걸 알았다. 그리고 다시 발송시간을 예약해서 한 번에 100개씩 보내는 서비스가 있다는 걸 알았다. 이런 게 혁명이었다. 그러다가 한 번에 1천 개씩 보낼 수 있는 서비스도 알게 되었다. 이렇게 미련하게 시작했던 팩스신문, 그런 미련함으로 매일매일의 인권 소식을 찾아내고 기사를 작성하고 편집하고 발송하는 일을 거듭했다.

인권하루소식은 특종 신문이었다. 기존 언론의 촉수가 닿지 않는 인권현장의 소식들을 취재해서 보도하니까 당연한 일이었다. 창간 무렵 발생한 남매간첩단 사건의 경우가 대표적이다. 영장도 없이 단행된 김 아무개 씨와 그 여동생의 강제연행 사건이 발생하자마자 이 소식을 보도했고, 이후 이 사건에 안기부의 프락치 공작이 동원되었음도 확인해서 보도했다. 다른 언론들이 우리 기사를 인용보도하거나(물론 출처도 밝히지 않은 채 자신들이 취재해서 쓴 것처럼 작성된 기사들도 많았지만) 취재원으로 삼아서 보도하는 경우도 많았다. 언론사 기자들도 매일 아침 출근하면 희미한 팩스신문인 인권하루소식을 앞다투어 챙겨 보고는 했다. 아침 시간에 받지 못하는 경우가 있을 때면 다시 보내달라고 하는 전화가 걸려왔다. 이런 일들로 인권하루소식은 금세 유명해졌다.

그러자 한번은 문화체육부에서 전화가 왔다. 우리 팩스신문이 주 5회 발행되므로 일간지에 해당하니 등록을 해야 한다고 했다. 그런데 일간지 등록을 하려면 윤전기를 소유하거나 임대해서 사용해야 한다는 조건이 있었다. 신문이니까 윤전기가 있어야 한다는, 당시에도 낡아빠진 요건을 들이미는 것이었다. 우리 신문의 윤전기는 팩스인데? 우리는 일간지 등록을 거부하기로 했다. 그러면? 과태료를 내야 했다. 그것도 상상하기 힘든 액수의 과태료. 하지만 현실인데 어쩔 수 없는 일이었다. 활동가 노태훈이 문화체육부에 전화를 걸어서, 우리의 윤전기는 팩스다, 과태료를 매기려면 매겨라, 우리는 헌법재판소에 헌법소원하겠다 하면서 대응했다. 그런 뒤에는 귀찮게 걸려오던 전화가 오지 않았다. 인권운동사랑방의 불복종운동의 전통은 그때부터 확립된 것 같다. 부당한 법에 복종하지 않는다, 그것에 저항하면서 법도 제도도 바꾸어간다는 정신만큼은 늘 투철했다.

갈월동 사무실로 이사 오던 그 무렵을 전후해서 나는 인권하루소식의 편집인이 되었다. 결혼을 해서 가정이 있는 나는 앞의 두 편집인처럼 발행할 수는 없었다. 기자 두 명이 딸려 있었는데 아침에 편집회의를 해서 기자들에게 기사 배당을 했다. 그러면 그걸 가지고 기자들이 기사를 작성해왔다. 한 친구는 대학 다니며 대학 내의 언론사에서 기사를 써본 경험이 있던 터라 수월했지만 다른 한 친구는 전혀 경험이 없었다. 그런 걸 취재방법이며 기사 작성요령을 하나하나 가르쳐주면서 일을 시켰다. 그런데 나는? 실은 나 역시 한 번도 기사를 작성하거나 취재하거나 한 경험이 없었다. 어쩌겠나. 서점에서 관련 책을 사서 읽고는 그것대로 훈련을 시킬 수밖에. 모르는 일은 선임자들에게 물어보고 시행착오도 거치면서 만들어갔다.

그렇게 해서 작성해오는 기사를 검토하고 수정하면 하루가 다 갔다. 막차는 놓치지 않아야 했으므로 거기까지 일을 마친 뒤에 전철 타고 들어갔다가 아침 첫차를 타고 다시 나왔다. 그때는 아내가 고맙게도 아침 도시락을 싸줬다. 사무실에 도착해서는 그야말로 시간을 다투는 전쟁이었다. 기사를 편집 틀에 욱여넣고 발송을 하는 데까지 두 시간이 꼬박 걸렸다. 늦어도 사람들이 사무실에 출근하는 아침 9시까지는 발송을 마쳐야 했다. 발송을 끝낸 뒤 아침 도시락을 먹고 나면 그제야 다른 활동가들이 출근을 했다. 그렇게 두 시간 동안 전쟁을 치르고 나면 온몸에 기운이 모두 빠지는 듯한 나날이었음에도 당시 30대 중반이라는 나이와 기본적으로 단단했던 체력 덕택에 버텨냈던 것 같다. 그런 일을 몇 년 했을까. 오래되어서 기억이 나지 않는다.

인권을 기준으로 한 진상조사
:인권운동사랑방 3

1996년 8월에 어김없이 범민족대회가 열렸다. 대학생들의 전국적인 조직이었던 한총련은 두 명의 대표를 북한에 파견했고, 이들이 판문점을 통해 귀환하는 것을 맞으러 가기로 했지만 경찰이 이를 봉쇄했다. 그러자 학생 2만 명이 연세대를 점거하고 농성에 들어가게 되었다. 8월 12일부터 범민족대회와 범민족청년학생대회 등 통일행사를 하려는 학생들과 경찰 사이에 과격한 폭력사태가 벌어지고 부상자가 속출했다. 그러다가 고립된 학생들이 탈출극을 벌이는 20일까지 9일 동안 연세대학교에서는 심각한 인권침해 상황이 연출되었다.

김영삼 정부의 개혁 드라이브는 1994년 북한의 김일성 주석의 사망 사건으로 멈추어버렸다. 조문을 가니 마니 하는 문제로 여야 간에 공방이 붙은 조문파동으로 공안세력들이 전면에 급부상했다. 이런 상황에서 벌어진 연세대 사태에 대해 정부는 이전의 학생운동에 대한 유연한 태도에서 갑작스럽게 강경진압으로 선회했다. 연세대에 고립된 학생들은 학교의 종합관과 공대 건물들을 점거하고 농성에 들어갔는데 백골단을 투입하여 진압하는 과정에서 경찰 한 명이 사망하는 일까지 벌어지게 된다(이 사태 이후 영남대 한 학생도 의식불명 상태에 있다가 사망하기에 이른다). 마지막 학생들이 고립된 상황에서 대대적인 탈출극을 감행하자 이를 경찰이 그대로 놔둘 리가 없었다. 그때 검거된 학생들이 5천 명에 이를 정도였다. 학교 상공을 헬기가 저공비행을 하면서 최루액을 뿌려댔다. 단전·단수는 물론 음식물과 생필품, 생리대의 반입까지 막은 상황에서 학생들은 초콜릿 하나를 여러 명이 돌려먹으면서 9일을 버텼다.

언론들은 일방적으로 학생들의 폭력성만을 부각하는 기사만 내보냈다. 하지만 학생들의 퇴로를 차단하고 봉쇄한 다음 일망타진한다는 방침에 따라 강경진압을 한 것이 일을 더 키운 셈이었다. 공권력의 행사가 도에 지나치다는 판단을 하고 있었지만 어디고 이런 입장은 없었다. 이런 상황에서 당시의 인권단체협의회를 가동하여 주요 단체들이 인권피해 사례를 접수받고, 직접적인 설문조사와 심층면접에 나섰다. 아마도 연세대 사태에 대한 조사는 인권단체들이 나선 최초의 체계적인 조사사업이었을 것이다.

인권활동가들을 모아서 연세대에서 연행되었던 학생들을 조사하는 과정에서 경찰들의 폭력, 최루액 피해와 같은 전통적인 피해사례만 파악된 게 아니었다. 연행 뒤에 일부 경찰서에서는 물고문 사실이 드러나기도 했고, 구속자를 늘리기 위해서 저학년 학생에게 쇠파이프를 들게 한 뒤 사진을 찍어 구속시키는 일도 일어났다. 당시 언론은 연세대학교의 극심한 시설물 파괴 상황을 모두 학생들의 폭력에 의한 것처럼 보도했지만 조사해본 결과로는 상당 부분 경찰들이 자행한 짓들이었다.

가장 심각한 문제는 여학생들에게 가해진 성폭언과 성추행이었다. 검거된 여학생들은 예외 없이 남학생과 자지 않았냐는 등 성적 수치심을 일으킬 폭언을 수시로 들어야 했다. 전경들이 연행되는 여학생의 가슴을 주무르고 엉덩이를 만지는 일은 다반사였다. 심지어는 경찰조사를 받는 과정에서 여학생들에게 다리를 벌리고 앉으라고 강요하기도 했고, 얼굴도 못생긴 게 나댄다는 말도 해댔다. 이런 모욕을 겪은 여학생들에게는 최루탄에 의한 부상이나 경찰의 직접적인 폭력의 의한 피해만큼 정신적인 내상이 깊었다. 그때 상황을 증언하던 숭실대 한 여학생의 눈물. 젊디젊은 그 청춘들에게는 악몽과도 같은 순간이었을 것이다.

경찰이 진압을 하고 학생들을 검거할 수는 있으나 그 과정에서 공권력이 정당한 절차와 방법을 사용하지 않았다는 점에서 당연히 문제를 제기해야 할 상황이 벌어진 것이었다. 하지만 이런 인권침해 상황을 조사하는 일은 만만치 않았다. 우선 한총련 집행부의 협조를 얻기가 힘들었다. 한총련 집행부는 대부분 수배 중이거나 검거된 상태라서 상당히 오랫동안 복구되지 못하고 있던 사정도 한몫했다. 더욱이 한총련 집행부는 연세대 사태를 항쟁으로 표현하면서 인권침해 상황조사보다는 당시 투쟁의 정당성을 부각하기에 바빴다. 언제까지 운동의 정당성만을 앞세울 것이냐, 공권력의 부당한 인권침해도 드러내야 하지 않느냐는 말에 그들은 귀 기울이지 않았다. 당시 극도로 고립되어 있었음에도 한총련 집행부는 이 문제를 심각하게 생각하지 않았다. 결국 연세대 사태로 한총련은 심각한 위기를 맞았고, 다음해에 이어 터진 프락치 오인 사건(한총련 소속 학생들이 한 노동자를 프락치로 오인해서 구타 후 사망케 한 사건)으로 인해 큰 타격을 입으면서 학생운동은 급격하게 몰락하게 된다.

다행히 총여학생회 조직들이 움직였다. 그들은 특히 연행과정에서 심각한 성추행이 자행되었던 점에 집중했다. 인권활동가들과 총여학생회 간부들은 가능한 이들을 설문조사했고, 그중에서 심각한 피해를 당한 여학생들과는 면접조사도 벌였다. 거의 한 달 동안 설문조사와 면접조사를 통해 확인된 사실들을 종합하여 보고서를 작성한 후 기자회견을 갖고, 언론들에 얼굴이 노출되지 않게 한다는 조건으로 인터뷰도 나가게 했다. 무엇보다 이 사건이 이슈로 뜨게 되는 데는 당시 추미애 의원이 크게 기여했다. 우리는 조사한 내용을 추의원에게 전달했고, 그는 국회에서 연세대 진압과정에서 일어난 경찰의 성추행 문제를 여학생들의 진술서 등을 인용하면서 본격 제기했다. 아마도 이때의 조사결과를 이슈화한 덕분에 이후 여성들의 연행에는 여경을 투입한다는 식으로 관행을 바꾸게 된 것이리라.

하지만 경찰을 상대로 한 형사 고소와 고발은 모두 무혐의 처리되었고, 국가를 상대로 한 손해배상 청구소송도 모두 빛을 보지 못했다.

경찰의 미란다 원칙 불고지나 불법적인 연행 등에 대한 손해배상이
이루어진 것은 훗날 인권운동사랑방이 진행한 불심검문 캠페인 이후
일 것이다.

인권단체들의 이런 합동조사사업은 그 후로도 큰 사건이 있을 때
마다 반복되는 전통으로 남았다. 합동조사가 끝나면 결과를 발표하
고 법적인 조사 또는 책임자의 처벌을 요구했다. 구체적인 사실관계
를 확인하여 문제를 제기하는 것이었으므로 무책임한 주장만을 되풀
이하는 것에 대비되어 인권운동의 공신력을 높이는 역할을 했다.

인권영화제는 계속된다
:인권운동사랑방 4

1996년 8월로 다가온 인권하루소식 지령 700호 발간을 맞아 그에 맞
는 행사를 기획해야 할 때였다. 무슨 심포지엄이나 토론회 같은 것이
가장 먼저 떠올랐지만, 그냥 뻔한 얘기나 주고받는 의례적인 행사가
아닌 색다른 무언가가 없을까, 이런저런 고민을 할 때 미국에서 1년
동안 생활했던 서준식 선배가 샌프란시스코에서 보았던 인권영화제
를 꺼냈다. 그 얘기를 듣고는 우리도 그걸 해보자 했다. 그래서 하기
로 했다. 그렇게 시작된 인권영화제.

　그런데 인권영화제, 이걸 어떻게 한단 말인가. 우리는 모두 영화에
무지했던 사람들이었다. 그때 마침 활동가 류은숙이 런던의 앰네스
티 본부에서 인턴생활을 하고 있었다. 메일로 인권영화제를 할 것이
니 앰네스티 자료실을 뒤져서 영화를 찾아봐달라고 했다. 류은숙은

당장 항의 메일을 보내왔다. 1년에 영화를 한 편도 안 보는 사람들이 무슨 영화제를 한다는 거냐, 난 못 한다는 식이었다. 그렇지만 한국의 우리도 방침을 바꾸지 않았으니, 결국 그는 밤을 새워 다큐멘터리 영화들을 보며 작품을 선정했다.

영화제를 하려니까 많은 제약이 따랐다. 우리에게 극장은커녕 영화 상영장비도 없지 않은가. 그래서 대학의 시설과 장비들을 빌리기로 했다. 그런데 그것도 구청의 허가사항으로 묶여 있었다. 어찌어찌 구청의 허가 신청은 건너뛰는 대신 과태료를 지불하기로 하고 강행했다. 마침 이화여대 총학생회가 우리의 취지를 받아서 공동주최로 나서주었다. 그런데 당시 문화체육부는 교육부를 통해서 학교에 압력을 행사했다. 외압을 받은 학교 측은 공식적으로 인권영화제의 개최를 불허한다는 입장을 통보해왔다. 또 서대문구청은 신고된 공연이 아니라는 이유로 공연중지명령을 내렸다. 이렇게 학교도 허가하지 않고 구청도 중단을 요구한 영화제라서 경찰이 진입할지도 모른다는 긴장감이 감돌았다.

하지만 이런 어려움 속에서도 '영화 속의 인권, 인권 속의 영화'란 슬로건을 단 제1회 인권영화제가 11월 2일 개막하여 11월 8일까지 7일 동안 열렸다. 극장에 비하면 상영시설이 형편없어서 영상도 흐릿하고 음향도 고르지 못했지만 관객들의 반응은 뜨거웠다. 일주일 동안 영화제를 찾아준 관객이 1만5천 명에 달했으니 말이다. 그때는 사전검열제가 시행되던 시절이었다. 인권영화제는 표현의 자유를 내걸고 검열을 거부했다. 가위질당하지 않은 영상, 그리고 국내에서 처음

선보이는 영상들이었다. 시민들의 갈증이 폭발한 현상이었다.

이 영화제를 개최하기 위하여 인권영화제 조직위원회를 구성했는데 영화감독 정지영, 배우 안성기 같은 분들이 참여했다. 영화제 현장에는 장미희 같은 배우도 다녀갔다. 그리고 김동원 감독 등 독립영화인들도 함께했다. 인권운동계와 영화계 인사들이 망라되어 조직위원회를 꾸릴 수 있었던 것은 '가위질'이라는 사전검열제도에 대한 저항운동의 성격을 이 영화제가 가졌기 때문이다. 인권영화제는 단순한 영화상영이 아니라 이 같은 문화운동이기도 했다. 같은 해 9월에는 부산에서 국제영화제가 뜨거운 반응 속에서 열렸다. 부산국제영화제와 함께 인권영화제는 영화 사전검열제도의 폐지에 한몫 기여했다.

인권영화제를 개최하기까지 영화제 개최에 가장 심하게 반대한 류은숙의 공이 컸다. 그는 선정해온 영화를 밤을 새워 번역하고, 다큐멘터리를 제작하는 푸른영상 사무실에 가서 자막을 넣고, 마지막엔 포스터까지 만들었다. 영화도 모르는 사람들을 이끌고 사고를 친 것이었다. 서울에서 개막된 인권영화제는 그 뒤에 지방 인권영화제로도 이어졌다.

1997년 제2회 인권영화제는 경찰의 원천봉쇄 속에 홍익대학교에서 열렸다. 경찰은 조성봉 감독의 제주 4·3항쟁을 다룬 영화 〈레드헌트〉를 이적표현물로 문제 삼아서 이 영화를 상영하지 못하도록 압력을 행사했다. 이 영화를 상영한다는 이유로 대학으로 경찰이 쳐들어가는 일도 있던 때였다. 하지만 영화제를 안 하면 안 했지 영화제를 하는 마당에 특정 영화를 당국의 압력 때문에 상영하지 않는다는 건 인권운동사랑방의 운동원칙에 어긋나는 일이었다. 강행한다는 입장을 발표하고 예정대로 인권영화제를 준비해갔다.

9월 27일, 홍익대학교 정문은 경찰이 원천봉쇄를 하여 홍익대학교 학생들 외에는 출입을 못하는 상황이 되었다. 학교 당국은 이 행사를 불허하고 개막식이 열릴 예정이던 강당의 문을 잠가버렸다. 총학생회에서 문을 열고 개막행사를 했지만, 몇몇 대형 강의실에서 하던 영화 상영을 빼고는 대부분 야외에서 빔 프로젝트와 영사막, 음향 앰프 등만을 설치한 조악한 시설로 상영을 이어갔다. 야외상영은 분위기는 좋았지만 영화에 몰입할 조건은 아니었다. 그래도 관객들이 찾아주었다. 어떻게 경찰을 속이고 들어오거나 정문이 아닌 담을 넘어서까지 찾아와주는 사람들도 있었다.

영화 상영을 마친 밤이면 경찰의 침탈이 있을 수 있으므로 장비들을 몰래 감추었다. 그때는 경찰들도 모른다는 장소를 찾아냈는데, 어느 건물의 화장실 바닥의 맨홀 뚜껑을 열면 공간이 나왔다. 거기에 발전기도 감추고, 음향 앰프와 스피커, 영사막도 감추었다. 실제로 폐막을 이틀 앞둔 날, 경찰은 밤에 법원으로부터 압수수색 영장을 발부받아서 학교에 쳐들어왔다. 그리고 학교를 샅샅이 뒤졌다. 하지만 우리가 숨긴 장비들을 찾아내지는 못했다.

그런데 총학생회 학생들이 경찰과 학교의 압력에 굴복해서는 우리에게 하루만 일찍 폐막을 하자고 했다. 학생회의 피해가 심각할 것을 예상했던 우리는 그들의 제안을 받아들일 수밖에 없었다. 폐막식도 못하고 하루 일찍 앞당겨 끝내게 된 것이다. 대신 우리는 명동성당 들머리에서 상영회를 이어가기로 했다.

그 후 며칠이나 지났을까. 경찰이 인권운동사랑방 사무실로 들이닥쳤다. 사무실은 처음으로 압수수색을 당했고, 대표였던 서준식 선배는 〈레드 헌트〉를 상영했다는 이유로 국가보안법 위반 혐의로 구속되었다. 어처구니없는 일이었다. 대표의 구속이라는 상황에서도 명동성당 상영회를 이어가고 항의행동을 조직했다. 대표는 1심 재판 중에 보석으로 풀려났다. 이런 일들이 인권영화제에 꼭 독이 된 것만은 아니었다. 인권운동사랑방은 당국의 탄압 속에도 원칙을 지키는 단체로 사람들 속에 각인되었다. 아마도 그런 이유로 자발적인 시민들의 후원이 이어졌을 것이다.

제2회 인권영화제 때부터는 영화에 대한 전문성을 가진 김정아가 프로그래머로 결합하여 준비가 한결 쉬워졌다. 자원활동가들도 매회 많이 모여서 나중에는 선별해서 뽑기도 했다. 인권영화제를 보러 왔던 관객 중에는 인권활동가로 변신하여 활동한 경우도 제법 있었다. 인권영화제는 지역에서도 꾸준히 진행되고 있고, 그 성공에 힘입어 독립다큐멘터리 영화제가 민간단체들에서 분야별로 만들어졌다. 장애인영화제, 여성영화제, 퀴어영화제 등도 인권을 주제로 한 영화제다. 서울에서는 서울인권영화제가 별도 조직으로 분리되어 2014년 제19회 영화제를 준비하고 있다. 표현의 자유를 기치로 내걸었던 서울인권영화제는 이명박 정권 이후 사전심의 절차를 거부하고 다시 광장으로 나와서 여전히 시민들의 후원을 받아 무료 상영이라는 원칙으로 진행되고 있다.

그래도 더 가야 할 길들
:인권운동사랑방 5

1994년 8월부터 2012년 2월까지 나는 19년 정도의 시간을 인권운동 사랑방 속에서 살아왔다. 그러므로 내게 인권운동사랑방은 단순히 한 인권단체가 아니었다. 인권운동에 무지했던 내가 오늘날 어딜 가도 인권운동가로 소개되기까지 인권운동사랑방에서 나는 운동가로 컸고 운동가로 활동했다. 그 속에서 인권이 무엇인지를 고민하면서 인권에 대한 이해를 높였고, 인권운동의 다양한 영역을 개척했고, 인권운동의 전략과 전술을 연구하고 실천했다. 물론 나 혼자서가 아니라 많은 활동가들과 함께했다. 잊으려야 잊을 수 없는 시간들, 내 인권운동의 경력은 대부분 그곳에서 쌓인 것들이었다.

인권운동사랑방에서 있었던 일을 늘어놓자면 한이 없다. 19년 동안 몸담았던 단체에서 겪은 일이 한두 가지겠는가. 하고 싶은 일도 참으로 많았다.

'경제 · 사회 · 문화적 권리(사회권)'를 알리기 위해서 대학생, 대학원생들을 모아서 사회권위원회를 구성하고, 1년 동안 세미나를 했던 결과를 『인간답게 살 권리—IMF 이후 1년, 사회권 실태 보고서』로 냈던 일, 감옥인권 실태를 알리기 위해 출소자들을 조사해 『한국 감옥의 현실』 보고서를 내고 감옥인권 사업을 진행한 일, 사회보호법 폐지운동을 벌였던 일, 한국인권단체협의회의 뒤를 잇는 인권단체연석회의를 만들었던 일이며, 수많은 사건들의 대책위원회를 맡아서 진행했던 일들이 지금 순간에도 돌이켜보면 파노라마처럼 지나간다. 때가 되면 사건별로 제대로 정리하고 싶은 일들이 아직도 많다.

그리고 꼭 하고 싶은 일은 인권운동사랑방이 걸어왔던 길을 한번 제대로 짚어보는 것이다. 인권운동사랑방은 본격적으로 인권운동을 독자적인 부문운동으로 정립했다. 인권운동사랑방의 활동은 다른 인권단체들을 자극했고, 다른 인권운동들을 촉진했다. 조직운영 면에서도 중요한 모델이 되었다. 그렇기에 한국의 인권운동사에서 인권운동사랑방이 차지한 위치와 역할뿐만 아니라 인권운동사랑방이 추구해왔던 진보적 인권운동의 길을 정리해둘 필요가 있다고 본다.

물론 서준식이라는 이름을 빼고는 인권운동사랑방이나 나 개인의 인권운동사도 완전해질 수 없다. 그만큼 서준식 선배의 영향력은 막강했다. 그의 말, 그의 글을 보고 우리는 인권운동을 배웠고, 그의 고민을 나의 고민으로 삼기 위해 나름 애썼던 시간들이 있었다. 지금도 인권운동의 선배라고 하면 당연히 서준식을 꼽을 수밖에 없다.

그런데 그와의 관계는 불행하게도 오래전에 단절되었다. 오해이기도 할 것이고, 인연이 다한 것이기도 할 것이다. 그가 인권운동사랑방을 떠났을 때 나는 너무도 외로웠다. 내게 거의 유일한 선배였던 존재가 사라지고 나서 비로소 나는 내가 그에게 얼마나 의지하고 살았던가를 실감했다. 그리고 그가 사라지자마자 갑자기 내가 인권운동의 맏형이 되어버렸다. 후배들은 내가 어떤 생각을 하는지, 어떤 결심을 하는지를 알고 싶어했다. 다급하게 진행되는 현장상황에서 나를 바라보는 후배들로부터 나는 얼마나 도망치고 싶었던가. 그때의 외로움은 꼭 서준식 선배로 연결되고는 했다. 그와 지냈던 10여 년의 세월을 말할 날이 있을 것이지만, 오늘은 참기로 하자.

인권운동사랑방은 작은 조직을 지향한다. 그래야 조직 내의 민주주의가 가능하다. 그래서 대표와 사무국장과 같은 직책도 없앴다. 활동가들의 수평적인 조직일 때 조직 내 민주주의가 살아날 것이기 때문이다. 한국 사회에서 처음으로 인권교육을 도입하고, 청소년과 어린이 인권운동을 펼쳤던 인권교육실은 '인권교육센터 들'로 독립해 나갔다. 인권영화제를 처음 만들어서 대중과 만나왔던 서울인권영화제도 독립했다. 인권운동사랑방의 부설기관이었던 인권운동연구소는 지금은 '인권연구소 창'으로 독립해서 운영되고 있다. 지금의 인권운동사랑방은 이런 지향을 분명히 한 탓에 작은 단체로 쪼그라든 것처럼 보인다. 이제 상근하는 상임활동가들이 대여섯 명밖에 없으니 말이다.

그러나 인권운동사랑방은 자신을 계속 비우고 작아지면서 인권운동의 홀씨를 세상 곳곳에 퍼뜨리는 중이다. 인권운동사랑방의 홀씨가 더 많이 날아가 골고루 뿌려지기를 바란다. 앞으로도 나는 인권운동사랑방의 일원이었음을 자랑스럽게 기억할 것이다.

아이들을 폭력기계로 만든 사람들
:에바다복지회 1

"춥고 배고파서" 농성을 시작한 장애 학생들이 있었다. 늘 폭력과 학대에 시달리던 아이들은 한창 자랄 나이에 너무 배가 고파서 시설을 나가 동네 쓰레기통을 뒤지기도 했다. 자주 찾아오던 미군들에게 성추행을 당하기도 했던 그 아이들은 듣지도 말하지도 못하는 청각장애 학생들이었다. 에바다는 지금까지도 대표적인 인권유린 사회복지 시설로 낙인찍혀 있다. 벌써 10년 전에 에바다 사태가 종결돼 정상화 과정을 걸어왔음에도 인터넷에서는 지금까지 그렇게 검색되고 있다. 그만큼 에바다는 사회복지시설이 갖는 모든 문제점을 고스란히 안고 있던 곳이었다.

미국의 선교사가 운영하던 시설을 이어받은 최성창을 비롯한 최씨 일가는 곧 그 시설을 사유화했다. 한 교단의 목사이기도 했던 최씨는 친형제들과 친인척을 시설의 임원 자리에 앉혔다. 경기도 평택시 진위면에 위치한 에바다복지회였고, 그 복지회가 운영하는 에바다학교와 에바다농아원과 에바다장애인종합복지관에서 온갖 비리와 인권유린이 벌어졌다. 국가와 시의 지원금을 착복하고 각종 후원금도 착복하면서 농아원 내에 불법으로 교회와 신학교까지 만들어서 교주노릇을 했다.

그들이 저지른 비리는 가히 종합판이었다. 유령직원, 이중등록된 원생, 사망하거나 퇴소한 아이들까지 그대로 인원으로 잡아서 지원금을 타 썼다. 청각장애 아동들을 제책소에서 혹사시키기도 했다. 맞아 죽었다는 아이, 실종된 아이, 팔려나갔다는 아이에 대한 소문도 돌았다. 학교는 학교대로 정상적으로 운영될 수 없었다. 청각장애 아이들을 볼모로 자신들의 재산을 불리기에 급급했던 비리 재단과의 투쟁은 7년 동안 이어졌다.

1996년 11월 27일 새벽, 당시 김영삼 대통령에게 "대통령 할아버지께"로 시작하는 편지를 쓴 뒤 에바다농아원 학생회장이던 이경훈을 비롯한 청각장애 아이들이 농성에 들어갔다. 출동한 경찰은 농성하는 학생들의 얼굴에 권총을 들이대기까지 했다. 이후 권오일 씨를 비롯한 교사들이 농성대오에 합류했다. 그들은 서울의 한 장애인단체 사무실 지하에서 6개월 이상 농성을 했고, 그 뒤에는 평택시 진위면의 한 가옥을 세내어 오갈 곳 없는 장애 학생들의 기숙사로 쓰면서 농성을 이어갔다. 그 집의 이름은 해 아래 평등을 추구한다는 뜻으로 '해아래집'으로 지었다. 나중에 이곳은 학생들의 교실이 되기도 했다.

그 후 김대중 대통령이 TV에 나와 에바다 비리의 해결을 약속했지만 그 약속은 실현되지 않고 있었다.

나는 솔직히 에바다 문제를 처음부터 잘 알고 있었지만, 이 문제만큼은 피하고 싶었다. 사회복지시설과의 싸움은 늪과도 같았다. 너무 어려운 문제였기 때문이다. 적당히 거리를 두기로 했다. 그런데 1999년 여름, 박경석 노들장애인야간학교 교장이 나를 찾아왔다. 지금은 꽁지머리지만 그때는 스포츠머리를 하고 휠체어에 올라앉은 단단한 모습과 지금도 잊지 못할 형형한 눈빛으로 에바다의 상황을 설명했다. 농성 1천 일이 다가오고 있음에도 아직까지 비리 재단이 장애 학생들을 앞세워 시설을 장악하고 있는데 인권단체들이 나서야 하지 않겠느냐고 했다. 내 양심을 바늘로 콕콕 찔러대는 그의 말을 듣기가 괴로웠다.

운명처럼 나는 이 사건을 피해가지 못했다. 나는 인권단체와 시민단체들에게 제안서를 보내고 설명회를 진행한 뒤 '에바다 정상화를 위한 연대회의'를 구성하고 집행위원장직을 맡았다. 농성 1천 일을 앞두고 반전의 계기를 만들어야 할 필요성이 커졌다. 비리 재단을 통해 시설을 장악한 최씨 일가, 그들과 찰떡궁합을 이루는 김선기 평택시장(그는 2014년 현재도 평택시장이다)을 비롯한 평택시청, 평택경찰서와 검찰, 그리고 그 위의 정치권력과 싸워야 했다. 시설의 설립자와 그 친인척들이 족벌체제로 시설을 사유화할 수 있게 만들어놓은 사회복지사업법을 비롯한 복지 정책 및 법제도와도 싸워 이겨야만 하는 투쟁이었다.

구재단의 비리 문제는 명확했다. 그들과 결탁한 공무원, 심지어 김선기 평택시장이 구재단 쪽과 한 이면계약도 SBS가 폭로했다. 그런데도 사태가 해결되지 않는 데는 양비론이 큰 구실을 했다. 구재단 쪽도 문제지만, 강경한 운동권이 주도하는 이쪽도 문제라는 식의 물타기 논리를 극복해야 했다. 경찰도 검찰도 정치권도 모두 이 같은 입장이었기 때문에 에바다 문제의 해결 시기는 거듭 뒤로 미뤄졌다.

에바다에서는 폭력이 일상화돼 있었다. 해아래집 여교사들이 당한 고초는 이루 말할 수 없었다. 학교 교실에서 제자들에게 뺨 맞고 얼굴에 침을 맞는 것은 하찮은 일이었다. 농성 초기에 임신한 여교사가 폭행을 당하기도 했다. 뜨거운 물세례를 받아 실신해서 119 구급차를 타고 병원에 가고, 교실에서 똥물 세례를 받고는 했다. 그럴 때마다 교사들은 눈물로 그들을 용서했다. 그들에게 잘못이 있는 게 아니라 그들을 앞세워서 폭력을 행사하도록 배후에서 조종하는 최씨 일가가 문제라는 점을 누구보다 잘 알았기 때문이다.

기독교 목사였던 최성창과 그 일가에게 종교인으로서 일말의 양심이 있었다면, 자신들의 잘못이 드러났을 때 그걸 인정하고 물러가면 될 일이었다. 그렇지만 청각장애 학생들을 너무도 잘 이용할 줄 알았던 그들은 그 반대의 길을 택했다. 2001년 8월 이후 우여곡절 끝에 공익이사들이 다수를 점하고 고 윤귀성 씨(2013년 12월에 교통사고로 운명했다)가 이사장을 맡은 상황에서는 더더욱 폭력에 의지했다.

법적으로나 도덕적으로나 밀릴 수밖에 없던 최씨 일가는 청각장애 학생들을 철저히 세뇌시켰고, 그들에게 위계적인 질서를 만들어서 관리했다. 졸업한 선배가 후배들을 집합시키고 지휘했다. 몽둥이로 때리고 담뱃불로 지져대는 선배들 앞에 후배들은 점점 길들여져서 다시 자기 후배들을 똑같이 대했다. 성폭력도 다반사로 이루어졌다. 아이들을 '폭력기계'로 만들어갔다.

구재단 쪽은 학생들을 앞세워 정문을 잠가버렸다. 쇠사슬로 묶어놓고, 그 앞에서 쇠파이프를 들고 지키게 했다. 그러니까 합법적인 이사들이 시설과 학교에 들어갈 수 없고, 오히려 법적으로 권리가 없는 구재단 쪽이 장애 학생들의 힘으로 시설을 불법점거하는 상황이 되었다. 우리는 경찰에 수없이 불법점거 세력들을 퇴거시켜줄 것을 요구했다. 그때마다 경찰은 우리 요구를 묵살했다. 그러다 법원에 퇴거가처분 신청을 내게 되었고, 그것이 받아들여졌다.

2002년 2월 말, 법원 집행관이 퇴거명령가처분 결정문을 고지하러 방문하자 사주를 받은 장애 학생들이 우르르 몰려나와 법원 집행관과 에바다복지회 남정수 사무국장, 교사 권오일 씨를 폭행했다. 권오일 씨는 농성 교사와 학생들의 핵심으로 지목돼 늘상 폭력에 시달려야 했는데, 이때는 심하게 당해서 전치 6주의 부상을 입고 병원에 입원했다.

그 뒤 그간의 에바다 사태에 대한 문제점을 파헤치는 MBC〈PD수첩〉프로그램이 방영됐다. 장기화된 사태의 원인을 짚고 문제를 풀기 위해서 관련 기관과 정치권이 적극적으로 나서야 한다는 내용이었다. 방영 다음날인 2002년 3월 16일 자정, 해아래집에서 곤히 잠을 자던 20여 명의 청각장애 학생들과 교사들이 괴한들에게 피습을 당했다. 각목으로 무장한 괴한들은 어둠 속에서 사람들을 폭행하고 집기를 부순 뒤 사라졌다. 그 와중에 잠자던 이성존이라는 학생은 덩치가 크고 유도를 해서 힘도 셌지만 고스란히 폭력을 감내하다가 부상이 심해 병원에 입원했다. 습격 사건은 구재단이 사주한 일이었음이 금세 드러났다.

그대로 둘 수는 없었다. 연대회의 집행위원장이기도 했고 2001년부터 이사가 된 내 책임을 통감했다. 갈수록 폭력기계가 돼가는 아이들을 구재단의 손아귀로부터 빼내려면 뭐라도 해야 했다. 인터넷신문 오마이뉴스에 절절한 호소문을 싣고 박경석 교장과 함께 평택으로 내려갔다. 우리는 피켓을 들고 정문 앞에 섰다.

"선생님과 학생들을 패지 말고 차라리 저를 패십시오."

"배후세력은 장애 학생들에게 폭력을 사주하지 마라!"

30분쯤 가로막힌 정문 앞에 서 있었을까. 한 아이가 바가지에 뭔가를 들고 와서는 우리를 향해 뿌려댔다. 나는 얼른 피켓을 들어올려 얼굴을 가렸다. 지독한 냄새…… 똥물이었다. 척추장애로 휠체어에 앉아 있던 박경석 교장은 미처 피하지 못하고 얼굴과 머리, 옷에 고스란히 똥물을 뒤집어썼다. 물수건으로 똥물을 닦아내고 다시 정문 앞에서 피켓을 들었지만, 박 교장의 얼굴에 똥독이 올라서 어쩔 수 없이 그날은 철수했다. 박경석 교장은 "이놈들이 장애인인 나에게 똥물을 퍼붓네" 하면서 허허 웃었다. 그러더니 "고마워" 하고는 인사를 했다.

고마운 것은 나도 마찬가지였다. 똥물을 뒤집어쓰고 나니 오히려 홀가분했다. 이제 나도 온갖 폭행을 당해왔던 여교사들과 어깨를 나란히 할 수 있는 동료가 되지 않았는가. 그래서 나도 고맙다고, 그렇지만 폭력에 굴할 수는 없다고 다음날 다시 호소문을 썼다. 우리의 뒤를 이어 다른 이사들이 학교 정문 앞에서 대화로 문제를 풀자고 호소했다. 이런 일련의 폭력사태는 비리 재단이 저지른 악수였음이 서서히 드러났다. 열릴 것 같지 않던 에바다의 문을 우리는 열어갔다.

새로운 가능성을 열며
:에바다복지회 2

에바다 투쟁을 영상으로 기록한 박종필 감독의 50분 분량의 다큐멘터리 〈끝나지 않는 싸움, 에바다〉가 만들어진 건 1999년이었다. 나는 박감독에게 이 영화의 제목을 잘못 붙여서 투쟁이 끝나지 않는다고 구박하고는 했다.

에바다 투쟁이 길어진 것은 궁극적으로 법인을 장악한 최씨 일가가 계속 장애 학생들을 볼모로 자신들의 기득권을 유지했기 때문이고, 관리 · 감독 책임을 진 경기도 평택시가 이들을 감싸고 돌았기 때문이다. 당시 김선기 평택시장은 국회에 나가 이사진을 전면 개편할 것을 약속해놓고도 번번이 약속을 지키지 않았다. 심지어 이성재 의원을 비롯한 국회의원 세 명이 관선이사장과 이사를 맡은 이사회가 구성되기도 했지만, 꼬인 문제는 여전히 풀리지 않았다.

에바다 투쟁 주체들은 초기부터 비리 재단의 완전한 축출을 주장했다. 2000년부터 이 싸움은 구체적으로 이사회를 어떻게 하면 민주적으로 재편할 것인가에 모아졌다. 2000년 평택시청 앞 등에서 집회와 단식농성, 걷기대회 등을 수없이 진행하면서 에바다 투쟁을 전면화했다. 치열한 투쟁으로 대학생연대회의 의장이 구속되고 많은 사람들이 벌금형을 받기도 했다.

마침 나사렛대학의 김종인 교수가 관선이사장으로 선임된 뒤부터 이사회가 정상화를 위한 가닥을 잡아갔다. 권오일 교사의 출근과 구화전문가 김지원 교장의 취임은 이를 상징적으로 보여주는 일이었다. 하지만 김지원 교장의 취임식을 하기로 한 2001년 5월 15일 새벽, 교장실은 처참하게 파괴됐다. 학교에서 교장과 교사는 하찮은 존재였다. 최씨 일가는 자신들이 장악한 학생들을 동원해 그들에게 수시로 폭력을 행사하도록 만들었다.

급기야 그해 8월 초, 김종인 이사장은 평택시 안중 지역에서 치과의사를 해온 인제대 외래교수 고 윤귀성 씨를 신임 이사장으로 선임하고 김칠준 변호사, 김용한 평화운동가, 박경석 교장과 인권운동을 해온 나까지 포함해 새 이사진을 구성한 뒤 자신은 물러났다. 이로써 이사회에서 연대회의 쪽 인사가 이사장이 됐고, 이사의 다수를 점하게 됐다. 이렇게 되자 다급해진 것은 최씨 일가였다. 그해 10월 26일을 기해 그들은 학생들을 동원해 학교를 봉쇄하고 시설을 불법적으로 점거했다.

이런 상황에서 책임을 져야 하는 것은 새로 구성된 이사회였다. 학교에 갈 수 없는 아이들을 해아래집에서 공부시키며 끊임없이 불법 점거 세력을 퇴거시켜줄 것을 경찰에 강력히 요구했다. 하지만 그때마다 돌아오는 대답은 법원의 퇴거명령이나 출입금지 가처분을 받아오라는 것뿐이었다. 법원 집행관이 법원의 명령서를 학교 정문에 고지하다가 발생한 폭력사태 이후의 과정은 앞서 말한 바와 같다.

법원의 명령이 있었음에도 경찰은 여전히 최씨 일가의 편이었다. 충돌을 예방한다면서 학교와 농아원을 장악한 그들을 그대로 방치했다. 끔찍한 폭력사태 이후에도 경찰의 태도는 변하지 않았다. 이에 따라 이사회는 자구책으로 두 차례에 걸쳐 직접 시설에 진입했다. 하지만 그때마다 번번이 최씨 쪽 폭력 학생들에게 폭행을 당하거나 경찰에게 제지당해 끌려나왔다. 이 일로 윤귀성 이사장이 벌금형을 받는 등, 오히려 우리 쪽이 형사처벌을 받았다. 폭력이 비폭력을 이기는 답답한 상황이 겨울 내내 계속됐다.

해가 바뀌어 2003년 2월 학교가 비정상적으로 운영될 수밖에 없자 경기도교육청은 신입생 배정 불가를 통보했다. 학교가 폐쇄될 위기에 몰린 것이다. 이사회는 이 사태를 풀기 위해 장애인종합복지관에 임시 교사를 마련해 수업을 진행했고, 신입생으로 열두 명의 청각장애 학생을 확보해 교육청의 신입생 배정 불가 방침을 철회시켰다. 해아래집에서 아이들을 돌보며 가르쳐온 교사들에 대한 신뢰가 부모들의 마음을 움직였기에 가능한 일이었다.

학교에 볼모로 잡혀 있던 아이들도 하나둘 해아래집으로 넘어왔다. 그런 아이들은 처음엔 주눅 들어 눈도 마주치지 못하고 수화도 안 하다가 해아래집의 따뜻한 분위기에 동화돼 곧 원래 그들의 표정을 되찾아갔다. 사랑받지 못한 아이들은 선생님과 선후배의 각별한 사랑 속에서 폭력의 상처를 씻어갔다. 해아래집 아이들이 시내에 나갔다가 최씨 쪽 학생들을 만나 매를 맞고 돌아오는 일도 있었지만 그래도 아이들은 해아래집을 떠나지 않았다.

이사들과 투쟁 주체들은 해아래집에서 이사회를 비롯해 수많은 모임을 열고 이 문제를 풀기 위해 머리를 맞댔다. 경찰은 운동권 인사들로 구성된 이사회를 부정적 시각으로 보았다. 하지만 우리는 실없는 농담도 잘했다. 김칠준, 김용한 이사의 수준 높은 개그에 비해 권오일 씨는 썰렁 개그의 대가였다. "금정에 있는 모 여고에서 학생들이 집단적으로 사망한 사건을 아시나요?" 또 뭔 헛소리를 하나 싶어 말해보라고 하면, 피구를 하는데 여학생들이 금을 밟아서 죽었다, 학교에서 피구는 금지해야 한다고 말하는 식이었다.

노무현 정부 초기 청와대 참여혁신수석비서관은 민주사회를위한변호사모임(민변) 출신의 박주현 변호사였다. 3월에 이사회는 박수석을 면담했다. 그리고 답을 기다렸다. 5월 하순에야 답이 왔다. 평택 경찰의 양비론에 입각한 정보보고 때문에 판단이 늦어졌다고 했다. 청와대는 편향된 태도를 견지해온 평택 경찰을 배제하고 경기지방경찰청을 직접 움직여 이 문제를 풀고자 했다.

2003년 5월 28일 경찰의 보호를 받으며 우리 이사들과 노동자, 학생, 활동가 등이 대오를 지어 학교 정문에 도착했을 때 여전히 정문은 쇠사슬에 칭칭 감겨 있었고 자물쇠로 잠겨 있었다. 당시 시설의 책임자였던 김용한 농아원 원장과 김지원 학교장이 절단기로 쇠사슬을 끊어내고 학교로 밀고 들어가자 곳곳에서 최씨 쪽 학생들이 폭력으로 저항했지만 손쉽게 순식간에 학교와 농아원을 모두 접수했다. 학교와 최씨 일가들이 불법으로 만들어놓은 교회 시설들을 확인하고, 농아원에 들어갔을 때 아주 짧은 순간 최성창과 대면했다. 순간적으로 최성창은 농아원으로 들어가 문을 잠가버렸다. 그때 그를 붙잡아 밖으로 끌어내야 했는데 그러지 못했다. 곧 평택 경찰이 개입해 문을 따고 들어가려는 우리 앞을 막았다. 다시 평택 경찰의 병이 도졌다.

5월 31일, 경찰이 최성창 등을 퇴거시키지 않고 감싸고 도는 상황을 해결하기 위해 나는 농아원 건물로 직접 찾아가기로 했다. 농아원 앞에 이르자 다시 경찰이 가로막았다. 항의하는 나를 땅바닥에 눕히고 팔을 꺾었다. 이승헌 에바다복지회 법인 사무국장은 경찰에게 멱살이 잡혔다. 항상 이랬다. 하지만 최성창이 오래 버틸 수는 없었다. 6월 3일, 최성창 등은 경찰버스로 에바다를 떠났다. 이로써 에바다에서 최씨 일가를 완전히 몰아내는 데 성공한 것처럼 보였다.

그런데 6월 7일 새벽 4시께 60여 명이 습격해 들어왔다. 어둠 속에서 돌을 던지고 쇠파이프를 휘둘러댔다. 우리 쪽은 몇 명 없었고, 그래서 우리 쪽 사람들이 피를 흘리며 많이 다쳤다. 그중에 중상을 입은 노동자도 있었다. 쫓겨나간 최씨 일가가 시설을 탈환하기 위해 벌인 폭력극이었다. 그렇지만 그 뒤로 그들은 더 이상 침탈하지 못했다.

감격할 시간도 없었다. 먼저 갈라진 사람들을 화합시키는 게 문제였다. 최씨 쪽에 붙어 온갖 나쁜 짓을 저지른 교사와 직원에 대해서는 징계를 최소화했다. 직원들의 화합을 위한 프로그램도 운영하려 애썼다. 학생들은 언제 그랬느냐는 듯이 금세 친해졌다. 최씨 일가를 따라나선 아이들은 그 뒤 에바다 주변에서 사라졌다. 그들마저 끌어안고 싶었으나 몇몇은 끝내 우리를 떠나갔다.

학교와 농아원은 처참하게 파괴돼 있었다. 성한 문짝이 하나도 없다시피 했다. 시설을 보수하는 것부터 일이었다. 돈 문제가 심각했다. 최씨 일가는 회계장부를 모두 빼돌렸다. 그들의 부정이 드러나는 것이 두려웠으리라. 그들이 몇 년 동안 납부하지 않은 건강보험료 등 각종 공과금 청구서를 비롯해 그동안 미뤄둔 수많은 청구서가 답지했다. 그 뒤 몇 년 동안 최씨 일가가 저질러놓은 일을 수습하느라 이사회는 다른 일을 못 할 정도였다.

그로부터 10년, 에바다는 더 이상 비리 복지법인이나 사회복지시설이 아니다. 전원 헌신적인 공익이사들로 구성된 이사회부터 다르다. 이제 법인을 통해 사적 이익을 추구할 수 없도록 시스템을 만들어놓았다. 에바다학교, 에바다마을(옛 농아원), 장애인종합복지관을 비롯해서 장애인자립생활센터, 장애인평생학교(야학) 등을 거느리고 평택시만이 아니라 경기 남부 장애인복지의 중심기관으로 자리 잡아가고 있다. 가장 모범적으로 운영되는 사회복지시설을 만들자고 다짐했던 구성원들의 눈물겨운 노력이 결실을 맺고 있다. 탁구로 유명한 에바다학교에는 최근 청각장애인이 급감하는 추세 속에서도 학생수가 줄지 않고 있다. 지금은 학교와 기숙사를 신축했고, 농아원도 새로 지어 과거의 어두웠던 흔적은 찾아볼 길이 없다.

이제는 에바다의 오명을 벗겨줄 때가 됐다. 지난 10년 동안 각고의 노력을 기울인 고 윤귀성 이사장을 비롯한 구성원들에게 박수를 보내줄 때다. 에바다는 사회복지시설의 새로운 가능성을 열고 있다. 나는 2012년 말 에바다 이사직을 사임하면서 무거운 짐을 덜어놓았지만, 내 가슴속에는 그들과 함께했던 시간이 진한 여운으로 남아 있다.

지옥에서 나온 사람들은 어디로 갔나 :양지마을

1998년 7월, 무더위가 한창이던 그날 저녁 한 남자가 대학생들의 손에 이끌려 사무실에 들어왔다. 대략 마흔쯤 되어 보였다. 온몸이 상처 투성이였다. 상처들에서는 누런 농이 곪았고, 살 썩는 냄새가 진동해서 코를 막아야 할 지경이었다. 상처는 좁은 쇠창살을 잘라낸 틈으로 빠져나오면서 또 뒷산을 뛰어넘을 때 나무들에 찢기고 긁힌 것들이었다. 그러니까 박 아무개라는 그는 사회복지시설에서 탈출한 사람이었다.

나는 그에게서 일주일 동안 지옥 얘기를 들었다. 그 지옥에는 노재중이라는 악마가 군림하고 있었고, 그가 만드는 규칙에 따르지 않으면 죽도록 맞아야 한다고 했다. 백주대낮에 조치원, 천안, 대전 역 등에서 강제로 사람을 탑차로 납치하고 고문을 가하고 죽도록 일을 시키면서도 월 8천 원에서 1만여 원만 준다고 하는, 그리고 입소심사나 퇴소심사는 아예 기대할 수도 없고, 가족들에게는 면회 한 번도 전화 한 통화도 할 수 없다는, 여성들은 수시로 성폭행을 당하고 강제로 불임시술도 당해야 한다는, 대드는 사람들에게는 CP라는 신경안정제를 의사 처방 없이 마구 투입한다는 그런 기가 막힌 일들을 그는 진정을 다해 말했다. 군대조직처럼 철저한 위계가 있고, 이사장에게 잘 보이면 여자와 같이 살게도 해준다는 충남 연기군 전동면의 양지마을이라는 부랑인 시설의 얘기를 처음에는 믿을 수 없어서 묻고 묻고 또 캐물었다. 그의 말을 확인하기 위해 충남 조치원에 가서 지역신문의 함 아무개 기자도 만났다. 함기자는 여러 가지 인권유린 의혹이 있어서 시설에 대한 취재를 하고 있지만, 방송사 카메라도 들어갈 수 없었다고 했고, 박씨의 말이 모두 사실이라고, 매우 상세하게 잘 알고 있는 사람의 얘기라고 확인해주었다.

'햇볕 작전'이라고 내 멋대로 이름 붙인 작전에 참가한 이들은 대략 40명 정도였다. 인권운동사랑방, 천주교인권위원회의 활동가들과 당시 여당의원인 새천년민주당의 이성재 의원과 김병후 정신과 원장으로 이루어진 조사단과 방송사와 신문사의 취재기자들이었다. 천안에서 만나 하룻밤을 같이 지낸 다음에 조사단은 7월 16일 부슬비가 내리는 지방도를 달려서 10여 대의 차량에 나눠 타 문제의 그 지옥으로 향했다.

그곳은 사설 교도소였다. 노재중이란 자가 이사장으로 있다는 그곳은 박씨의 말 그대로 3미터도 넘는 콘크리트 담이 둘러쳐져서 완강하게 외부인의 접근을 차단하고 있었다. 그곳의 철문을 지나자 다시 담과 철문이 앞을 막았고, 그 철문을 지나서야 '양지마을'이라는 이름의 사회복지시설이 나왔다. 아침에 급작스럽게 닥친 우리 조사단 앞에서 시설 사람들은 어쩔 줄을 몰라했다. 처음에는 국회의원이 포함된 조사단이 요구하는 대로 그들은 문을 땄다.

남자생활실이라는 곳을 가니 밖에서 열쇠를 잠근 탓에 쇠창살 사이로 손을 내저으며 자신들을 나가게 해달라고 울부짖는 사람들이 있었다. 대부분 비쩍 마른 몸매에 고단한 노동으로 찌든 것 같은 중년의 남자들, 그리고 노인들과 젊은 사람까지 쇠창살에 매달렸다. "여기는 감옥보다 더해요. 죽을 때까지 나갈 수가 없어요."

그들은 처음 보는 우리에게 5년 동안, 10년 동안, 20년 가까이 이곳에 갇혀 있었다고 말했다. 군대 내무반처럼 양 옆으로 나무 침상이 있었다. 그대로 군대 내무반이었다. 그 생활실 앞 쪽에는 쇠창살이 질러진 독방도 있었고, 벽에는 아무렇지도 않게 사람을 묶을 때 쓰는 밧줄과 가죽 채찍 같은 게 걸려 있었다.

노재중이란 자가 나타나자 직원들의 태도가 돌변했다. 막무가내로 내모는 직원들의 완력에 의해 우리는 양지마을 문밖으로 쫓겨났다. 그 뒤에 이성재 의원의 요청으로 경찰이 오고 난 뒤에야 우리는 다시 시설의 조사를 진행했다. 노재중은 당시 대전과 연기군에 여덟 개의 사회복지시설을 운영하는 사회복지법인 천성원의 이사장이었고, 모든 시설의 장과 임원들은 그의 처와 첩, 그리고 아들딸이 차지하고 있었다. 전형적인 족벌운영체제였다. 알고 보니 그는 1987년 부산 형제복지원 사건이 있을 때 시설조사를 위해 나왔던 야당 국회의원들까지 폭행해서 말썽을 빚었던 그런 인물이었다. 그는 높은 담장과 감금시설로 운영되는 게 불법임을 알고 있었다. 그런데도 "다른 시설들도 다 이렇게 하는데 왜 나만 문제 삼느냐"며 억울하다고 되레 항변했다.

조사단은 부랑인 수용시설인 양지마을과 인근의 정신지체장애인 보호시설인 송현원을 돌면서 조사를 했다. 원생들이 우리에게 알려주어서 양지마을 직원들이 감춘 서류 더미들을 찾아내기도 했다. 그날로 양지마을과 송현원에서 살던 23명을 버스에 태워 데리고 나왔다. 그 뒤 이 문제가 대대적으로 보도되면서 보건복지부에서 조사하고 검찰도 수사에 나서는 상황이 되자, 양지마을에 있던 이들 4백 명중 퇴소를 희망한 3백 명이 그곳을 벗어날 수 있게 되었다. 조사단은 민변과 함께 나중에 퇴소한 사람들까지 60명가량을 일대일 조사를 벌여서 그곳에서 일어났던 인권유린을 종합해 검찰에 고발했다.

검찰의 수사와 기소는 매우 부분적이었다. 납치·특수감금·암매장·성폭행·불임시술과 같은 심각한 인권문제는 제쳐두고, 폭행과 공금횡령 등으로 노재중과 박종구 원장 등만 기소했다. 인권단체들이 애써서 사실조사한 내용을 확인만 했어도 앞의 혐의들을 입증할 수 있었는데 검찰은 전혀 그럴 의지가 없었다. 나아가 법원은 노재중이 지금까지 사회복지를 위해 헌신했다면서 정부로부터 표창 받은 일을 참작하여 형을 감해주기까지 했다. 그런 끔찍한 범죄를 저지른 노재중은 겨우 3년형을 선고받았고, 같이 기소된 대부분의 책임자들과 뇌물을 받은 공무원은 모두 집행유예로 풀려났다. 손해배상 청구소송도 겨우 몇 십만 원에서 몇 백만 원씩을 배상하라는 것으로 끝나버렸다. 십수 년을 지옥 같은 그곳에서 노예처럼 살았기에 그들은 직장도 잃고, 가족도 해체되고, 인생 자체가 거덜 났는데 어느 누구도 책임지지 않았다.

시설에서 나온 사람들도 문제였다. 그들 중 몇몇 사람들은 이산가족 상봉처럼 감격스럽게 가족들의 품에 안겼다. 그렇지만 알코올중독자로 집에서 칼 들고 난동을 부리고 불도 질러서 어쩔 수 없이 그곳에 보냈다는 가족들은 10년이 지났음에도 공포에 떨었다. 알코올중독자들의 문제가 그렇게나 심각한지 그때 처음 알았다. 시설에서 10년 넘게 술을 입에 대지 못했음에도 술 한 잔 마시자마자 돌변했다. 갈 곳 없는 사람들은 우리 사무실에서 보호하고 있었는데, 술기운이 떨어지면 발발발 떨어대는 그 사람들, 곳곳에 똥 묻은 팬티를 쑤셔박고, 불쑥불쑥 알몸으로 사무실을 내려오는 사람들, 아침 출근 때면 사무실 문 앞에 똥을 질펀하게 싸놓는 사람들 때문에 기겁을 해야 했다. 그런 이들에게 나도 사무실 활동가들도 모두 질렸다. 그들에게 사회복지시설을 알선해주었지만 "죽어도 시설에는 다시 가고 싶지 않다"며 거절했다. 그리고 거리로 떠나갔다. 마침 IMF 직후인지라 어디 가서 날품팔이하기도 어려웠던 시절, 그들은 자연스레 거리의 노숙인이 되었다.

그리고 가끔씩 전화가 왔고, 사무실까지 찾아오는 이들도 있었다. 와서는 손을 벌렸다. 돈을 주는 족족 술부터 사먹는다는 걸 안 다음부터는 꼭 내가 보는 앞에서 밥을 먹여 보냈다. 그러다 소식을 전하거나 찾아오는 이들이 점점 뜸해졌다. 그런 뒤에 듣는 부고들은 대개비참했다. 술 먹고 거리에서 죽어간 그들, 너무도 끔찍했던 시설생활이 싫어서 자유를 찾아나섰던 그들은 하나하나 거리에서 죽어갔다.

다른 이들과 달리 정말 단단하게 생겼던 박종문이란 사람이 기억난다. 그는 1997년에 조치원역에서 잡혀왔던 사람인데 그는 수없는 폭력에도 굴하지 않았다. 노재중의 폭력과 불법을 고발하기 위해서 가스통을 모아놓고 불을 질러서 2년형을 선고받고 감옥에 갔다. 그런 그가 출소해서 우리를 찾아왔는데, 얼마 지나지 않아서 갑자기 교통사고로 죽었다.

양지마을 사건을 겪으면서 나는 내가 하는 인권운동에 대한 깊은 회의에 빠졌다. 그들이 거기에 있었다면 거리에서 죽어가지는 않았을 텐데. 분노만으로 자유를 찾을 수 없고, 자유를 찾기 위해서는 경제적인 여건도 같이 마련해야 했는데. 나는 무슨 짓을 한 것일까. 양지마을 사람 중 하나가 악에 바쳐서 했던 말이 계속 귓가에 맴돌았다. "양지마을로 당신들은 유명해졌지. 우리는 죽을 자유밖에 얻은 게 없어!" 너무도 괴로운 나날이었다. 탈시설운동(장애인이 시설에 사는 것이 아니라 지역사회에서 다른 사람들과 동등하게 자립생활을 하면서 살 권리를 보장하기 위한 운동)이 본격화되면서 시설을 나온 뒤의 대책까지 세우게 되었지만, 그것은 빨라봐야 2003년 이후의 일이었다.

양지마을 사건 이후 사회복지법인 천성원도 많은 변화를 겪었다. 2004년에 천성원에서 '사회복지법인 이화'가 분리되어 독립했고, 여기에 충남 연기군 소재의 금이성마을(양지마을의 새 이름)을 비롯한 다섯 개의 시설이 들어서 있다. 양지마을의 높디높은 담은 철거되었고, 시설도 정비하고 프로그램도 여느 사회복지시설처럼 운영되는 것처럼 보인다. 법인은 확대 발전되었는데, 여전히 노재중 일가가 두 개 법인의 주요 임원을 장악하고 있는 듯하다.

그런데 그곳을 나와서 거리에서 죽어간 사람들은 차치하고라도 거기서 죽어간 사람들이 암매장된 개미고개는 지금은 어떤 모습일까. 개미고개에는 양지마을에서 죽은 한스러운 원혼들이 묻혀 있다. 큰비라도 오면 얕게 묻힌 시체가 곧 드러날 것 같은 그런 험한 꼴이었다. 아직도 그대로 방치되어 있다면, 노재중을 비롯해서 사회복지로 잘나가고 있는 그의 일가 사람들이 개미고개에 묻힌 원혼들을 수습하는 일을 하도록 했으면 좋겠다. 어떻게 할 수 없을까. 개미고개를 생각하면 15년도 더 지난 지금도 양지마을은 여전히 나에게 진행형이다.

그래도 그해 겨울은 따뜻했네
:국가인권위원회

그해 겨울은 정말 추웠다. 30년 만의 강추위와 폭설이라고 언론이 떠들어대는 영하 10도, 체감온도 영하 20도의 날씨 아래 서울 명동성당 들머리 계단은 골목길에서 몰려오는 삭풍 때문에 더욱 추웠다. 그곳에서 침낭과 비닐을 덮고 잠을 잔다는 것은 거의 미친 짓이다. 그 짓을 13일 동안 한 적이 있다.

2000년 말과 2001년 초의 13일 동안 진행된 노상 단식농성. 지금까지도 가장 기억에 남는 농성이다. 1998년부터 진행해온 국가인권위원회 설립 투쟁이 법무부와 검찰 등 국가 권력기관에 부딪혀 무산되려던 상황이었다. 그해 정기국회에서 법안이 통과됐어야 하는데, 김대중 정부와 여당은 국회에서 이를 관철하지 못했다. 거기에는 야당인 한나라당의 반대도 있었지만, 법무부가 국가인권위원회를 입법·사법·행정부 어디에도 속하지 않는 독립기구로 만드는 것에 악착같이 반대했는데 김대중 대통령조차 그것을 꺾지 못했기 때문이다. 마지막 국회였던 정기국회는 여야 간 설전만 벌이다가 다시 기회를 놓치고 말았다.

물 건너가는 국가인권위원회 법안을 재론하게 하려면 무슨 방법이 있을까. 이미 한차례 인권운동가들의 단식농성으로 위기를 넘겼는데, 다시 단식농성? 몸을 던져서 호소하는 것밖에 없나 회의가 들었지만 달리 방법이 없었다. 결국 초강수의 투쟁, 천막 없는 거리 단식농성으로 가기로 했다. 전국의 인권운동가들에게 전화를 걸었다.

12월 28일 명동성당 측은 며칠 전 한국통신(현 KT) 노동조합원들이 파업을 하며 성당을 난장판을 만들어놓고 빠져나가자 경찰에 시설보호 요청을 했다. 경찰은 성당 들머리에서부터 신도가 아닌 사람들을 막고 있었다. 그런 상황에서 텐트를 성당 안으로 들일 수도 없었다. 울산, 광주, 전주, 수원 등 전국에서 활동가 18명이 경찰 봉쇄를 뚫고 삼삼오오 성당 들머리에 모였다. 계단에 종이 상자 한 장 깔고서 온몸으로 겨울바람을 이기며 버텼다. 밖에서는 이러다가 우리 애들 다 죽는다며 유가협 아버지들이 경찰과 싸우며 침낭을 들여보내주었다. 그날 밤 침낭과 비닐 한 장을 덮고 상자를 바닥에 깐 채 잤다. 뻣뻣하게 얼어붙은 투명한 비닐 너머로 밤하늘의 별이 참으로 시퍼렇게 빛났다. 그날부터 얼음장이 된 비닐이 코끝을 찌르는 바람에 기겁해서 눈을 뜨고, 새벽이면 얼음덩어리가 되는 침낭과 이불을 덮고 한뎃잠을 잤다. 온몸이 얼어붙는 강추위에서도 잠을 잤다. 새벽녘 화장실에 가려고 눈을 뜨면 너무 추워 다시 잠들지 못하고는 했다.

우리의 요구는 분명했다. 국가인권위원회를 유엔의 권고대로 독립기구로 세우라는 것. 우리는 외쳤다. "가라, 국가보안법! 오라, 국가인권위원회!" 국가인권위원회법 제정, 국가보안법 폐지, 거기에 부패방지법 제정까지 내걸었다. 이틀 뒤에는 무릎까지 빠질 정도의 폭설이 쏟아졌다. 잠시 천막을 쳤지만, 애초 거리 단식농성을 결의했고 쓰러지는 활동가가 있으면 누군가 대체하며 완강하게 버티기로 하고 다시 천막을 걷었다. 그 농성의 상황실장을 맡았던 나는 이 투쟁의 결말이 어떻게 날지 솔직히 자신이 없었다. 연말연시를 거리 단식농성을 하며 보냈지만, 세상 사람들은 우리가 그곳에서 단식을 하고 있다는 걸 알 수 없었다. 그때만 해도 신년 연휴가 3일이나 되었다.

2001년 1월 4일, 새해 들어 첫 출근을 한 시민사회단체 활동가들은 기겁을 했다. 연말연초 강추위 속에서 우리가 단식농성을 하고 있다는 사실을 알고는 모두 달려왔다. 우리의 힘은 갑자기 늘어났다. 매일 열리는 저녁 8시 촛불집회에는 참가 인원이 불어났다. 하루 릴레이 단식농성자 수도 100명 이상으로 늘었다. 국회에서도 개혁 입법과 관련한 논의가 재개됐고, 국가인권위원회 법안에 대한 재논의가 있었고, 김대중 대통령에게도 건의가 올라갔다.

그렇게 13일간 단식농성을 했다. 우리를 응원하러 온 사람들 중 가장 기억에 남는 이가 고 윤한봉 선배(5·18광주민주항쟁 때 미국으로 밀항해 재미동포 청년조직을 활성화했고, 나중에 귀국해서 광주 지역의 진보운동을 이끌었다)였다. 우리가 혹한기에 단식농성을 하고 있다는 말을 듣고 그는 폐기종을 앓고 있었음에도 광주에서 한달음에 달려왔다. 당시 국가인권위원회 설립 공동대책위원회 공동집행위원장이었던 곽노현 한국방송통신대 교수(전 서울시 교육감)와 이덕우 변호사 등은 우리와 함께 성당 들머리 계단에서 잠을 자기도 했다. 그리고 박선영 열사의 어머니 오영자 씨 등은 우리와 같이 단식농성을 하다가 쓰러져 병원에 후송된 뒤 다시 나와 합류하기도 했다.

나도 9일째 되던 날 갑자기 머리가 핑 돌며 서 있던 자리에서 그대로 무너져 인근 의원에 앰뷸런스로 후송됐다. 단식농성을 하며 이런저런 일들을 해야 했기에 체력이 달렸기 때문이다. 의원에서 죽을 한 그릇 주는데, 조금만 먹어야지 하면서도 다 먹어버렸다. 죽이 한 숟가락 들어갈 때마다 배가 불룩불룩 채워지는 느낌이 좋았고, 오랜만에 음식을 담아본 배가 자꾸 더 달라고 재촉해서 큰 그릇 하나를 다 비워버렸다. 사실 얼마나 미련한 짓이었는지. 젊을 때는 이런 미련한 짓을 많이도 했다. 단식을 끝내고는 곧바로 소주를 마실 때도 있었으니 얼마나 무식했던가.

단식농성 12일째였던 2001년 1월 8일, 41개 시민사회단체와 종교인들이 우리를 지지하는 기자회견을 자청해서 조직했다. 이들과의 합의로 단식농성은 13일째인 1월 9일 접기로 했다. 소수의 인권활동가들이 벌인 단식농성이 전체 시민사회를 움직였다. 시민들의 지지와 격려, 정치권에 대한 항의도 빗발쳤다. 마지막날인 1월 9일, 명동성당에서 시민사회단체 대표들은 한목소리로 당시 김대중 정부에 "민심이 사납게 일렁이고 있다"며 개혁입법의 추진을 강력히 요구했다. 국가인권위원회의 실질적인 독립성과 실효성을 보장하기 위한 최소한의 조처를 취할 것, 적어도 국가보안법 7조는 삭제할 것, 부패 방지법 제정 등을 촉구했다. 그리고 13일 동안 배고픔과 추위에 떨었던 인권운동가들은 국회에 기습적으로 쳐들어가서 시위를 벌이는 것으로 사상 초유의 혹한기 단식농성을 정리했다. 그 농성으로 국가인권위원회 법안이 국회에서 재논의됨에 따라, 2001년 4월 말 국회에서 부족하지만 국가인권위원회법이 통과됐다. 실로 3년 동안의 투쟁 끝에 쟁취한 국가인권위원회법이었다. 그해 11월 25일 역사적인 국가인권위원회가 출범했다.

그런데 이명박 대통령은 당선자 시절, 대통령직인수위원회를 통해 국가인권위원회를 대통령 직속기구로 삼겠다고 발표했다. 다시 인권운동가들은 명동성당에서 릴레이 단식농성에 들어갔다. 그때도 2008년 1월이었으니까 2000년에 이어 다시 혹한기 거리 단식농성을 진행한 것이었다. 유엔 인권고등판무관실을 비롯해서 국제사회도 이명박 대통령의 방침에 적극적으로 반대했다. 인권운동가들의 단식농성과 항의집회, 국제사회의 여론 등이 합쳐져서 국가인권위원회를 대통령 직속기구로 만들려는 시도는 폐기됐다.

그렇게 온몸을 내던진 투쟁 끝에 획득한 국가인권위원회였지만, 이명박 대통령은 자기 뜻대로 국가인권위원회를 개조했다. 3년을 싸워 획득한 국가인권위원회의 독립성은 이명박 대통령이 임명한 현병철 국가인권위원장에 의해 헌신짝이 되어버렸다. 지금 국가인권위원회는 조사할 권한도 없고 방법도 없는 북한 인권기구를 자처하고 있다. 그러니 실적이라는 것이 있을 리 없다. 촛불집회나 용산 참사, 쌍용자동차, 한진중공업 등의 사건에서 보듯이 정권의 인권침해에는 아예 입을 닫아버렸다. 지금의 국가인권위원회를 보면 참 한심스럽기만 하다. 정권의 눈치나 보고 정권의 입맛에 맞는 결정이나 하는 국가인권위원회를 세우려고 혹한기 단식농성을 하며 얼굴에 동상까지 걸린 것이 아닌데, 참 씁쓸하다.

박근혜 정권은 현병철 위원장을 연임시켰다. 역대 국가인권위원장들이 이런저런 이유로 임기를 다 채우지 못하고 물러났던 전례에 비추어서 임기를 마친 것은 물론 다시 연임까지 하는 국가인권위원장이 되었다. 이러니 국가인권위원회의 변화를 기대할 수조차 없는 상황이다. 이명박 정부 때의 변화된 위상과 역할이 그대로 굳어지게 되었다.

국가인권위원회를 변화시킬 힘은 어디로부터 생길 것인가. 안에 있는 직원들의 노력에 의해서일까, 밖에 있는 시민들의 힘에 의해서일까. 그런 가운데서도 2013년에는 국가인권위원회 비정규직 노조원들이 노조를 만들어 파업까지 불사하는 싸움을 벌여 일정한 성과를 얻었다. 안에서 국가인권위원회를 바로잡으려는 미약한 노력이 진행되고 있는 것이다.

얼마 전 국가인권위원회 직원들과 만났다. 연말이면 같이 보는 얼굴들이다. 현병철 위원장 체제에서 부끄러워 얼굴을 들 수 없다고 했다. "확실히 진정 접수가 줄었다"는 게 그들의 말이었다. 이제는 인권운동가들이나 인권침해를 당한 시민들이 찾아가지 않는다. 국가인권위원회가 외면당하고 있다는 뜻이다. 도리어 인권운동가들이 점거 농성이라도 들어왔으면 좋겠다고 했다. 하지만 당연히 인권단체들의 관심은 더더욱 멀어지고 있다. 신뢰를 잃어버린 국가인권위원회의 초라한 모습이다.

국가인권위원회는 인권이라는 가치를 중심에 두는, 그래서 약자들의 피눈물을 닦아주는 경비견의 역할을 해야 함에도 권력의 인권침해와 차별에 침묵하고 있다. 이런 기구는 오히려 인권의 발전을 막는 독버섯이다. 독버섯은 포자를 곳곳에 퍼뜨린다. 그러면 인권은 후퇴하기 마련이다. 국가인권위원회가 제 역할을 못 하고 망가져가는 모습을 지켜보는 게 괴로울 때가 많다.

폐지하는 게 글로벌 스탠더드
:국가보안법

20년 넘게 인권운동을 해온 내게 가장 하고 싶은 일이 무엇이냐고 묻는다면 나는 서슴없이 국가보안법 폐지라고 답한다. 나는 국가보안법과 함께 살아온 인권운동가였다. 멀리서 국가보안법으로 잡혀가는 사람들을 안타깝게 바라보고 그들이 석방되기를 기원하는 위치가 아니라, 국가보안법 폐지 투쟁의 중심에서 이런저런 역할을 해왔다. 국가보안법 폐지는 내게 숙원과제다.

　나는 어릴 때부터 지독한 반공주의 공부를 하며 살았다. 초등학교와 중학교 때는 반공 웅변대회와 글쓰기대회를 휩쓸었다. 북괴도당에 대한 적개심에 활활 타올라 반공 궐기대회에 동원되는 일에도 신나했다. 우리는 이수근, 김신조 같은 간첩 얘기를 들으며 살았다. 그런 간첩들이 북한에서 내려오는 일화는 선거철마다 만들어졌음을 알게 된 건 한참 뒤의 일이다.

1980년대 학생운동을 하던 시절, 국가보안법은 공포 자체였지만, 국가보안법으로 잡혀가는 선배나 동료 들은 존경의 대상이기도 했다. 그에 뒤따르는 미행·감시·연행·고문 얘기를 들으며 그 공포를 내가 겪는 것처럼 느끼기도 했다. 나야 피라미밖에 되지 않는 하찮은 활동가였음에도 미행을 조심했고, 우리가 읽던 책들을 특별히 신경 써서 간수해야 했다. 일종의 보안의식이 그때부터 내면에 자리 잡았다. 잡혀가도 조직은 절대 불지 않는다는 각오를 다지고 다졌던 시절이었다.

내가 이른바 간첩을 처음 본 것은 감옥에서였다. 1987년 대전교도소에는 무기징역형을 선고받고 복역 중인 간첩이 수두룩했다. 북에서 넘어온 사람도 있었고, 진보적인 운동을 하다가 간첩이 되어 잡혀온 사람도 있었다. 한결같이 당당한 모습의 그 간첩들은 모진 고문에도 생존할 수 있던 사람들이다. 지독하기로 유명했던 전향 공작도 그들의 신념을 꺾지 못했다.

조작간첩의 존재를 처음 접한 것은 1988년 이후 민가협에서였다. 조작간첩 사례집을 보게 되었고, 실제로 구미유학생간첩단을 비롯한 조작간첩 사건으로 가족이 감옥에 있는 어머니들을 알게 되었다. 그때부터 조작간첩 사건의 진상 규명과 그들의 석방 문제가 떠올랐고, 장기수의 인권문제가 국내를 넘어 국제사회에서 주목받는 이슈가 되었다. 세계 최장기 정치범의 기록을 가진 이는 김선명 씨로 45년간 복역했고, 안학섭 씨는 42년간 복역했다. 한 사람이 자신의 사상과 신념을 꺾지 않는다는 이유로 반세기 가까운 세월 동안 감옥에 갇힐 수 있다는 사실이 알려지자 세계는 경악했다.

장기수와 구속자가 있을 때는 국가보안법이 얼마나 잔인한 법인지를 쉽게 이해시킬 수 있었다. 국가보안법 폐지 투쟁은 이들의 석방을 주요쟁점으로 삼았다. 국가보안법으로 구속되는 사건이 일어나면 석방대책위원회가 만들어졌고, 이름처럼 석방을 위해 투쟁하는 식이었다. 그러다가 구속자가 석방되면 다시 투쟁은 시들해지기를 반복했지만, 그래도 당시 국가보안법의 폐지는 진보운동진영 전체의 첫번째 공통과제였고, 야당도 주저 없이 동의하던 사안이었다.

지속적인 운동으로 김대중 정부가 들어선 다음에는 장기수들이 모두 석방되었다. 그러자 구체적인 물적 증거인 구속자들을 내세워 국가보안법 폐지 여론을 확산시키는 일은 이제는 불가능한 시대가 되었다. 공안기관도 국가보안법 위반자로 입건하는 사람들을 선별했다. 유명인사나 여론이 악화될 정도의 인물은 피했다. 그러므로 국가보안법 사건으로 당하는 피해자는 있지만, 여론은 도저히 움직이지 않는다.

최근 전국을 뒤흔들었던 국가보안법 사건으로, 2003년 실로 37년 만에 고국을 방문한 재독동포 송두율 교수 사건이 있었다. 그는 오랜만에 돌아온 고국에서 '해방 이후 최대의 거물 간첩'이 되어 법정에 서야 했다. 1심에서 7년형을 선고받았던 그는 2심에서는 대부분의 혐의에 대해 무죄를 판결받아 집행유예를 선고받고 출국하게 된다.

그 뒤 2004년 노무현 대통령이 탄핵을 당했다가 기사회생하고, 당시 여당인 열린우리당이 다수석을 차지하고 민주노동당이 10석을 확보해서 국회에 진출하는 상황이 되었다. 정부와 국회가 국가보안법을 폐지할 수 있는 조건이 조성된 것이다. 이에 발맞춰 휴식기에 있던 '국가보안법폐지국민연대'를 재구성하고, 하반기 동안 이에 투쟁력을 집중했다. 마침 국가인권위원회가 국회에 국가보안법 폐지를 권고했고, 루이즈 아버 유엔 인권고등판무관도 이를 지지했다. 분위기는 일순간에 폐지 쪽으로 확 기울었다.

그러자 국가보안법 사수 진영의 반격이 거세졌다. 헌법재판소가 국가보안법 7조를 합헌으로 결정하고, 대법원도 국가보안법의 폐지가 이르다는 입장을 내면서 보수원로와 대중이 결집하게 된다. 이런 분위기를 다시 역전시킨 사람은 노무현 대통령이었다. 그는 "낡은 유물은 폐기하고 칼집에 넣어 박물관에 보내는 것이 낫지 않겠느냐"고 MBC와의 대담에서 밝혔다. 그런 뒤 폐지와 개정 사이에서 우왕좌왕하던 열린우리당이 '국가보안법 폐지, 형법 개정'을 당론으로 정했다.

그해 겨울 국가보안법을 폐지하려는 진보운동진영의 대대적인 투쟁이 서울 여의도에서 벌어졌다. 두 달 동안 천막을 치고 농성을 했고, 마지막에는 1천 명이 단식 대오에 참가했다. 그런데 26일 동안의 단식에도 국가보안법 폐지 법률안이 상정조차 되지 못하자 단식대오는 물과 소금마저 끊고 국회로 진격했다. 오래도록 굶었던 그들을 경찰은 아스팔트에 패대기쳤다. 처절한 투쟁은 결국 무산되었다.

국가보안법이 폐지될 수도 있는 상황을 저지한 것은 당시 한나라당 대표 박근혜였다. 그는 "자유민주주의와 시장경제를 지키는 안전장치인 국가보안법을 폐지하는 것을 나의 모든 것을 걸고 막아내겠다"라고 선언했고, 95일 동안 한나라당 의원들을 동원해서 국회 법사위 점거농성을 벌여 급기야는 법사위의 법안 상정을 막았다. 반면 열린우리당은 의견이 사분오열돼 뒤죽박죽이었다. 오합지졸이라고나할까. 의원들마다 의견이 달랐다고 해야 옳을 것이다. 열린우리당 출신의 김원기 국회의장은 직권상정의 명분이 충분함에도 그의 별명대로 '지둘러'만 외치다 시간을 넘겨버렸다. 그렇게 무산된 뒤 국가보안법 폐지 투쟁은 되살아나지 못하고 있다.

물론 예전보다는 사정이 많이 나아졌다. 대규모 국가보안법 사건도 적어졌고, 거기에 따르는 고문도 사라졌다. 그런데도 여전히 박정근 씨 사건에서 보듯 북한을 조롱하고 풍자하는 리트윗(본인의 트위터 계정에 다시 올리는 일) 행위도 징역 10개월에 집행유예 2년의 유죄를 받아야 하는 세상이다(이후 박정근 씨는 2심에서 무죄를 선고받고 대법원 판결을 기다리고 있다). 세상을 떠들썩하게 했던 왕재산 사건으로 국가정보원은 무려 120명 넘는 사람들을 소환해 조사했다. 주로 인천 지역 노동·통일 운동 관련 활동가였다. 이들 중 다섯 명을 구속했는데, 반국가단체라는 혐의는 무혐의로 1심에서 결론 났음에도 대법원에서 징역 5~7년형이 선고 확정되었다.

이처럼 국가보안법은 아직도 무서운 법률이다. 이명박 정부 들어 별의별 국가보안법 사건을 마구 만들어내 입건자 수가 한 해 150명 이상이 되어버렸다. 이전 정부에서는 겨우 수십 건이던 것에 비하면 세 배가 급증한 것이다. 박근혜 정부에 들어와서도 이 추세는 꺾이지 않고 오히려 강화되고 있다.

갑자기 이명박 정부 이후 좌익사범들의 활동이 활발해진 탓일까. 그렇지 않다. 입건자의 85퍼센트 이상이 국가보안법 7조 위반이고, 그중 대부분은 집행유예로 풀려나고 무죄 판결도 종종 받는다. 그럼에도 공안기관은 이명박 정부 이후 인터넷상에서 북한 사이트에 접속하거나 트위터 계정의 글들을 리트윗하는 행위를 샅샅이 뒤져내고 있다. 거기에 자생적으로 국가안보를 걱정하는 10대, 20대들이 국가보안법 위반 사범을 색출하려고 혈안이 되어 인터넷을 뒤져서 기관에 고발하고 있다. 심각한 사건은 겨우 한두 건인데 이런 코미디 같은 일들만 많이 벌어지는 셈이다.

2012년 여름이었던가. 국가보안법 폐지와 양심수 석방을 외치며 1993년부터 이어온 민가협 목요집회에 참석했을 때다. 아저씨 한 분이 "미친놈들"이라고 욕을 하며 지나갔다. 나는 악에 받쳐서 마이크를 잡고는 "국가보안법 폐지가 상식이다. 국가보안법 없는 세상이 돼야 민주주의도 가능하다"라고 외쳤다.

각종 글로벌 스탠더드를 들이대면서 왜 인권 분야의 글로벌 스탠더드는 무시하는 것인지. 이미 유엔에서는 수없이 국가보안법 폐지를 권고하지 않았던가. 사람의 생각을 통제하는 국가, 폭력 없는 표현 행위마저 처벌하는 국가가 정상적인 국가인가. 소수의 사상이라고 해서 무시하는 국가는 민주주의와 양립할 수 없는데도 우리는 국가보안법을 그대로 두고 민주주의를 말한다. 국가보안법이 폐지되면 사회주의가 되는 게 아니라 그때부터 자유민주주의가 시작된다는 것을 입이 닳도록 말해도 세상은 들어주지 않는다.

　사람들은 종종 내가 국가보안법 전과가 없다고 하면 의아해한다. '별'이 제법 많은 편에 속하는 내가 당연히 국가보안법 위반 경력이 있을 거라고 생각하기 때문이다. 이런 사정을 알고는 그들이 내뱉는 말, "잡범이네!" 잡범인 인권운동가가 글로벌 스탠더드에 입각해 지금도 주장한다. 제발 국가보안법 좀 폐지하자고. 21세기에도 '좌빨'이니 '종북'이니 하는 유치한 짓 그만하고, "김일성 만세" 부를 사람 부르라고 하면 안 되겠나. 1960년 시인 김수영이 썼던 것처럼 그냥 인정하는 것에서 민주주의는 시작될 것인데.

오, 찬란했던 봄
:평택 대추리 1

이름이 알려지지 않은 마을이 전국의 관심사가 되는 일이 종종 있다. 몇 년 전부터 제주 강정마을이 그랬다. 2006년에는 당연히 대추리가 전국적 관심을 집중적으로 받는 마을이 되었다. 대추리를 모르는 사람이 없을 정도였다면 너무 과장한 것일까.

경기도 평택시 팽성읍의 한 농촌마을. 서해 바다로 흘러 들어가는 안성천의 하류에 해당하는 그곳에 너른 들판이 펼쳐져 있었다. 저녁이면 어찌나 노을이 아름다웠던지 동요 〈노을〉이 탄생한 곳이기도 하다. 가을 황금들판이란 말이 이런 거구나 하는 감탄이 절로 나온다. 누렇게 익은 벼가 바람에 따라 출렁이는 바다와도 같은 곳이었다. 그곳에 마을이 있었다. 가을이면 수확이 많아서라고 했다. 대추리는 들에서 약간 높은 언덕 같은 지대에 자리 잡은 마을이었다. 미군기지를 둘러싼 철책을 따라 들어가야 대추리가 나왔다.

이곳에 일제는 마을을 밀어내고 비행장을 세웠다. 1차로 쫓겨난 마을 주민들은 주변에 다시 마을을 세웠다. 한국전쟁 때는 미군이 불도저로 밀고 들어와 집을 부수고 미군기지를 만들어버렸다. 한겨울에 다시 밀려난 주민들은 차디찬 바닷바람 속에서 갯벌을 일구었다. 놀랍게도 바다를 맨손으로 메워서 황금들판을 만든 것이다. 그래서 만들어진 게 황새울 들판, 도두리 들판이었고, 그렇게 해서 수백만 평의 너른 들이 생겨났다.

그래서 이 마을 주민들은 마을과 들에 대한 자부심이 대단했다. 대추리로 들어오는 도로도 십시일반 주민들이 돈을 모아 닦았다. 대추분교도 정부의 지원 한 푼 없이 마을 주민들이 돈도 내고 쌀도 내고 노동력도 내서 오로지 마을 사람들의 울력으로만 만들어냈다. 그런 대추분교이기 때문에 학생 수가 줄어서 폐교된 다음에도 마을 주민들은 잘 가꿔 마을의 대소사를 위한 장소로 활용해왔다. 마을 공동체의 중심에는 늘 대추분교가 있었다.

미군기지에서 뜨고 내리는 비행기의 소음, 논에까지 흘러내린 기름 유출 사건 등으로 갈등을 빚기도 했지만, 주민들은 옛 마을을 미군기지 안에 둔 채 철책 밖에 마을을 이뤄 그런대로 수십 년을 잘 견디며 살아왔다. 이런 공존이 2000년대 들어와 깨지는 상황을 맞았다.

대추리의 운명은 미국 워싱턴이 결정했다. 대한민국 정부는 워싱턴의 결정을 실행하는 집행부였을 뿐이다. 노태우 정부 때부터 진행돼온 서울 용산미군기지 이전사업이 평택의 285만 평을 수용해 미군기지를 확장하는 것으로 결론이 난 것은 2002년. 2003년부터는 그 사업을 위한 절차를 준비해가는 과정이었다. 주한미군이 신속기동군으로 재편되어, 다시 말해 전세계 어디고 출동하는 군대로 전환되어 평택에 오는 것임에도 불구하고, 대한민국 정부는 미국의 요구를 고스란히 수용하고 기지 건설비용도 모두 부담했다.

2005년 11월 17일, APEC정상회의에 참석한 미국의 부시 대통령을 맞아 노무현 대통령은 미국의 중대한 군사전략 변화를 가져오게 되는, 따라서 한반도에 전쟁위기를 고조시키는 '전략적 유연성'에 합의하는 회담을 했다. 그리고 2006년 워싱턴으로 날아간 반기문 외무장관(현 유엔사무총장)이 이를 발표했다. 세계에서 최초로 미국의 새로운 군사전략 변환을 인정한 국가가 되었다.

국책사업, 그것도 미군기지를 확장이전하는 국방정책과 관련한 국책사업이었다. 국책사업에서 보이는 정부의 태도는 늘 오만했다. 결정된 방침을 일방적으로 통보하고, 주민들을 찬성파와 반대파로 갈라 이간질하고, 철저하게 반대파와는 어떤 대화도 않고 고사시키거나 힘으로 진압하는 것이 그들의 방식이었다. 국책사업이 진행된 뒤 남은 인간적인 상처에 대해서 정부는 언제나 무책임했다.

노무현 정부 때도 국책사업을 집행하는 정부의 태도는 변하지 않았다. 전북 부안의 핵폐기장 주민 투쟁으로 골머리를 앓았지만 일방적인 사업추진은 그대로였다. 마을에는 노인회도 있고 마을회도 있고 부녀회도 있다. 이들 공식적인 마을 자치조직은 제거해야 할 대상이지 대화상대가 아니었다. 그들은 늘 기밀사항이라는 이유로 주민들에게는 어떤 설명도 없이 떠나라고만 했다.

일방적인 미군기지 확장사업에 맞서 대추리와 도두리 주민들은 단한 평도 내줄 수 없다, 학교를 짓거나 공장을 짓는다면 땅을 내줄 수 있지만 전쟁기지로는 내줄 수 없다는 당연한 결론을 내리고, '미군기지 확장반대 팽성대책위원회(팽성대책위)' 등을 구성해 맞섰다. 어떤 이유로 이곳에 미군기지가 들어서는지 주민들에게 설명은 없었다. 대화 요청은 번번이 거절됐다. 그러고도 공청회를 열자 주민들이 평택대학교 안의 공청회장을 점거하고 농성을 벌여 무산시켰다.

정부는 먼저 그 땅에서 어렵게 마을을 이루고 농사를 지어온 사람들을 존중해야 했다. 평화를 누리며 살 권리는 누구에게나 있는 것. 인권운동가들은 대추리 투쟁에서 '평화적 생존권'의 깃발을 들었다. 사람을 죽이는 전쟁에 반대하고, 자신이 살아온 곳에서 평화롭게 살아갈 권리라는 평화적 생존권은 헌법이나 국제인권법이 인정하는 당연한 권리라는 점을 부각시켰다. 따라서 평택미군기지 확장저지 투쟁은 반미투쟁 성격만이 아니라 평화적 생존권을 지키기 위한 인권투쟁으로 재해석됐다. 대추리는 이제 평택의 한 작은 마을이 아니었다. 이 마을을 구하면 한반도의 평화를 지키고, 동아시아의 평화에 기여할 만큼 중요해졌다.

그렇지만 나는 2005년까지는 손님일 뿐이었다. 다른 활동가들은 마을을 찾아가 평화적 생존권을 주제로 인권교육도 하고는 했지만, 나는 집회와 행사에만 참석하고 나오는 정도였다. 그때 이미 문정현 신부님과 평화유람단 '평화바람' 식구들은 주민등록까지 옮겨서 대추리 주민이 돼 있었다. 주민들에게 신부님의 존재는 마지막 '믿는 구석'이었다. 신부님은 이렇게 늘 온몸 던져 함께하는 분이다.

그러나 당시 윤광웅 국방부장관은 주민들을 시급하게 쫓아내겠다고 2006년 벽두부터 벼르고 있었다. 여기에 맞서 대추리 주민들은 1월에 보름 동안 전국 도시를 트랙터로 돌면서 "오는 미군 막아내고 올해도 농사짓자!"며 외쳤다. 전국의 농민회, 노동조합, 시민사회단체에 평택미군기지 확장저지 투쟁 소식을 알리고, 가는 지역마다 촛불을 들었다. 그리고 지역의 농민들에게 농사지을 때 연대해줄 것을 요청했고, 그들은 그에 화답했다.

주민들의 투쟁에는 '전문 시위꾼들'만 함께한 것이 아니었다. 문화예술인들은 마을 전체를 평화마을로 만들겠다며 담벼락에 시를 써넣고, 마을의 건물이나 집에 근사한 대형 그림도 그렸다. 마을 전체가 예술마을이었다. 음악인들은 자발적으로 촛불행사 때 달려와서 낡은 앰프의 저질 음향을 탓하지 않고 노래를 불렀다.

나는 더 이상 방관자로 있을 수 없어 대추리를 찾았다. 2006년 3월 6일, 국방부는 용역을 앞세우고 경찰을 동원해 대추분교를 접수하려고 했다. 이에 맞서 전국의 한다 하는 진보적 단체들이 결집한 '평택미군기지 확장저지 범국민대책위원회(평택범대위)' 소속 회원들이 대추분교에서 밤을 새웠다. 인권운동가들은 대추분교 정문을 맡아서 평화적인 불복종운동을 전개하기로 했다. 정문이 뚫리면 대추분교가 쉽게 접수될 수 있기 때문에 쇠사슬까지 묶고 정문에 연좌했다. 법원의 집행관으로 보이는 이가 서류로 얼굴을 가린 채 새까만 복장의 용역 수십 명을 대동하고 대추분교 앞에 나타났다. 용역들은 우리를 너무 쉽게 뜯어냈다. 주민들이 항의하는 것에 아랑곳하지 않고, 우리를 끌어내서는 경찰에 인계했다. 하지만 그들은 다산인권센터 활동가 박진이 정문 철망 안에 손을 교묘하게 집어넣어서 저항하고 문정현 신부님이 합세해서 막는 바람에 뜻을 이루지 못했다. 박진은 절단기에 손을 다쳐 저려오는 상황에서도 포기하지 않았다.

오후에는 주민들이 주역이었다. 경찰들은 논을 휘돌아서 농협창고 쪽으로 쳐들어왔다. 그러자 할머니, 할아버지들이 길바닥에 주저앉아서는 우리를 밟고 가라고 버텼다. 오전에는 인권운동가들의 저항에, 오후에는 주민들의 적극적인 저항에 뜻을 이루지 못한 용역과 경찰은 저녁 무렵 철수했다. 1차 전투는 우리의 승리였다.

대추리는 한편으로는 행정대집행을 막아내는 투쟁을 하면서, 다른 한편으로는 농사철을 앞두고 농사 준비에 바빴다. 국방부에 집과 땅을 넘기고 나간 이들의 땅까지 경작하려니 마을 주민들은 일이 참으로 많았다. 그러니까 최소 100만 평의 땅에 볍씨를 뿌리고 농사를 지어야 했다. 논갈이를 하고 거기에 모를 심어서 이식하는 게 아니라 볍씨를 직파하는 방법으로 100만 평 농사를 지을 요량이었다. 이렇게 굽힐 줄 모르고 농사를 짓겠다고 차근차근 준비하는 주민들을 제압하기 위해 국방부는 서둘렀다.

3월 15일, 이번에는 동창리와 도두리 방향에서 용역과 포클레인이 경찰의 보호를 받으며 들어왔다. 그러고는 농로를 차단하고 그 양옆으로 길고 깊은 도랑을 팠다. 논농사를 못 짓게 하겠다는 심보였다.

주민들이 흙을 뿌리며 저항하다가 다치기도 했지만 막무가내로 밀고 들어왔다. 그러자 활동가들이 포클레인을 점거하고 올라탔다. 포클레인 바퀴 밑에까지 들어가서 작업을 못하게 했다. 이내 기사가 도망치고 작업은 중단됐다. 동창리 쪽에서는 가수 정태춘 씨가 농로 차단작업을 저지하다가 현수막에 목이 졸려서 연행됐다.

그런데 점심시간이 지나자 경찰은 포클레인을 점거한 우리를 연행하기 시작했다. 우리는 연행되는 시간을 지연시키기 위해 알루미늄 파이프 안으로 손을 맞잡고 놓치지 않으려고 버텼다. 파이프를 파괴하지 않는 한 손을 풀 수 없도록 하기 위한 방법이었다. 하지만 사복을 입은 검거조가 들이닥치자 얼마 버티지 못했다. 그들은 안전은 고려하지 않은 채 파이프를 잘라냈다. 그때 수십 명이 연행됐다. 그리고 나와 천주교인권위원회 활동가 조백기는 구속됐다. 구속되기는 오랜만이었다.

그 마을이 점령되던 날
:평택 대추리 2

내가 첫번째 구속된 3월 15일의 행정대집행은 대추리 주민들과 평택범대위가 3월 17일부터 본격적으로 시작하려던 논갈이를 막기 위한 조처였다. 그럼에도 불구하고 경찰의 포위망을 뚫고 들어온 전국의 트랙터와 함께 100만 평 가까운 논의 논갈이를 하고 그 봄에 씨를 뿌렸다. 그러자 국방부는 경찰과 용역을 앞세워 4월 7일 3차 행정대집행을 단행했다. 이번에는 5천 명의 경찰이 동원되었다. 수로를 파괴하고 거기에 레미콘을 부어서 논에 물을 대지 못하게 하려고 했다. 하지만 주민들은 밤새 그걸 모두 걷어내고는 들도깨비가 했다며 즐거워했다.

세 차례의 행정대집행이 무산되자 국방부는 군사작전을 준비했다. '여명의 황새울' 작전이었다. 이 작전을 앞두고 국방부는 갑작스레 대화를 제의해왔다. 그러고도 볍씨를 뿌린 들판에 헬기가 이착륙 연습을 하고, 경찰 지휘부로 보이는 이들이 곳곳에서 지형을 익히는 모습들이 눈에 띄었다. 군에서 진압작전을 위해서 훈련 중이라는 얘기도 들려왔고, 급기야는 서울역 등지에서 노숙인들을 대거 모집하여 용역으로 쓰려는 정황도 포착됐다. 의심이 솟구쳤지만 평택범대위는 두 차례의 실무회의에 응했다. 대화조차 거부하는 '전문 시위꾼'으로 매도될 것을 우려했기 때문이다. 하지만 대화는 끝내 결렬되었다. 그것이 그들의 수순이었다. 봐라, 우리가 대화를 제안했지 않느냐, 그런데도 평택범대위나 주민들이 억지를 쓴다, 이런 식으로 명분을 축적하는 것이다.

5월 3일 밤, 곳곳에서 지킴이들이 달려왔다. 노동자, 농민, 학생, 종교인만이 아니라 시민들도 개별적으로 찾아왔다. 마을은 1만 명도 넘는 경찰에 의해서 포위되어 있었다. 군인들은 밤새 군용트럭을 타고 와 마을 주변에 포진했다. 5월 4일 새벽 4시, 저들이 움직이기 시작했다. 마을회관의 사이렌이 밤공기를 갈랐다.

구속적부심에서 석방된 나는 평택범대위의 언론 담당으로 기자들 앞에 섰다. 군이 민간인을 진압하는 상황이 시작되고 있다, 우리는 끝까지 평화적인 시위로 막아낼 것이다 같은 말을 했던 것 같다. 어둠이 걷히기 전, 몇몇 단체의 활동가들과 지킴이들이 군인들이 타고 온 버스를 막아섰다. 그러자 군인들은 버스에서 내려 자신들을 막는 민간인들을 땅에 엎드리게 하고 뒤로 포박했다. 광주 학살 당시 시민을 아스팔트 위에 엎드리게 하던 모습이었다. 26년 만에 처음 군인이 민간인을 제압하는 믿을 수 없는 상황이 발생한 것이다.

날이 밝자 안성천에 부교를 띄워 불도저와 포클레인 등의 장비들을 운반하는 게 눈에 띄었고, 헬기는 도두리 방향에서 쉴 새 없이 날아와서는 들판에 철조망 묶음들을 내려놓았다. 훈련이 잘된 군인들이 볍씨가 움터서 자라나고 있는 황새울과 도두리 등의 들에 거침없이 철조망을 쳐갔다.

경찰은 내리 방향에서 다짜고짜 폭력을 휘두르며 쳐들어왔다. 방패에 찍히고 곤봉에 머리가 깨진 노동자와 학생 들은 예상을 뛰어넘는 폭력에 부딪혀 대추분교로 쫓겨왔다. 대보름 행사에 쓰고 남았던 대나무 봉을 들고 경찰에 대적했지만 그놈의 대나무라는 게 경찰 방패를 몇 번 건드리면 갈라져버려서 무용지물이었다. 그럴 바에는 차라리 비폭력으로 철저하게 깨지는 게 좋았을 성싶다. 아니나 다를까, 언론에는 경찰에 의해서 피범벅이 된 노동자, 학생 들의 모습보다는 우리 쪽이 '죽봉'으로 경찰을 때리는 모습만 나갔다. 낭패였다.

그날 오후 대추분교의 교실 벽과 바닥에 유혈이 낭자했다. 처절한 저항도 소용없이 5백 명 넘는 사람들이 연행되었다. 주민들이 지켜보는 앞에서도 폭행하고, 온갖 욕설을 다 퍼붓던 악귀 같은 경찰에 대항해 비명밖에 지를 것이 없던 사람들이 줄줄이 끌려나왔다. 대추분교 지붕 위에 올라가 있던 신부님들이 더는 버티지 못하고 내려오자 그들은 대추분교를 부수기 시작했다. 주민들의 애환이 서려 있던 그곳은 거대한 장비에 의해서 맥없이 부서져내렸다. 할머니들은 땅을 치고 통곡하고, 할아버지들은 담배만 뻐끔뻐끔 피우며 고개를 돌렸다. 대추리 투쟁의 상징과도 같았던 그곳 대추분교가 무너지는 그 현장을 운동장에 서서 비통한 심정으로 지켜봤다.

어둠이 깔리기도 전에 대추분교의 잔해는 큰 무덤을 이루었다. 다음날 아침이 되자 대추분교의 잔해 더미 위에 누군가 '평화'란 깃발을 세워놓았다. 처참하게 무너져내린 대추분교 위에서도 나부끼던 평화. 평화는 참으로 멀었다.

다음날 전국에서 수천 명이 소식을 듣고 달려왔다. 그들은 본정리 농협 앞에 집결한 뒤 도두리 방향으로 넘어와서 철조망을 끊고 대추리로 들어왔다. 군인들은 민간인 시위대를 낚아채서는 논바닥에 제압해 포박하고 곤봉을 마구 휘둘러댔다. 그 길을 뚫고 온 시위대를 어제의 폭력 앞에 시름에 잠겼던 주민들이 얼싸안았다. 시위대는 평화공원에 모여 결의를 다지고는 다시 황새울 들판으로 가서 저들이 쳐놓은 철조망들을 끊고 제거했다. 그렇게 그날 오후는 일시적인 승리감을 맛보았다.

그런데 서울에서 긴급하게 연락이 왔다. 경찰 차량이 떼를 지어 평택으로 향하고 있다는 정보였다. 마침 저녁 촛불행사도 마치고 해산 중이었는데 마을에 들이닥친 경찰은 무조건 사람들을 연행을 해갔다. 마을 골목마다 비명이 하늘을 찔렀다. 미란다 원칙 고지 같은 것은 없었다. 경찰을 피해 담을 넘고 집마다 불을 껐다. 여기저기서 끌려가면서 두들겨 맞는 소리가 들렸다. 공포. 1980년 광주가 이랬을까. 경찰의 군홧발소리가 잠잠해질 때까지 어둠 속에서 휴대폰 문자로만 연락하며 상황을 파악해갔다. 전국에서 상황을 듣고 궁금해했지만 거기에 답할 수 없었다.

그날 이후 마을은 완전히 포위되었다. 내리와 도두리 방향의 길목에는 경찰과 군인의 검문소가 설치되어 허락을 받아야만 들어올 수 있었다. 버스 안까지 올라와 사람들을 끌어내렸다. 이른바 절차를 무시하고 편법으로 설정한 군사시설보호구역의 위력은 나날이 높아갔다. 인권침해를 따져보았자 요지부동. 대추리 주민들은 철조망 밖에서 논에 자라는 벼를 바라보며 안타까워했다. 지난해 겨울 파종한 보리가 누렇게 익어가나, 겨우 보리와 감자만을 수확하는 게 허락되었다. 저 논에 피도 뽑고 거름도 주어야 하는데…… 수배 중이던 김지태 대추리 이장이 경찰에 자진출두하고, 문정현 신부님이 청와대에서 보름 넘게 단식을 했고, 몇 번의 범국민대회를 열었지만 상황을 반전시키지 못한 채 대추리는 점점 고립된 섬이 되어갔다.

섬이 되어버린 대추리로 길을 내기 위해 우리는 부심했다. 그러다가 서울대책회의가 중심이 되어 7월에 '285리 평화행진'을 진행했다. 285만 평을 빼앗긴 것을 상징하는 행진이었다. 청와대 앞에서 출발한 행진단은 사당, 과천, 안양, 수원, 오산을 거쳐 평택역에 들어갔다. 운동진영만이 아니라 전국에서 소식을 듣고 달려온 시민들과 즐겁고 평화롭게 3박4일간의 행진을 했다. 행진단의 공동단장을 맡았던 나는 마지막날에는 거의 탈진상태였다.

평택역에서 주민들과 집회를 마친 뒤 대추리로 대오가 향하는데, K-6 캠프 험프리 미군기지 주변의 안정리 상인들이 우리를 공격하러 온다는 소문이 들렸다. 원정리로 향하는 대오가 군문교 바로 옆 주유소에 이르자 상인들이 몰려와서는 다짜고짜로 우리에게 돌을 던지고 각목을 휘둘렀다. "빨갱이 새끼들, 다 죽여" 하는 욕설도 들렸다. 경찰은 그런 상인들을 제지하지 않은 채 방관했다. 어둠 속에서 수십분간 우리는 그들의 폭력에 고스란히 노출되었다. 평화로운 행진은 그렇게 엉망진창이 되었다. 대오를 평택역으로 돌렸다가 평택경찰서로 향했다.

기진맥진한 나는 대오의 끝을 따라갔다. 그런데 막상 경찰서 앞에 도착하고는 경악했다. 새벽 2시에 수십 명의 시위대가 경찰서 정문을 지나 현관 앞에서 연좌하고 있는 게 아닌가. 직감적으로 경찰들에게 대거 연행되는 상황은 막아야겠다고 생각하고 대오를 급히 뺐다. 그리고 경찰서 정문 앞에서 항의집회를 하고는 대오를 평택역으로 돌리려는데 경찰들이 우리를 에워싸고는 마구잡이 연행을 해댔다. 급히 경찰을 피해 건너편 인도로 뛰었는데 "박래군이닷, 잡아!" 하는 고함이 들렸다. 그 순간 나는 경찰의 다리에 걸려 인도에 나뒹굴었고, 곧바로 경찰이 나를 덮쳐서 버스에 실었다.

버스에 올라탄 시위대가 절차를 무시한 폭력연행에 항의하자 경찰은 그들을 밖으로 끌고 나가서 보복폭행을 가했다. 천주교인권위원회 김덕진 사무국장은 태어나서 그때 가장 많이 맞았다고 했다. 수십 명이 연행되었는데, 영장실질심사 결과 나만 덩그러니 구속되었다. 유치장에서 같이 심사를 받았던 활동가 김덕진과 이용석이 "형만 두고 어떻게 나가냐"고 울었지만 별수 없었다. 이로써 2006년 두번째 구속이었다.

176

거기, 사람 살던 마을이 있었다
:평택 대추리 3

두번째 구속되었을 때는 정말 오래갈 것으로 생각했다. 구속적부심을 마친 오후 구치소로 들어가서 본격적인 징역살이를 준비하고 있었는데, 이번에도 다시 나왔다. 열심히 변호해준 변호사들, 그리고 유엔의 문서까지 뒤져서 '인권옹호자'의 석방운동을 국제적인 네트워크까지 넓혀서 조직해낸 후배들 덕분일 것이다. 그리고 조영황 국가인권위원장은 개인성명을 내서 나의 석방을 촉구했다. 그 외에도 알게 모르게 힘써준 이들이 많았다. 그것은 내가 잘나서가 아니라 그만큼 대추리 투쟁이 공감을 얻고 있었기 때문이다.

그런데 누구나 인정하는 건 내 아내의 탄원서가 판사의 마음을 울렸을 것이라는 점이다. 지금도 내 아내의 절절한 탄원서가 석방 탄원서의 모범처럼 인터넷에서 회자되고 있다. 아내는 탄원서에서 당사자인 내 입장에서 보기에는 면구스럽도록 한껏 추어올려주었다. 아내는 "'공무집행방해'라는 실정법보다 더 소중한 것은 이 땅의 평화이고 농민들의 생존권"이라며, "얼마나 많은 악이 그것에 저항한 사람들의 피와 눈물과 몸부림 끝에 뒤바뀌었는지 역사를 돌아보면 알 수 있다"면서 "이 땅을 전쟁기지로 내어주고 농민을 내쫓은 일도 부끄러운 역사가 되리라는 것을, 실정법보다 더 소중한 가치를 용기 있게 지켜내려 했던 실천이 옳았음을 재판과정에서 밝힐 것"이니 남편을 풀어달라고 당당하게 요구했다.

아내는 나의 불복종운동을 지지하고 있었다. 인권운동은 불복종운동을 기본적인 행동방침으로 채택하고 있다. 직접행동이라고도 하는 이 운동방식은 실정법을 공공연히 어기며, 그에 따르는 피해와 희생은 감내한다. 잘못된 실정법을 그대로 인정하지 않고, 그에 저항하여 잘못을 바로잡으려는 행동으로 정의를 세우는 행동이다. 마틴 루터 킹 목사나 간디가 대표적인 이들이다.

나의 대추리 투쟁은 전형적인 불복종운동이었다. 법원의 행정대집행을 연좌농성으로 저지했고, 국방부가 용역과 경찰을 끌고 들어와 농로와 수로를 파괴할 때 포클레인이나 레미콘 차량을 점거하여 작업을 하지 못하도록 행동했다. 이런 불복종운동은 대추리 투쟁 전반으로 번졌다. 평화적 생존권을 위한 적극적인 불복종운동은 5월 4일 대추리가 점령되고 난 뒤에도 계속 이어졌다.

대추리의 불복종운동은 다양한 갈래로 전개되었다. 먼저 문화예술인들의 현장예술활동이었다. 미술, 음악, 연극, 영화 등의 예술인들이 번질나게 대추리를 드나들면서 마을을 평화예술마을로 변모시켜 갔다. 화가 최병수는 독불장군 식으로 마을 곳곳에 거대한 설치미술을 만들어 세웠고, 화가 이윤엽은 마을에 눌러 살면서 작품활동을 했다. 예술인들은 시시때때로 이벤트도 만들어냈다. 대추리에서 노래 한 자락 불러보지 않은 음악인이 없었다. 문화연대는 달리는 영화관을 끌고 와서는 평화동산에서 야외상영을 했다. 문화예술을 통한 불복종운동은 이후 용산으로 강정으로 이어졌다.

미디어 활동가들의 활동도 있었다. 다큐멘터리 감독들은 대추리의 경험을 영화로 만들었다. 농활을 왔던 성공회대 학생들은 '들소리 방송'을 매일 제작하여 촛불행사 때 주민들에게 틀어주고 인터넷 사이트에 올렸다. 그리고 평화바람 식구들처럼 전국에서 달려와 아예 눌러앉은 지킴이들이 있었다. 그들은 국방부와 합의하여 보상금을 받고 떠나간 빈집을 수리하여 살면서 문정현 신부님처럼 주소도 이전하여 대추리, 도두리 주민이 되었다. 그들은 주민들에게서 농사짓는 법을 배워 농사도 지으면서 투쟁의 제일선을 담당했다. 매일 열리는 촛불행사를 풍성하게 만든 것도 그들이었다. 조약골은 문정현 신부님의 연설 내용을 가사로 따서 〈평화가 무엇이냐〉라는 노래를 만들었다.

불복종운동의 백미는 아무래도 9월 13일의 빈집 철거저지 투쟁이었을 것이다. 부부 행세를 하고 들어온 활동가들, 친척 방문을 하는 것으로 주민들과 입을 맞추어 들어온 사람들도 있었지만, 1~2킬로미터를 낮은 포복으로 논둑을 기어서 마을까지 들어온 이들도 있었다. 인권운동가 다섯 명은 인권단체들의 집인 '전망 좋은 집'의 네 기둥에 밧줄을 묶고 저항했다. 지킴이들과 활동가들은 철거대상인 집들의 지붕 위에 올라가서 농성을 벌였다. 하루 종일 이어진 저항으로 국방부는 빈집의 일부만 철거했을 뿐이다.

이런 지킴이와 활동가 들의 다양하고도 집요한 활동으로 대추리에는 '솔부엉이 도서관'이나 '대추리 역사관'이 들어섰다. 이것은 주민들이 고분고분 물러나지 않는다는 메시지를 정부에게 전달하는 효과를 주었다. 마을은 고립되었어도 저항의 의지만은 불타오르는 것처럼 보였다. 미국의 저명한 반전운동가 신디 시헨 일행과 일본의 평화운동가들이 찾아오기도 했지만 군과 경찰이 막는 바람에 먼발치에서 대추리를 바라만 보다가 돌아갔다.

2006년 11월 26일 '잊지 마, 기억해!' 대추분교 운동회가 폐허가 된 대추분교 운동장에서 열렸다. 매년 해왔던 운동회를 하는 날, 경찰은 이날만은 외부인들의 출입을 허용했다. 하루 종일 언제 그랬냐 싶게 즐겁게 주민들과 지킴이들이 어울려 놀았다.

하지만 그런다고 상황을 돌이킬 수는 없었다. 주민들은 4년간의 투쟁에 지쳐 있었다. 경제적으로도 매우 궁핍해졌다. 농사에 의존해 살아온 이들이 농사를 짓지 못하니 당연한 결과였고, 이들에게 농협은 대출도 해주지 않아서 더욱 쪼들리게 만들었다. 운동진영은 '한미 FTA 저지 투쟁'에 총력을 기울이게 되어 평택미군기지 확장저지 투쟁은 뒷전으로 밀렸다. 미국의 세계지배 전략에서는 FTA와 미군의 전략 변환이 같이 가는 것임에도 우리 운동진영은 이것을 분리해서 대응했다. 주민들만 지친 게 아니라 운동진영도 포기상태였다. 고립된 마을, 대추리가 선택할 수 있는 길은 정부와 협상을 통해서 집단이주를 하는 것이었다.

이런 분위기가 익자 김지태 이장이 병보석으로 석방되었다. 주민대표를 감옥에 두고 협상을 하지는 못하므로 그리된 것이었다. 그리고 정부와 주민들은 협상절차에 착수했다. 2007년 2월 23일, 합의문이 발표되었다. 떠나고 남은 이들은 공동체를 유지하기로 했고, 정부는 이들의 마을을 조성해주고, 저소득층 생계대책으로 2014년까지 공공근로 등을 제공하기로 했다. 정부 당국자들은 환하게 웃었고 주민대표들은 침울했다.

이제 떠날 일만 남았다. 2007년 3월 25일, 935일째 촛불행사가 있었다. 대추리를 밝혀온 마지막 촛불을 드는 날에 4백 명이 농협창고에 모였다. 촛불을 든 이들은 다른 날처럼 웃지 못했다. 결국 마지막 순간이 왔다. 사회를 맡은 팽성대책위 김택균 사무국장은 "우리는 꼭 이 땅을 찾을 것이고 내가 아니더라도 우리 자식들이 여기 와서 살 수 있는 날이 오길 기대한다"면서 "여러분의 힘찬 함성으로 935일째 촛불행사를 마치겠습니다"라고 말했다. 다른 때처럼 "와!" 하는 함성이 있었지만 행사가 끝나고 아무도 일어나지 못했다. 문정현 신부님이 그예 엎드려 울음을 터뜨렸다.

협상대로 주민들은 3월 말까지 대부분 이주했다. 정말 대추리의 마지막날이 왔다. 마을은 곧 사라지고 미군기지가 들어설 것이었다. 마지막을 기억 속에 담아두려는 이들이 모여서 대추리와 도두리의 너른 들을 지키던 문무인상 앞에 고사를 지내고 불태웠다. 그리고는 대추분교 운동장 한가운데에 파인 구덩이에 항아리를 묻었다. 항아리는 타임캡슐 대체물이었다. 그러고는 향나무판도 묻었다. 향나무에 주민들은 "황새울아 우리 다시 돌아온다 꼭 온다" "대추리 떠나기 싫다" 등의 문구를 적었다. 방승률 노인회장은 마이크를 잡고 울기만 했다. 문정현 신부님은 "노무현은 나라를 팔아먹은 부끄러운 대통령으로 기억될 것이다"라고 악을 썼다. 구덩이에 들어가서 향나무판을 받아놓던 신종원 신임 대추리 이장도 끝내 참았던 울음을 터뜨렸다. 모두가 울었다. 나도 울었다.

우리는 열병을 앓아왔다. 대추리, 도두리 주민들이 전염시킨 병이어서 나는 '대추리·도두리 병'이라고 명명했다. 농촌공동체가 살아 숨 쉬는 그 마을에 왔다가 마을의 이력을 듣고 그들과 밥 한끼 먹고, 술 한잔 받아먹다보면 생기는 병이었다. 짧게는 2년, 길게는 4년 동안 이 병을 앓아온 사람들, 그들은 대추리에 무슨 일이 있으면 일단 달려가봐야 했다. 그래서 설혹 잡혀가거나 검문소 앞에서 들어가지도 못하고 모기에 뜯기며 밤을 지새우게 되더라도. 그 대추리·도두리 병도 끝이 났다. 문정현 신부님이 군산으로 내려가기 전에 밤새워 술을 마시며 노래를 불렀다. 모두 미친 것만 같았다.

마을을 마지막으로 떠난 이들은 지킴이들이었다. 4월 9일, 10여 명의 젊은 지킴이들은 리어카에 짐을 싣고 서울로 향했다. 가는 곳마다 대추리를 기억하자며 낙서도 하고 노래도 불렀다. 그 초라한 행색을 보기 싫어서 끝내 그들의 발걸음을 외면했다.

그 뒤 나는 지독하게 아팠다. 생전 그때처럼 아팠던 적이 없었다. 동생의 죽음 뒤처럼 가슴이 너무 아팠고 몸도 아팠다. 내가 이럴진대 그곳에서 마을을 이루고 논밭을 일구며 자식들 길러냈던 대추리의 주민들은 어땠을까. 대추리 주민들 중 44가구는 평택시 팽성읍 노와리로 이주해서 가난한 도시빈민이 되어 근근이 살아가고 있다. 그들은 절대 대추리 쪽으로 가지 않는다.

*

지난 2013년 6월 29일, 미국에서 들어온 한국현대사 연구자들, 평화활동가 등 60여 명을 인솔하고 대추리를 방문했다. 미군기지 확장공사 현장을 내리 언덕에서 멀리 바라보았다. 2008년까지 완공하기로 한미 간에 합의했기 때문에 서둘러 주민들을 내쫓았던 기억이 떠올랐다. 그 공사는 지금도 진행 중일 뿐만 아니라 2014년 완공목표도 다시 2016년으로 미루어 잡았다.

대한민국이라는 국가는 한 마을을 지도상에서 완전히 지워버렸다. 어마어마한 방위비분담금을 대면서 미국을 위한 전쟁기지를 만들기 위해 마을을 없애고 주민들을 내쫓은 일을 나는 죽을 때까지 기억할 것이다.

"내 힘들다" "다들 힘내"
:쌍용자동차

2009년 3천 명의 정리해고에 맞서 쌍용자동차(쌍용차) 노동자들이 공장을 점거한 채 77일간 농성을 벌일 때 나는 그곳에 가지 못했다. 용산 참사 관련 범국민대책위원회의 집행위원장으로 수배 중이던 터라 경찰이 철통감시를 하는 순천향병원 장례식장 4층에서 그들의 파업 소식을 접했다.

단전과 단수가 이어졌고 의약품마저 반입이 금지된 그곳을 경찰은 헬기로 낮게 날며 최루액을 뿌려댔다. 그 최루액을 맞은 스티로폼은 한순간에 녹아버렸다. 피부는 금세 물집이 잡히고 벗겨졌다. 옥상에 떨어진 최루액은 최루 가루가 되어 옥상 위에 깔렸다. 바람에 날리면 노동자들은 온몸에 최루 가루를 뒤집어써야 했다. 비도 오지 않는 그 공장에서, 전기도 없는 그 공장에서, 물도 없는 그 공장에서, 음식물 반입도 막힌 그 공장에서 서럽게 울며 공장을 지켜야 했던 노동자들을 경찰이 공격했다. 노동자들의 가족과 인권운동가를 비롯해 많은 이들이 현장 정문에서 눈물로 간청하고 때로는 격렬하게 몸싸움을 했지만, 저들의 '인人의 장벽'은 요지부동이었다. 심지어 변호사마저 경찰에 연행됐다.

그때 금속노조가 연대파업을 할 것이라는 소식이 들렸지만 믿을 수 없는 게 노동운동이다. 자동차 3사가 연대파업을 하면 쌍용차 노동자들의 투쟁은 전환점을 맞게 될 터였다. 그렇지만 역시였다. 민주노총도 말로만 파업이었다. 노동자 대오는 평택역에서 집회를 하고는 공장을 향해 진격했지만 무기력했다.

경찰의 진압이 임박했다는 소식을 듣고 용산 참사 현장을 지키던 신부님, 목사님, 용산 유가족들, 그리고 활동가들이 지원투쟁을 하러 내려갔다. 우리는 인터넷으로 속속 올라오는 현장 상황을 지켜보았다. 용산처럼 컨테이너로 경찰특공대를 투입해 옥상을 장악하고 노동자들을 붙잡아서 흠씬 두들겨 패는 모습, 방패로 찍고 군홧발로 걷어차고 곤봉으로 내리치는 모습, 그 공장 옥상에서 1980년 광주가 재현되는 것 같은 모습이었다.

파업이 종결되고 한상균 전 금속노조 쌍용차 지부장이 노동자들을 한 명 한 명 끌어안으며 마지막 인사를 하는 모습을 보면서 얼마나 속으로 울었는지 모른다. 그렇게 노동자들은 백기투항을 했다. 용산처럼 사람이 죽을지도 모른다는 공포가 그들을 짓눌렀다고 했다. 용산처럼, 용산처럼. 용산 투쟁을 잘못한 탓이다. 용산에서 경찰특공대를 투입하고 컨테이너를 올려 진압했던 그때, 국가폭력의 잘못을 제대로 짚고 대중의 분노를 제대로 모아냈으면 조현오 당시 경기지방경찰청장이 용산과 똑같은 방식의 진압을 하지는 못했을 것이다.

그리고 사람들이 죽어갔다. 유서 한 장 없이 조용히 세상을 떠난 사람이 있었다. 돌연사하는 사람도 있었다. 그때마다 쌍용차 해고자들은 울었다. 아니 자신들 곁에 다가와 있는 죽음의 그림자를 보고 온몸을 떨었다. 파업을 하고 쫓겨난 노동자가 많지만 왜 쌍용차 노동자들만 그리도 많이 죽어갈까. 정부와 회사는 마지막 남은 인간적 자존감마저 깡그리 짓밟아버렸다. 형님 아우 하며 10년, 20년을 한 공장에서 한솥밥을 먹었고, 집단 거주하는 아파트에서는 이웃사촌으로 술친구도 하며 살았던 노동자들이 회사의 구사대가 되어 파업농성자들을 공격했다. 인간적 배신감에 쇠파이프를 쥐고도 울었다는 그들이다. 아이들도 고스란히 트라우마를 앓았다.

그런 그들에게 나는 괜찮으냐는 말밖에 하지 못했다. 2012년 4월에도 그랬고, 김정우 지부장이 40일간 곡기를 끊었을 때도 그 말밖에 하지 못했다. 지금도 그 말밖에 하지 못한다. 삼겹살에 소주 한잔하며 우스갯소리는 잘해도 속에 있는 진정을 말하지 못하는 건 그들도 마찬가지다.

*

2012년 3월 30일, 스물두번째로 이 아무개 씨가 자신이 사는 경기도 김포의 임대아파트에서 뛰어내려 생을 마감했을 때, 나는 이틀 후 평택 쌍용차 정문 앞의 해고자들을 찾았다. 넋이 빠진 이들, 풀려버린

눈동자, 그저 하염없이 영정만 바라보던 축 처진 노동자들을 보며 이 거 큰일 났다고 생각했다. 뭐라도 해야 한다, 언제고 다시 그런 죽음 이 이어질지 모른다는 절박감이 있었다. 고립된 채 절망 속에서 하나 하나 평소 알고 연락하던 사람의 이름과 전화번호를 지워갔을 그들 을 생각했다. 그러다 몇몇 이들과 함께 만든 게 '함께 살자! 희망지킴 이'였다. 당신들이 잘못해서 해고된 게 아니라고 말해줄 사람들, 당신 들은 정당했다고 말해줄 사람들 100명을 모으자고 했다.

스물두번째 죽음 이후 쌍용차 해고자들은 서울 덕수궁 대한문 앞 에서 천막을 치고 농성을 했다. 한 달 반 동안 천막을 못 치게 막는 경찰에 연행되기를 거듭하다가 천막을 겨우 지켜냈다. 처음에는 담 벼락에 사진도 없는 영정 현수막을 내걸고 시작한 농성이었다.

그들이 용기를 얻어서 싸움을 이어가기 바라는 마음에서 그 농성 을 지원하는 사회적 응원부대로 희망지킴이를 만들었다. 그래서 바 자회도 열고 몇 번의 콘서트도 열었다. 소설가 공지영은 이런 취지에 공감하고 『의자놀이』란 책을 써서 사태를 알렸다. 작가의 인세에 출 판사가 수익금을 더하고, 천주교 주교회의에서 돈을 내고, 시민들이 십시일반으로 보태서 해고자들의 생계도 지원하고 투쟁기금도 보탰 다. 쌍용차 노동자들의 투쟁이 다른 사업장 노동자들의 투쟁과 별개 가 아닌지라 전국의 20여 개 장기투쟁 사업장에도 지원금을 보냈다.

그러던 중 2012년 11월 20일 새벽, 세 명의 해고자가 철탑에 올랐 다. 그때 이미 울산에서는 현대자동차 비정규노동자들이 철탑에 올 라 있었다. 희망지킴이는 이들이 철탑에 올라간 101일째인 2013년 2

월 28일 송전탑을 찾았다.

어둠 속 하늘 위 희미한 불빛 아래서 세 사람이 떠 있었다. 그들 중 한 사람이 먼저 말을 했다. 탁한 목소리로 느릿느릿, 한상균 지부장이었다. "그해 우리는 폭도였고, 여러분은 외부세력이었습니다." 그런 외부세력들이 아름다운 연대를 실현해가고 있으며, 힘든 시간들을 아름다운 연대로 이겨내는 이들을 닮아 힘내서 살겠다고 했다. 그러고는 트위터에서 보았다며 "'내 힘들다'를 거꾸로 하면 '다들 힘내'"라고 한다며 같이 외치자고 했다. 그가 "내 힘들다"라고 선창하자, 아래의 우리는 "다들 힘내"라고 받았다.

그들의 건강상태가 안 좋다는 보도가 언론에 나왔다. 100일을 15만 kV의 고압 송전탑에서 보낸 그들이다. 건강이 좋으면 도리어 이상한 일이다. 더욱이 2012년 겨울은 어느 해보다 혹독한 강추위와 칼바람과 폭설이 몰아쳤다. 그 겨울을 하늘 위에서 지낸 노동자들. 어린 아들에게 100일만 다녀온다고 하고 나왔다는 복기성 비정규직 수석부지회장. 설날에 찾아온 아이들이 하늘 위의 아버지들에게 세배를 했다. 기막힌 새해맞이다. 사회를 보던 고동민 씨는 "힘들면 내려와요. 힘껏 안아줄게요"라고 외쳤다. 목소리마저 젖어서 겨우겨우 토해내며.

망루 또는 15만 kV의 고압전류가 흐르는 송전탑에 새집을 짓고 오른 그들이 요구하는 것은 세 가지다. 쌍용차 대량해고 사태에 대한 국정조사를 실시하라는 거다. 약속을 이행하라는 얘기다. 그리고 당연한 말이지만 4년째 요구하고 있는 해고자의 원직 복직, 비정규직의

정규직화. 이들은 이런 요구사항을 붉은 바탕에 흰 글씨로 써서 내걸었다.

대통령선거가 끝나고 방문한 이한구 당시 새누리당 원내대표는 쓸데없이 그런 데 왜 올라갔느냐는 식으로 비아냥거리기까지 했다. 그 뒤 회사는 무급휴직자 455명에 대한 복직을 발표했고, 800억 원의 유상증자를 하겠다는 방침을 밝혔다. 무급휴직자 한 명은 세상을 떴으므로 한 명이 줄어 455명의 복직, 그러고는 끝이었다.

수전 손택이 말한 '타인의 고통'이 이런 것이었을까. 그들이 처음 송전탑에 올랐을 때 그나마 관심을 갖던 언론도 사람들도 이제는 무덤덤해지고 있던 때였다. 새도 아닌 사람이, 한겨울을 고공에서 추위와 병마와 싸우며 버티고 있는데도 눈 하나 깜짝하지 않는 세상을 우리는 보았다. 그리고 무기력한 우리도 보았다.

*

그 후로 상황은 많이 변했다. 우선 문기주 씨는 건강상의 문제로 2013년 3월 15일 116일 만에, 한상균, 복기성 씨는 2013년 5월 9일 171일 만에 철탑을 내려왔다. 비슷한 시기에 농성을 시작한 현대자동차 비정규직 노동자 최병승, 천의봉 씨는 2013년 8월 8일 296일 만에 송전탑에서 내려왔고, 굴다리에서 밧줄을 목에 건 농성을 한 유성기업 지회장 홍종인 씨는 2013년 3월 20일 151일 만에 농성을 중단했으며, 서울 혜화동성당 종탑에 오른 재능교육 해고자 여민희, 오수영 씨는 2013년 8월 26일 202일 만에 땅을 밟았다.

대통령이 된 박근혜 씨는 대통령선거 기간 중에는 쌍용차 해고 문제를 풀기 위한 국정조사를 약속했지만, 파기한 다른 공약들처럼 약속을 지키지 않고 외면했다. 오히려 쌍용차 해고자들에 대한 탄압은 더욱 거세졌다. 대한문 앞의 분향소와 농성장은 중구청이 화단을 조성하면서 철거되었다. 남대문경찰서는 다시 분향소와 농성장을 세우려는 해고자와 시민들을 집요하게 탄압했다. 대한문 앞에서 집회와 시위의 자유를 확보하려는 노력이 필사적으로 전개되기도 했다. 법원은 회사 측이 제기한 손해배상 청구소송에서 회사의 손을 들어주어 48억 원을 노조가 배상하라고 판결하기도 했다.

그런 탄압 가운데도 천주교정의구현전국사제단은 매일 미사를 대한문 그곳에서 집전했다. 기독교의 예배도 이어지는 등 종교계도 대한문의 탄압에 맞서는 활동을 적극적으로 벌였다. 인권단체와 민변의 변호사들은 대한문에서 집회의 자유를 확보하기 위한 투쟁을 집요하게 전개했다.

쌍용차 지부는 노숙을 하면서 대한문 분향소를 어렵게 유지하다가 2013년 11월 초 분향소를 평택 공장 앞으로 옮기고 현장 노동자와의 연대를 강화하고 있다. 대한문 분향소 침탈 등으로 악명을 떨쳤던 최성영 남대문경찰서 경비과장은 '대한문의 아이히만(나치의 유대인 학살 실무책임자)' '대한문의 대통령'이란 별칭을 얻었고, 집회·시위의 자유를 억압한 공으로 총경으로 승진되기까지 했다.

한편, 희망지킴이는 2013년 연초부터 'H-20000 프로젝트'를 진행했다. 자동차는 대략 부품 2만 개 정도로 만들어지는데, 2만 명의 마음을 모아서 해고자의 복직을 위한 사다리를 놓자는 뜻으로 시작한 일이었다. 쌍용차 해고자들이 있어야 할 곳은 대한문이 아니라 쌍용차 공장이고, 그들이 가장 잘할 수 있는 일은 자동차를 만드는 일이었다. 7천 명이 넘는 노동자와 시민 들의 마음이 모아졌다. 쌍용차의 대표적인 모델인 코란도 밴을 중고차 시장에서 사서는 자동차공업사에서 1박2일 동안 분해한 뒤 새로이 조립하는 과정을 거쳤다.

우리는 그때 보았다. 대한문에서 거리에서 투쟁하며 당시 4년을 살아왔던 그들이 가장 환하게 웃는 모습을. 처음 그 해고자들은 내가 잘할 수 있을까, 일을 놓은 지 너무 오랜데 하는 걱정부터 앞세웠지만, 그들은 역시 노동자였다. 그들의 몸과 손에 익은 노동의 DNA가 곧 깨어났다. 그 차에 이윤엽 화가의 그림까지 입혀서 세상에 단 한 대뿐인 자동차를 탄생시켰다. 그리고 그 차를 6월 7일 서울광장에서 모터쇼를 통해 공개하고, 사연공모에 당선된 노래패 '꽃다지'에 기증했다. 그 순간 한 해고자가 그랬다. "또 하고 싶다." 그때의 해고자들의 표정을 잊을 수 없다.

그렇지만 곧바로 대한문은 또다시 폭력경찰에 침탈당했고, 김정우 지부장은 감옥에 갔다(그는 2014년 3월 현재 2심 재판 중에 있다). 쌍용차 문제를 여론화하는 데는 일단 성공했지만 경찰의 폭력적인 침탈까지는 막아내지 못했다.

그리고 다시 2014년 2월, 서울고등법원은 정리해고자 153명의 해고가 부당하다는 판결을 내렸다. 회계가 조작되었음을 법원이 처음 인정한 것이다. 그 판결을 들었을 때 어안이 벙벙했다. 이럴 수도 있구나. 쌍용차 해고노동자들이 울 듯한 목소리로 전화를 해왔다. 하지만 회사는 상고했다. 아직 쌍용차 해고자들은 복직하지 못하고 있다.

*

용산 참사 문제를 붙들고 있는 내게 쌍용차 해고자들의 문제는 다른 문제가 아니다. 진압의 양상이 같은 국가폭력의 문제다. 국가의 폭력에 의한 잔인한 범죄에 눈감을 수는 없다. 그러므로 이후 용산 참사 유가족들이 쌍용차 해고자들과 누구보다 긴밀하게 지내고 있는지 모른다. 서로의 아픔을 보듬어주며 서로의 힘이 되어주는 사람들이다.

우리 사회에는 노동자들의 노동권이 회복되지 않으면 건강한 사회가 될 수 없다는 인식이 퍼져가고 있다. 최근에는 파업했다고 천문학적인 손해배상 · 가압류를 행사하는 회사 측과 법원에 항의하는 운동들이 일어나고 있다. 정말 반가운 일이 아닐 수 없다. 그뿐만 아니라 사회복지국가는 노동자, 노동조합의 힘으로 만들어낼 수 있는 것이지 거저 주어지는 게 아니라는 인식 또한 확산되고 있다. 시민들이 노동조합을 적대시하는 분위기는 많이 전환되고 있다. 거기에는 한진중공업 김진숙 지도위원과 해고자들, 쌍용차 노동자 등의 희생적인 노력이 큰 기여를 했다.

나는 그들이 싸움을 포기하지 않는 한 그들 곁에 있을 것이라고 덜컥 약속을 하고 말았다. 그리고 다시 용산 참사에서 내걸었던 "여기 사람이 있다!"라는 구호와 쌍용차 해고자들이 파업 중에 내걸었던 "함께 살자!"라는 구호를 연결해서 사람이 '함께 사는 세상'을 역설하고 다닌다. 함께 사는 사람의 세상을 꿈꾸게 해준 쌍용차 해고자들에게 고마움을 전한다.

아예 집을 사자, 그리고 문을 열자
:인권중심 사람

어떤 날이 누구에게는 평범한 하루가 되고, 다른 누구에게는 큰 의미가 있는 날이 되기도 한다. 2013년 4월 29일이 그랬다. 대부분의 사람들에게는 기념할 것도 하나 없는 그냥 평범한 하루였겠지만 내게는 특별한 날이었다. 2010년 11월부터 2년 6개월이란 상당한 시간을 이 하루를 위해 살아왔다고 해도 과언이 아니었다. 아직 부족한 게 많고, 앞으로도 채워야 할 게 더 많은 '인권중심 사람'을 개관하는 행사를 한 날이었다. '인권중심'이라고 하니 생소하게 들리지만 '센터'가 영어식 표현이라면 '중심'은 중국어식 표현이다.

　용산 참사 관련 활동하다가 수배 중이던 2009년 11월의 어느 날, '인권재단 사람'의 사무처 활동가들이 내가 은신 중이던 명동성당 영안실로 찾아왔다. 자신들끼리 의논한 뒤 인권센터가 꼭 필요하니 만들자고 했다. 그때는 인권센터 정도가 아니라 '인권동네'에 대한 구상을 갖고 왔다. 시민과 인권운동가가 모이고 이용할 수 있는 공간이 필요하다는 식의 얘기를 하는데 참으로 가당찮았다. 인권재단 사람은 소소하게 인권단체를 지원하는 일만 해온 터라서 재정도 넉넉지 않았고, 대대적인 모금을 해본 경험도 없었기 때문이다.

2010년 1월, 용산 참사로 돌아가신 철거민 다섯 분의 장례를 마친 다음 나는 다른 수배자들과 함께 경찰에 자진출두해 구속되었다. 서울구치소에서 4개월 가까이 수감 생활을 하면서 인권센터를 고민했다. 사람들이 모이는 공간이 있다면? 거기서 인권교육과 문화행사도 하고 시민들도 만나다보면 인권운동의 힘이 세질 수 있지 않을까 하는 생각에 다다랐다. 거기다 국가인권위원회가 이명박 정권 들어 맛이 갈 대로 간 상황이 아닌가.

출소 이후 몇 달 동안 재단의 사무처 활동가들과 의논을 거듭하며 고민했다. 그러다 우리의 목표를 세우고, 이사장을 비롯한 이사들을 설득했다. 10억 원, 100평의 공간을 1년 동안의 모금으로 확보한다는 나름대로 구체적인 목표를 제시했다. 이를 위해 나부터 100만 원을 냈다. 이사들은 반신반의하면서도 함께하기로 했다.

결정은 했는데 그럼 어디서부터 시작해야 할까. 이런 공간을 앞서 만든 여성미래센터를 찾아가 한국여성단체연합의 김금옥 대표에게 집을 마련한 과정을 들었고, 아름다운재단의 윤정숙 상임이사를 만나 모금 방법에 대한 코치도 받았다. 윤이사는 이후에도 우리를 꾸준히 격려해주었다. 무모한 도전은 이렇게 탄생했다.

인권센터를 만들자고 했지만 인지도도 없는 우리 재단에서 이런 일을 한다고 선뜻 돈을 기부해줄 사람은 없을 듯싶었다. 문정현 신부님께 말씀을 드려서 허락을 받았다. 드디어 2010년 11월 초 이화여고 백주년기념관에서 〈문정현 신부 헌정 콘서트—가을의 신부, 길 위의 신부〉 공연을 3일 동안 열었다. 신부님의 명망을 이용해 인권센터 건립 운동의 막을 올린 셈이다. 신부님은 이 공연을 위해 머리에 화관을 쓰고 활짝 웃는 포스터 사진도 찍어주셨다.

이때 나도 사진을 찍었다. 돼지저금통을 끌어안고 찍은 것인데 인권센터 모금을 위한 홍보물에 다 써먹었다. 인권침해의 현장에서 경찰을 상대로 핏대를 높이던 것과는 상반되는 그런 모습을 사람들은 재미있어했다. 이 모금에 참여하는 소중한 이름들을 영원히 기억하기 위해 돌에 이름을 새기겠다고 약속도 했다.

해가 바뀌어 2011년 인권센터 모금운동의 출발은 한겨레 기사가 끊어주었다. 돈 없는 가난한 인권단체들의 곁방살이를 끝내자는 호소까지 담겨서였는지 이 기사를 보고 시민들이 대거 참여했다. 3월부터는 '주춧돌 강연회'를 시작했다. 조국 서울대 교수를 시작으로 10월까지 우리 사회의 내로라하는 유명인사들이 강연자로 서주었다. 방송인 김미화, 배우 김여진 씨와 인권활동가들은 홍보영상 촬영에 적극 협조해주었다. 유명인사들까지 가세해서 홍보를 해준 덕에 후원회인 주춧돌 가입이 더디지만 꾸준히 늘어났다.

십시일반으로 인권센터 기금을 모으자는 데 호응이 없는 것은 아니었지만, 기금이 쉽게 불어나지 않는 답답한 상황이었다. 우리는 9

월 초부터 '기적의 저금통'을 배포했다. 1만 개의 저금통을 준비해 거리에서 시민들에게 나눠주기도 했고, 단체들에 배포를 부탁하기도 했다. 이런 일로 홍보는 잘되었는데, 저금통은 500개도 채 들어오지 않았다. 저금통은 배포보다는 회수가 중요하다는 사실을 깨달았다.

또 9월에는 〈대지의 꿈〉이라는 이름의 리얼리즘 기획전을 서울 인사동의 갤러리에서 진행했다. 민중미술의 흐름을 한눈에 볼 수 있는 보기 드문 기획전이라는 평가를 받았지만, 판매 실력이 없어서 작품을 몇 개 팔지 못했다. 다만 이철수 화백의 판화는 그런 대로 팔았다. 외형적으로 총수입은 많았으나 실제 수입은 별것 없는 전형적인 외화내빈의 사업이었다.

10월에는 보름 동안 전국 투어도 했다. 제주 4·3평화공원과 강정마을에서 시작해서 소록도를 찾아 한센인들의 비참한 역사도 알았고, 한국전쟁 민간인 학살지인 경남 산청·함양 등지를 찾아 수백 명의 주인 없는 유골 발굴 현장에 피어난 쑥부쟁이꽃도 보았다. 4대강 사업으로 망가진 생태계의 심각성도 확인했다. 그리고 매일의 여정을 일기로 써서 페이스북에 올렸다. 백 마디의 말보다, 사진 몇 장보다 현장에서 오감으로 느끼는 인권현장 기행의 구상을 했고, 다음해 두 번에 걸쳐 소록도와 경남 거창·산청 지역을 둘러보는 인권기행으로 실현되었다.

2012년에는 '남산 안기부 터를 인권·평화의 숲으로'라는 캠페인을 진행했다. 시민들에게 남산의 의미를 알리고자 꽃씨도 나눠주고 서울시에 청원하는 서명도 받았다. 남산 안기부가 어떤 곳인가. 가장 극심한 국가범죄의 현장이었던 그곳을 인권을 배우고 기억하는 곳으로 충분히 만들 수 있다, 그것은 관광자원이 될 수도 있다, 이런 말로 사람들을 설득했다. 그 결과 시민청원도 할 수 있었다.

처음에는 딱 1년만 하자고 생각했다. 1년이면 목표한 10억 원까지는 아니더라도 공간을 마련할 만한 정도는 되지 않을까 했다. 하지만 부동산 경기는 침체되고 집값은 떨어진다는데도 전월세 가격은 치솟고 있었다. 100평의 공간을 임대하면 1년이면 최소 6~7천만 원은 그대로 나가는 상황인데도 그런 공간을 빌리는 것조차 쉽지 않았다. 인권센터에는 장애인 편의시설이 필수적으로 마련돼야 하는데 집주인이 2년 뒤에 나가라고 하거나 임대료를 올려달라고 하면 난감한 상황이 된다. 그러느니 아예 집을 사면? 물론 돈이 턱없이 모자랐다.

2012년 9월, 우리는 다시 결심을 했다. 집을 사자. 모자라는 돈은 분가하는 섬돌향린교회를 유치해서 보태고, 그래도 3억 원이 모자라는 건 시민들에게 호소해보자는 게 우리 생각의 전부였다. 대출해주면 3년 뒤 꼭 갚겠다는 약정서도 작성하기로 했다. 될까 싶었는데, 10월 중순부터 1개월 20일 만에 3억 원 모금을 초과했다. 기적 같은 일이었다. 지금도 생각하면 이게 어떻게 가능했을까 의아하기만 하다. 정말 3억 원이 그 짧은 기간에 모였다. 누구는 적금을 해지했고, 누구는 결혼식 축의금을 몽땅 기부했다. 인권센터를 꼭 만들어달라며, 우리 사회에 이런 인권센터 하나 없는 게 창피하다며 돈을 보내주시는 분들은 대체로 넉넉한 형편이 아니었다. 우리 사회의 인권 상황이 후퇴하는 걸 목격하고 우려하는, 가난하고 힘없는 사람들이 대부분이었다. 그런 사람들의 힘이 모이면 이런 결과를 낳을 수 있다는 걸 예전부터 보아왔는데 이번에도 그랬다.

이렇게 겨우 모은 돈에다가 은행 대출도 받아서 서울 마포구 성산동에 단독주택을 매입하고, 2012년 12월 말부터 공사에 착수했다. 그런데 그해 겨울은 얼마나 춥고 눈도 많이 내렸던가. 공사는 계속 지연되었다. 기존 주택구조를 살려서 리모델링하기로 했는데, 1층과 2층 사이, 2층과 3층 사이 중간층의 방까지 장애인들이 휠체어를 타고 들어갈 수 있도록 설계를 마쳤다. 인권센터를 만들자고 해놓고 장애인 접근권을 보장하지 않는다면 그건 욕먹을 짓이 아닌가. 그러므로 가장 큰 문제는 엘리베이터였다. 반 층씩 올라가서 서고, 앞과 뒤로 열리는 맞춤형으로 엘리베이터를 만들어야 했다. 맞춤형으로 하자니 표준형의 세 배나 되는 많은 비용이 들어갔다. 그래도 감수하기로 했다. 그것은 우리의 철학이었다. 그리고 성소수자까지 배려한 1인 화장실을 두기로 했다. 공간 구석구석에서 인권 감수성을 느끼도록 만들고 싶었다.

마지막으로 모금에 참여한 사람들의 이름을 새기는 것이 문제였다. 돌에 이름을 새긴다는 약속을 지켜야 하지 않겠는가. 하지만 아무리 궁리해도 싼 비용으로 3천 명의 이름을 돌에 새기는 것은 불가능했다. 그래서 4미터의 철판을 세우고, 그 철판에 이름을 새긴 명판을 붙이자고 했다. 2010년 11월부터 2013년 3월 말까지 모두 2914명. 5천 원을 내준 사람들부터 이름을 밝히지 말아달라며 거액을 기부하신 분들까지, 그리고 돌아가신 분들의 이름으로 기부해주신 분들까지 이름을 철판에 새겼다. 그런데 공사가 지연되어서 철판을 세우는 작업은 개관식 하는 날까지는 마치지 못했다. 그 철판의 높이를 4미터로 하기로 했다. 서대문형무소 사형장 담의 높이가 대략 그 정도였다. 그래서 우리는 그곳을 '자유의 뜰'로 명명했다.

자유의 뜰이 공사 중인 데다 건물에 페인트 냄새도 덜 빠진 상황에서 2013년 4월 29일 개관식을 가졌다. 우리의 인권센터 명물인 엘리베이터 공사는 겨우 맞추었다. 음향·영상 시스템을 갖춘 2층 다목적홀(지금의 한터)에 빽빽하게 의자를 깔았더니 100명이 앉을 수 있었다. 그곳에 250명이나 다녀갔다. 많은 분들이 자신의 일처럼 기뻐해주었다. 정말 기뻤던 일은 휠체어를 타는 장애인들이 모든 방에 휠체어를 탄 채로 들어가는 모습이었다. 마침내 우리가 해낸 것이다.

그런 공간을 만들었더니 한 달이면 이런저런 행사가 20건 이상 이곳에서 열린다. 인권단체의 회의까지 하면 40건까지 소화하는 때도 있다. 1.5층에는 인권을 주제로 한 프로그램이 운영되는 작은 도서관을 열 계획이다. 지하주차장은 주차장으로 활용하면서도 동네 주민들이 오며가며 쉬기도 하고, 작품 전시도 할 수 있는 주차장 갤러리로 꾸미려고 한다. 물론 시민들이 찾아오는 인권강좌도 꾸준히 진행해볼 생각이다. 거기에 인권현장을 찾아가는 인권기행도 구상하고 있다. 그리고 인권재단 사람은 애초의 설립 목적이었던 인권단체와 활동가를 지원하기 위한 기금 마련에도 본격적으로 나설 예정이다. 더디 가지만 한 걸음 한 걸음씩 우리가 목표했던 인권센터의 모습을 만들어가는 중이다.

지금 자유의 뜰은 완공되었다. 인권센터를 만드는 데 힘을 보탰던 3천 명의 소중한 이름들이 새겨진 철판은 고르게 산화되어 붉은빛이 더해지고 있다. 아무도 가능하지 않다고 여겼던, 기적이라고 여겼던 인권센터 건립운동이 집만 만들었다고 끝나는 것은 아닐 터, 이 집에 북적북적 사람들이 모여 인권을 공부하고 활동을 모색하는 일이 많아졌으면 좋겠다. 우리 사회 최초의 민간인권센터인 인권중심 사람에서 인권운동가들과 시민들이 서로 쉽게 만나고 소통하다보면 자연스럽게 시민들의 네트워크가 만들어지는 날도 올 것이라 생각한다.

다음의 '마녀'는 누구인가
:통합진보당 '내란음모' 사건

2013년 8월 28일, 이날은 분명 역사적인 날이다. 이날 이후로 신종의 매카시즘이라는 공포가 한반도 남단을 뒤덮었다. 매카시즘과 비슷한 용어인 마녀사냥이라는 말도 사전 속에서 끄집어내져 한창 유행하게 됐다. 그러나 그 모든 말들보다 우리 사회를 지배하는 정부와 여당, 그리고 보수언론들은 '종북從北'이란 말을 더 사랑했다. 이 말은 공포였다. 사람들은 전염성 강한 이 공포에 질식했다. 지배세력들은 적절하게 '적'을 잘 골라냈다. 이번에도 마찬가지였다. 통합진보당의 당권파로 불리는 경기동부연합, 이석기 세력이 그 적이었다. 그들은 지난 2012년 당 분열에 대한 책임을 지고 있으며, 그로부터 진보운동진영 내에서도 고립될 대로 고립된 세력이었다.

사람들은 혹시 내가 하는 말이 종북이 아닐까 검열하는 세상이 되었다. 그래서 정치적 견해를 말할 때 '나는 종북이 아니다' '나는 통합진보당에 반대한다'는 등의 말을 깔아놓게 되었다. 혹여 내가 그들과 같은 부류의 사람들로 찍히지 않을까 하는 걱정이 앞섰다. 예전에 빨갱이로 몰릴까봐 북한에 반대의사를 먼저 밝히고 말하던 것과 흡사했다. 그러므로 더욱더 그들과 다름을 힘주어 말해야 했다. 2012년의 통합진보당 분당 사태를 아는 사람들은 더 사납게 그들을 공격해야 종북이 아님을 입증받을 수 있는 것처럼 행동했다. 2013년 9월 4일, 국회의 이석기 의원 체포동의안 처리과정이 그렇다. 절차와 내용도 모두 무시된 채 그저 서둘러 체포동의안에 찬성하는 의원들의 허둥대던 모습이라니. 이제 정부를 비판하고 진보를 말하면 어디선가 쏘아보는 따가운 시선을 느껴야 하는 세상이 되어버렸다.

그런 마당에 나는 이 사건 대책위원회(국정원 '내란음모' 정치공작 공안탄압규탄 대책위원회) 상임집행위원장을 맡았다. 그러자 나를 걱정하는 사람들이 많았다. 국정원에 밉보이는 일이니 그러다가 잡혀갈까 걱정하는 사람들부터 종북세력을 편드는 사람으로 찍힐까 걱정하는 사람들까지 걱정 일색이었다. 한편에서는 통합진보당이 그동안 보였던 문제들, 예를 들어서 당 분열에 대한 책임감 있는 반성이 없었다든가, 북한의 인권문제에 대해서는 침묵한다든가 하는 문제들을 끄집어내어서 그런 그들을 도와줄 일이 무엇이냐고 말하기도 했다.

일정 정도 그런 걱정을 인정하면서도 나는 그럴수록 이번 사건을 국정원이나 정부가 끌고 가는 방향대로 놔둘 수 없다고 생각했다. 민주주의에서는 그 사회가 가장 증오하는 소수의 사상이나 의견조차도

두려움 없이 말할 수 있어야 하기 때문이다. 설혹 이석기 세력이 문제가 있는 사상과 의견을 갖고 있다고 한다면 그것은 사법 처리의 대상으로 삼을 게 아니라 사회 공론의 장에 맡겨야 할 일이다. 게다가 그들이 낙인찍히고 해체되면 그다음에는 어떤 문제가 생길지를 고려해야 했다. 이제는 북한에 대한 어떤 우호적인 말도 할 수 없는 경직된 사회가 되어버리고, 정부의 잘못된 정책에 대한 정당한 비판도 눈치 보며 하게 되고, 국정원은 날개를 달고 예전의 중앙정보부나 안기부 시절처럼 정치공작을 당연하다는 듯이 펼치는 상황이 전개될 것이 예상되었다.

그렇지만 대책위원회를 구성하는 일조차 쉽지 않았다. 그들은 철저하게 고립되어 있었고 그들에 대한 불신은 생각보다 깊었다. 더욱이 사건 초기 5월 12일 합정동 모임의 녹취록이 한국일보에 공개되자 그들에 대한 비판은 더 거세졌고, 그들의 고립은 더욱 깊어졌다. 그런 상황을 자초한 면도 있었다. 모임이 없었다, 참석하지 않았다는 등의 해명이 거짓임이 밝혀지면서 통합진보당은 허둥대는 모습을 적나라하게 드러냈다. 그러자 대책위원회에 합류하기로 했던 단체들이 결정을 유보했다.

결국 이 사건의 대책위원회 일을 맡으면서 가장 걱정했던 일이 일어났다. 언론들이 미확인 보도를 경쟁적으로 쏟아내면서 형법의 '피의사실 공포금지 원칙'도 무너졌고, 헌법의 '무죄추정의 원칙'도 무너졌다. 언론의 보도는 구속된 7명의 가족들의 사생활까지 들추는 상황을 만들어냈다. 언론이 좀더 주의 깊게 국정원의 압수 당시 인권침해 문제라든가 이 사건의 배경을 탐사해주기를 바랐지만 전혀 그러지를 못했다. 그런 분위기에 편승하여 구속자 가족의 자동차에서는 '간첩'이라는 낙서가 발견되었다. 가족들은 졸지에 '빨갱이' 가족이 되어버렸다. 다시 연좌제가 부활되는 분위기였다. 거기에 『자본론』을 강의하는 강사를 학생이 국정원에 신고하는가 하면, 영화에 나오는 북한 사람들 말투를 흉내 냈다고 초등학생이 신고하는 일도 있었다. 마녀사냥의 바람이 거세게 불었고, 지배층은 이에 환호했고, 즉각 '종북몰이'에 나섰다.

제국의 속마음에는 오직 한 가지 생각만 있을 뿐이다. 그 생각은 어떻게 하면 끝장이 나지 않고, 어떻게 하면 죽지 않고, 어떻게 하면 그 시대를 연장시킬 수 있는가 하는 것이다. (…) 그건 말도 안 되는 미친 상상이지만 전염성이 강하다.
　　　　　—존 쿳시, 『야만인을 기다리며』 중에서

여기에 인용한 존 쿳시의 소설에 나오는 것처럼 있지도 않은 야만인을 상정하고 야만인이 언제고 쳐들어올 수 있다는 거짓 상상을 자극하여 지배체제를 강고하게 구축하는 것, 이것이 아마도 이번에 내란음모 사건을 만들어낸 저의일 것이다.
존 쿳시의 말대로 종북몰이는 전염성이 강했다. 이성적인 비판이나 합리적인 토론은 자리를 잡을 수 없었다. 마치 1950년대 미국 전역을 휩쓸었던 매카시즘이란 전염병 같았다. 매카시즘은 실체가 없는 공포다. 당시 정치적 생명의 위기에 몰렸던 매카시 상원의원은 국제적으로 조성되고 있는 반공주의를 적극 활용했다. 그는 연방정부에 공산주의자가 침투했는데 자신이 명단을 가지고 있다며 종이를 흔들어 보였다. 이것을 계기로 시작된 공산주의자 색출작업이 5년 동안이나 미국 사회에서 진행됐다. 자신이 공산주의자가 아님을 입증하기 위해서는 누군가를 지목해야 했다. 공무원들만이 아니라 학계, 교육계를 넘어 가장 자유로운 영혼들이 모인 문화예술계도 마찬가지였다. 세계적인 희극배우 찰리 채플린도 희생자가 되었고, 〈세일즈맨의 죽음〉으로 잘 알려진 극작가 아서 밀러도 퇴출당했다. 결국 수백 명이 감옥에 가고, 수만 명이 공산주의자가 되어 직장에서 쫓겨났다. 그리고 매카시는 가장 유명한, 그리고 가장 영향력이 있는 정치인이 되었다. 그러나 육군 장성 중에도 공산주의자가 있다고 했다가 도리어 군부의 역공을 당하면서 매카시는 추락했다. 그와 동시에 매카시즘의 공포는 사라졌다.

바로 이와 같은 성격의 종북몰이로 내란음모 사건이 조성되었다. 2013년 8월 말은 국정원이나 정부가 한참 수세에 몰렸던 때다. 국정원의 대선개입이 기정사실로 드러났고, 그것은 현 정부로서는 인정할 수도, 부인할 수도 없는 일이었다. 그러자 불러낸 것이 김기춘이었다. 김기춘은 젊었을 때부터 정치공작에 능한 사람이었다. 유신헌법의 초안을 작성했으며, 초원복집 사건(1992년 대선 직전 정부 기관장들이 부산의 '초원복집'이라는 식당에 모여 지역감정을 불러일으키려고 모의한 사건)의 주역이었고, 노무현 전 대통령의 탄핵을 주도한 장본인이었다. 박근혜 대통령의 멘토로 불리는 그는 다급한 정치적 위기에 실세 청와대 비서실장으로 등장했다.

국정원에 대한 국회의 국정조사는 맥없이 끝나버려서 초기 대응은 그런대로 성공하는 듯했다. 하지만 국정원의 존재감을 한껏 보여줄 것으로 기대했던 서울시 공무원 간첩 사건이 의도했던 것과는 달리 법원에서 무죄 판결을 받게 되었고, 전 국정원장 원세훈의 공판과정에서 일부 국정원 직원들의 일탈행위가 아닌 국정원의 조직적인 선거개입임이 분명히 드러났다. 국정원의 정치개입에 대한 시민들의 성난 촛불이 다시 활활 타오르게 되었다. 그러자 꺼낸 카드가 내란음모 사건. 이 사건을 꺼내는 동시에 원래 대선공약으로 내걸었던 복지공약 후퇴 입장을 밝혔지만 여론의 주목을 끌지 못했다.

종북몰이에 성공한 국정원과 정부는 국정원을 수술대 위에서 끌어내리는 데 성공했다. 그 모든 원성을 통합진보당으로 전가했다. 그러면서 국정원 대선개입 수사에 대한 정치적 외압을 막는 역할을 했던 검찰총장 채동욱을 혼외자 사건으로 쫓아냈고, 집요하게 국정원을 수사하던 윤석열 수사팀장을 수사선상에서 배제시켰다.

그럼에도 정치적 중립을 지켜야 할 국정원은 물론 국방부 사이버사령부의 대선개입 정황도 밝혀졌다. 트위터에서 수천만 개의 트윗을 올린 활약상이 폭로되고 이명박 정부 전체가 부정선거에 뛰어든 정황도 드러났다. 그러자 이번에는 더 센 카드를 꺼냈다. 헌정 사상 처음으로 11월 5일에는 통합진보당에 대한 위헌정당 해산심판청구를 제기했다. 동시에 정당활동정지 가처분신청도 헌법재판소에 냈다.

그리고 11월 말부터는 내란음모 사건 공판이 시작되었다. 내란음모 사건의 핵심은 RO(혁명조직)라는, 내란을 실행할 조직이 있었느냐로 모아진다. 5월 12일 합정동 모임이 내란을 음모한 모임이었다면, 이것을 RO가 주도했다고 해야 했다. 강령이 있어야 하고, 결성시기가 특정되어야 하고, 조직체계가 있어야 내란을 주도한 단체성을 인정받게 된다. 그런데 검찰의 공소장에는 이런 부분들이 특정되지 않은 채 국정원의 협조자라는 이 아무개 씨의 진술만이 인용되었다. 국정원 협조자의 진술은 국정원에 매수된 것이 확인되었기 때문에 그 진술의 증거능력 자체가 시험대에 올랐다. 그리고 유일한 내란음모의 증거인 5월 12일 모임의 녹음 원본파일이 훼손되었고, 국정원이 작성한 녹취록도 검찰 스스로 272곳을 수정해야 할 정도로 엉망임이 드러났다. 거기에 더해서 변호인단은 400곳이 넘은 오류를 발견했다. 의도적인 왜곡도 드러났다. 45차례의 공판과정에서 검찰의 증거들은 속속 무너졌다.

매주 4일 동안 열리는 공판을 준비하는 변호인단의 노력도 헌신적이었다. 매일 밤을 새우다시피하여 제출된 증거들을 매일 밤새우다시피하여 분석하고 증인신문을 준비했다. 최소한 법리적인 판단으로만 보았을 때는 내란음모, 내란선동은 무죄가 나와야 당연한 것으로 보였다. 만약 재판부가 법과 양심에 따라서만 판단을 한다면 승산이 있었다.

대책위원회는 초기의 수세적인 상황에서 대응해야 했지만 공판이 진행되고부터는 더욱 적극적으로 여론작업에 공을 들였다. 일방적이었던 언론의 태도가 변화하기 시작했다. 매주 토요일 '민주 찾기 행진'을 통해 시민들에게 이 사건의 본질을 알려내는 일도 해냈다. 서울 도심 한복판을 행진하면서 이석기 의원을 비롯한 구속자들의 무죄석방을 알리는 일을 해내는 것과 함께 10만 명 탄원운동을 벌였다. 실제로 촘스키와 같은 국제적인 저명인사들의 석방 탄원이 도착했다. 구속자 가족들은 사회 각계각층 인사들을 만나 눈물로 호소했다. 그런 결과로 야당의원들도 탄원운동에 함께했다. 그리고 선고공판 전 10만 명이 넘는 시민들의 탄원서를 재판부에 제출하는 데 성공했다. 인권단체들은 구속자와 관련자 들을 직접 인터뷰하면서 이 사건 초기에 자행되었던 국정원 수사관 등의 인권침해를 고발했다. 그리고 이런 여세를 몰아 2월 9일에는 청계광장에서 구속자들의 무죄석방을 촉구하는 문화제를 성사시켰다. 여론의 반전이 분명히 확인되었다.

1심 선고공판은 2월 17일 오후 2시 수원지법 110호 법정에서 열렸다. 국가보안법은 몰라도 내란음모, 내란선동의 혐의에 대해서는 무죄선고가 나기를 바라는 마음이었지만, 한편으로는 너무도 불안했다. 이 사건 자체가 너무 정치적이었기 때문이다. 재판부가 정치적인 압력을 느끼지 않을 수 없는 그런 사건이라는 점이 마음에 걸렸다.

법정에 들어갔을 때 법정의 절반은 기자들로 가득 찼다. 그들의 노트북 자판 두드리는 소리가 법정을 가득 메웠다. 형사12부(부장판사 김정운)의 재판부가 입정하고, 부장판사가 먼저 국가보안법 위반 부분부터 판결 이유를 설명했다. 유죄 취지의 설명이었는데, 이런저런 이적표현물을 매우 상세하게 설명해갔다. 결론은 북한의 이적표현물을 소지하고 탐독하고 지속적으로 학습했으므로 매우 위험한 사상을 가진 집단이라는 것이었다. 여기까지는 예측할 수 있었다. 국가보안법에 대한 오랜 판례가 존재했기 때문이다.

문제는 그다음부터였다. 나는 눈을 감은 채 부장판사의 설명을 듣고 있었다. 그런데 그는 검찰이 실체를 인정할 수 없어서 기소조차 하지 못한 RO의 실체를 인정한다고 했다. 오락가락했던 국정원 협조자의 진술도 거침없이 '진술'로 인정했다. 그리고 검찰 측 녹취록을 그대로 인용했다. 미칠 노릇이었다. 공판 준비과정에서 재판장은 변호인단에게 RO는 검찰이 고소도 하지 않았으므로 이 부분은 다루지 않겠다고 했던 것인데, 판결하는 과정에서는 RO의 실체를 인정한다고 하면? 그것은 의도적으로 피고인의 방어권을 침해한 것이 아닌가. 내란음모와 내란선동 혐의 부분에 대해서 재판장이 유죄 취지의 설명을 이어가자 옆자리에 있던 구속자의 가족들이 애써 울음을 참는 소리가 났다. 그날 아침에 혹시나 하는 마음으로 집 안 청소까지 하고 나온 터였다.

그리고 선고. 이석기 의원에게 모든 혐의를 인정하여 징역 12년, 자격정지 10년을 선고했다. 구속자 7명은 최하 징역 4년, 모두 합쳐 50년형을 선받았다. 나는 아연했다. 어떻게 저럴 수가 있을까. 재판부는 피고인들이 방어권을 행사한 것을 두고도 재판부를 호도하고 사회여론을 분열시키려는 나쁜 의도를 가진 행동으로 비난했고, 그런 이유를 들어서 가중처벌한다고도 했다. 그렇다면 나와 같은 대책위원회 활동 때문에 구속자들이 더욱 중한 처벌을 받았다는 얘기나 다름없었다.

비참한 심경이었다. 판결내용을 받아들일 수 없어서 괴로웠다. 이 사건 판결 이전에 김용판 전 서울경찰청장에 대한 1심 선고가 있었는데 그가 저질렀던 무수한 많은 증거들은 배척되었다. 도리어 용기를 내어서 증언했던 권은희 수사과장의 진술은 모두 거짓으로 치부되었다. 다른 경찰관들의 진술과 맞지 않기 때문이란다. 그런데 내란음모 사건 1심 판결은 정반대로 났다. 검찰 기소내용을 탄핵하는 증거들은 모두 배척되었다. 국정원 협조자 혼자만 오락가락하는 진술을 통해서 RO를 인정하고 있고, 나머지 관련자들은 모두 부인하고 있는데도 재판부는 국정원 협조자의 말만 인정했다. 결국 정치적인 사건, 공안사건의 판결은 단 하나의 결론밖에 없다는 뜻이다. '종박'이면 무죄, '반박'이면 유죄(박근혜 대통령을 따르고 지지하면 무죄, 그에 반대하면 유죄라는 뜻이다. 시민들은 '무전유죄, 유전무죄'를 패러디하여 이와 같은 조소를 보내고 있다).

사법부가 알아서 정치권력 앞에서 기어왔던 과거 역사가 있고, 다시 그 악몽이 재현되고 있다고 해도 이 정도일 줄은 몰랐다. 이석기 세력이 내란을 실제로 계획했고 실행에 옮겼다고 한다면 그것은 현역 국회의원이 아니라 대통령이라도 실정법상 처벌할 수 있다. 물론 실행에도 옮기지 못하는 계획과 논의만으로 처벌하는 것은 부당하다. '현존하는 위험성의 원칙'에 위배되기 때문이다. 이런 부분을 광범위하게 처벌하는 사회는 당연히 사상의 자유, 표현의 자유, 결사의 자유를 부정하는 사회이고, 이런 사회는 민주주의 사회가 아니다. 우리가 종종 인용하는 서구 선진국들이 공산당을 인정하는 것도 이와 같은 이유에서이지 않은가.

우리 사회는 아직도 사상적으로 유아기를 벗어나지 못한 사회다. 일제가 만들어놓았던 치안유지법이 국가보안법으로 이어지고, 분단을 정치에 활용하면서 끝없이 적을 만들어내는 사회다. 네 편, 내 편을 갈라서 끊임없이 줄서게 하는 사회, 전쟁을 정치에 적극적으로 이용하는 사회는 위험한 사회다.

내란음모 사건 판결의 후과를 우리 사회는 고스란히 짐으로 지고 갈 것이다. 통합진보당은 강제해산을 당하게 될 것이고, 득세한 공안 세력은 공포의 정치를 전면화할 것이다. 그렇다면 나는 종북이 아니므로 안전할 것인가. 정부가 어떤 나쁜 짓을 저지른다고 해도 침묵하고 굴종의 삶을 인내하면서 살아가겠다고 결심하지 않는 한 누구든 저들이 쳐놓은 종북의 그물에 걸리게 되어 있다. 우리 사회는 '겨울 공화국'으로 가는 터널 안으로 급격하게 빨려들어가는 중이다.

그래서 볼테르가 말한 것과 같은 신념이 필요할 때다. "나는 당신의 의견에 반대한다. 그러나 당신의 의견 때문에 당신이 억압받는다면, 나는 당신의 편에 서서 싸울 것이다." 반대 의견을 가진 사람들이 위험한 것이 아니라 그런 반대 의견을 혐오와 증오의 대상으로 삼고 그것을 처벌하려는 사람들이 더 위험하다. 진실이 밝혀지기까지 더 시간이 걸리겠지만 그 시간 동안 나는 탄압받는 그들의 곁을 지킬 것이다. 그리고 이 사건이 끝났을 때 그들과 자유롭게 토론해볼 것이다.

3부

용산에서 벌어진
우리들 이야기

── 나는 시민을
잘못 알고 있었다

가수 루시드 폴이 노래한 것처럼 그들은 평범한 사람들이었다. 그 평범한 사람들은 재개발에 쫓겨 망루를 짓고 올라가야 했다.

> 모두들 얘기하는 것처럼 정말 행복한 세상이
> 있을 거라고 생각하진 않았지만
> 나는 갈 곳이 없었네 그래서 오르고 또 올랐네
> 어둠을 죽이던 불빛 자꾸만 나를 오르게 했네
> ─루시드 폴, 〈평범한 사람〉 중에서

서울 한복판에서 망루 농성을 하던 철거민 다섯 명이 죽어 내려왔고, 경찰관도 한 명 죽었다. 사실 초기에는 이 사건으로 정권이 치명

타를 입을 것으로 생각했다. 자진사퇴는 아니더라도 사태에 책임을 지고 대국민 사과와 철저한 진상 규명, 책임자 처벌을 약속할 줄 알았다. 나는 그때까지 이명박 대통령과 그의 정권을 제대로 알지 못했던 탓이다. 예상과 달리 그들은 철저하게 자신들의 책임을 부인했고, 사건을 은폐하는 데만 열을 올렸다. 공권력에 의해 사람이 죽었는데, 그에 대한 사과 한 마디 없는 대통령을 그때까지는 알지 못했다.

또 화재의 참상이 그대로 인터넷으로 생중계됐으니 세상 사람들이 뛰쳐나와 항의할 것으로 생각했다. 하지만 시민들은 광장에 나와 서울 용산에서 죽은 이들을 애도하지 않았고 외면했다. 이런 점에서 나는 이명박 대통령도 시민들도 잘못 알고 있었다.

대통령과 정부가, 그리고 시민들이 철저하게 외면하는 중에 용산 참사 투쟁을 진행해야 했다. 왜 그랬을까. 공권력이 시민을 죽였는데 왜 시민들은 침묵했을까. 이런 물음은 5년이 지난 오늘에도 여전히 가슴속에 남아 있다. 용산 참사에 침묵했던 시민들은 쌍용차 노동자들의 정리해고 반대파업을 강제진압해도 침묵했다. 제주 강정마을의 해군기지 건설사업을 절차를 무시한 채 강행해도 침묵했다. 모든 곳에서 그렇게 철저하게 시민들은 목소리를 아꼈다.

용산 유가족들은 종종 2009년 1월 20일에서 시간이 멈추었다고 말한다. 내게도 그런지 모르겠다. 지금도 어제 일처럼 생생하게만 기억되는 용산의 그 일. 아침에 울리던 휴대전화 벨소리, 사람이 죽었다는 그 다급한 소리를 듣고 인터넷 화면을 켰을 때 눈앞을 뒤덮은 것은 망루 위로 솟구쳐오르던 화마였다. 화마의 붉은 혓바닥, 그곳을 탈출한 사람들이 옥상 난간에 매달려 있고, 누군가 내지르던 "저기, 저기, 사람이 있단 말이야!" 통곡하는 소리, 그곳에 뿜어지던 물포의 물줄기들, 망루 높이만큼 올라간 컨테이너, 새까맣게 몰려 있던 경찰들, 기어코 쓰러지던 망루.

그다음날로 나는 '용산 참사'라고 언론이 이름 붙여준 그 일을 해결하기 위한 범국민대책위원회 집행위원장이 되었다. 범국민대책위원회 결성을 위한 회의를 맡아 마이크를 쥔 순간, 나는 이 일로 구속될 것이라고 생각했다. 그날부터 집에 거의 들어가지 못한 채 용산 참사의 진상 규명과 책임자 처벌을 주장했다. 경찰의 원천봉쇄를 뚫고 청계광장에서 열린 추모대회, 경찰청과 검찰청, 청와대, 여당 당사의 항의방문 등을 진행했다. 수많은 언론과의 인터뷰도 내 몫이었다.

처음에 했던 가장 중요한 일은 검찰이 대규모 수사본부를 만들어 강제부검을 한 것에 대한 항의였다. 유가족들은 1월 20일 그날이 저물도록 남편들의 생사조차 확인하지 못했다. 저녁 무렵 기자들로부터 순천향병원에 주검이 다 있다는 소식을 듣고 촛불문화제를 마친 유가족들과 그곳으로 달려갔다. 경찰이 영안실을 막고 있는 바람에 거듭 항의를 해서 유가족들이 자정이 넘어서야 영안실에 들어갈 수 있었다. 그곳에서 유가족들은 기절해서 쓰러졌다. 잠시 다녀오겠다고, 걱정 말라고, 망루를 지었던 1월 19일 오후에만 해도 망루 바깥으로 나와 가족들에게 하트 모양을 그려 보이던 남편이 새까만 숯덩이가 되어 거기 있었다. 잘라내고 떼어낸 뒤 얼기설기 바느질을 해댄 주검의 모습으로 그들을 대면할 줄 누가 알았겠는가.

정병두 당시 서울중앙지검 차장은 신원확인이 안 된 상태에서 유가족에게 연락도 없이 강제부검을 했다. 검찰의 권한이라고 우겼다. 무엇 때문이었을까. 혹시나 모르는 폭행의 흔적을 지우기 위해서였을까. 유가족들이 남편들의 생사를 몰라 발을 동동거릴 때 그들을 경찰서에 몇 시간씩 잡아두고 국립과학수사연구원에서 두 시간 만에 해치운 강제부검은 지금도 납득이 가지 않는다. 뭔가 은폐할 것이 없었다면 왜 그리 서둘렀을까.

정병두 수사본부는 이후 모든 책임을 철거민에게 뒤집어씌우는 수사를 했다. 심지어 용역들이 경찰과 함께 진압작전에 참가했다는 점에 대해 수사 의지조차 안 보이다가 MBC 〈PD수첩〉이 방영을 하고 나서야 서둘러 용역들을 불구속기소했다. 그때 진압작전에 참가한 용역 중에 사망한 이가 있다는 소문이 돌았지만, 이런 점에 대해서는 전혀 수사를 하지 않았다. 경찰의 진압은 정당한 공무집행, 철거민들의 농성은 국법질서에 도전한 용서 못 할 범죄라는 도식대로 검찰은 짜맞추기를 일관했다.

그리고 이어진 여론 공세. 당시 한나라당의 신지호 의원은 철거민들을 '도심 테러리스트'라고 못 박았다. 그런 프레임을 최대한 활용해 전국철거민연합(전철연)의 폭력투쟁을 부각시키고, 전철연 간부들을 샅샅이 조사했다. 전철연을 와해시키겠다는 의지만 철철 넘쳐났다. 사건의 본질을 왜곡하기 위해 청와대는 당시 연쇄살인범 강호순이 잡힌 것을 빌미로 언론에서 용산 참사를 덮으려고까지 했다. 그런 내용을 담은 '신종 보도지침' 사건은 겨우 청와대 행정관 하나가 책임을 지고 물러났다.

경찰은 지독했다. 추모대회 신고마저 받아주지 않았다. 그래서 모든 추모행사는 불법이 되고 말았다. 남일당 참사 현장까지 경찰력으로 봉쇄하고 사람들이 모이지 못하게 했다. 철저한 탄압으로 용산 참사에 대한 항의가 확산되지 못하도록 집요하게 막아댔다. 나중에는 피켓을 들고 1인시위를 해도 삼보일배를 해도 불법이라며 연행해갔다. 남일당 현장은 전쟁통이었다. 매일 연행되고 벌금을 맞았다.

나는 그런저런 일들을 주동했다는 이유로 이종회 공동집행위원장과 함께 그해 3월 초부터 수배상태가 되었다. 순천향병원 장례식장을 24시간 둘러싼 경찰들의 경계망 때문에 6개월 동안 장례식장 4층에 갇혀 살았다. 그리고 그해 9월 초 극적으로 탈출해서 명동성당으로 들어갔는데 다시 4개월 동안 성당 영안실에서 살았다.

하루하루가 지나고 한 달 두 달이 지나도 정부는 움직이지 않았다. 우리는 할 수 있는 것은 다 했다. 유가족들은 장례식장에서 공동생활을 하며 매일 울었다. 매일 경찰에 맞고 온몸에 멍이 들어서 돌아와 울었다. 그런 모습의 유가족들을 보며 참으로 힘들었다. 뭔가 투쟁으로 돌파할 수 있는 여지를 만들어내지 못했다. 조금만 더, 조금만 더 참고 싸우자고 유가족들을 설득했다. 하지만 우리에게 들려오는 소리는 시간을 끌며 고립시키면 된다는, 이명박 대통령이 했다는 말뿐이었다.

침묵으로 일관하던 정부를 대신해서 그해 12월 중순이 넘어 서울시가 본격적으로 움직이기 시작했다. 장례 협상은 12월 30일 새벽에 타결됐다. 진상 규명이나 구속자 석방은 뒷전으로 밀려났다. 장례 절차에 대한 합의만 겨우 매듭지어놓고 장례일을 잡았다. 장례 협상만 타결한 것이었음에도 언론에는 마치 용산 참사가 모두 해결된 것처럼 보도가 됐다.

2010년 1월 9일, 용산 참사가 일어난 지 355일째 되는 날, 참사 당일처럼 무척이나 추웠고 눈발이 날렸다. 경기도 마석 모란공원의 언 땅에 그들을 묻었다. 이틀 뒤 우리는 명동성당을 나와 경찰에 자진출두했다. 감옥에서 용산 참사의 많은 사람들을 떠올렸다. 남일당 현장을 지키던 신부님, 수녀님, 목사님, 그리고 많은 문화예술인, 미디어 활동가, 용산4구역을 비롯한 전철연 사람들, 거기에 이름을 내지 않고 묵묵히 현장을 찾아준 가난한 사람들이 있어 355일 동안 유가족들이 덜 울었고 덜 외로웠다. 용산 참사 유가족들은 이 일로 새로운 세상을 만났고, 이제 다시는 예전의 그들로 돌아갈 수 없게 됐다. 감옥에는 여덟 명이 수감됐다(그중 두 명은 2012년 10월에 만기 석 달을 남기고 가석방됐고, 다섯 명은 2013년 1월 말 잔형면제로 석방되었다. 2014년 3월 현재 남경남 전철연 의장은 여전히 구속 중이다). 경찰은 아무도 감옥에 가지 않았는데 철거민들만 감옥에 갔고, 부상자들은 영구장애를 입고 병원을 다니고 있다.

용산 참사의 원인은 무엇이었을까. 국가폭력의 대표적 사건이 되어버린 용산 참사에 대해 한 시인은 이렇게 설명했다.

이날의 투입 작전은 경찰 한 명을 포함, 여섯 구의 숯처럼 까맣게 탄 시신을 망루 안에 남긴 채 끝났으나 애초에 경찰은 철거민을 사람으로 생각하지 않았으며 철거민 또한 그들을 전혀 자신의 경찰로 여기지 않았다.

—이시영, 「경찰은 그들을 사람으로 보지 않았다」 중에서

다급하게 진압해서 사람이 죽어나간 그곳은 개발이 중단된 채 아직 폐허로 남아 있다. 정말로 경찰을 비롯한 정권은 망루에 오른 철거민들을 철저하게 진압대상으로만 봤지 사람으로 보지 않았다. 그리고 많은 시민들도 그렇게 보았다. 그러므로 침묵했고, 그 침묵은 이명박 정권 내내 공권력에 의한 인권유린을 용인하는 꼴이 되었다. 용산 참사에 침묵했던 대가는 처참했다.

그날 아침의
전화 한 통

2009년 1월 20일, 대한 추위가 몰아치던 새벽이었다. 나는 그날 아침에 일어나 평소처럼 아이들을 깨워서 학교에 보내고 다시 쪽잠이 들었다. 그러다가 한 활동가의 전화 소리에 잠이 깼다. 그의 목소리는 다급했다.

"사람이 죽었어. 용산에서 사람이 죽었어."

급하게 TV를 켜고 인터넷을 켰다. 현장을 보여주는 인터넷 생중계도 보았고, 망루에 물포를 쏘아대는 와중에 크레인으로 올린 컨테이너 박스도 보았고, 그리고 급기야 망루에서 불길이 솟는 게 보였다. 현장에서 사망자가 있을 것이라고는 했지만 아직 정확하게 몇 명이 죽었는지 모를 때였다. 마음이 급해졌다. 머리 회전이 빨라졌다. 이런 정도의 일이라면 현장에 가봐야 하고, 아마도 한동안은 이 일에 집중해야 한다. 집에도 못 들어가고, 사무실에도 못 갈 수 있다. 우선 당시 재단 사무실이 있던 수원으로 가서 급한 일을 정리하고 나오려 했는데 연신 전화벨이 울렸다.

경험상 이런 일은 진상 규명작업이 최우선이었으니 인권운동가들과 변호사, 전문가들을 묶어서 조사를 해야겠다고 마음먹었다. 분명 이런 사건에서는 경찰, 검찰을 비롯해서 국가 권력기관들이 총동원되어 사건의 진실을 왜곡할 것이기 때문에 초기 진상조사는 마치 사건수사에서 초동수사만큼이나 매우 중요하다. 사건현장을 장악하지 못하면 갈수록 어려워지고 사건은 미궁에 빠지게 된다. 이전에 진상조사활동의 중요성을 알 수 있는 사건이 있었다.

2005년 11월 15일이었다. 당시 WTO 협상에서 쌀 개방 문제가 크게 불거지던 때였다. 농업을 말살하는 쌀 개방에 반대하는 농민들의 시위가 곳곳에서 일어나더니 이날은 여의도에서 전국농민대회가 열렸다. 분노한 농민들은 여의도에서 경찰을 몰아세웠다. 경찰의 대응은 농민들의 투쟁력 그 이상이었다. 거리 시위에 나선 농민들을 향해 가차 없는 폭력이 가해졌다. 특히 서울 1001~1004기동대는 악명이 높았다. 그 기동대들이 모두 동원되어 농민들을 여의도공원으로 몰아붙였고, 곳곳에서 농민들은 피투성이가 되어 나가떨어졌다. 현격한 전력의 차이로 인한 경찰의 일방적인 공격이었다.

그 일이 있은 뒤 일주일이 지난 11월 24일, 아침부터 급한 연락들이 왔다. 농민시위에 참가한 농민 한 명이 숨졌고, 다른 한 명은 중환자실에 있다는 것이었다. 인권단체연석회의에 제안을 돌려서 진상조사활동을 할 팀을 꾸렸다. 원불교인권위원회 활동가 김치성을 비롯한 활동가들은 이날부터 집에도 들어가지 못하면서 나와 함께 진상조사에 몰두했다. 농민단체들을 중심으로 범국민대책위원회가 만들어졌고, 광화문 열린시민마당에 농성장도 만들었다. 대책위 산하에 양길승 녹색병원장을 단장으로 하는 진상조사단이 출범했다. 우리 활동가들은 실무팀을 맡았다. 진상조사단이 발표한 내용들은 실제로는 실무팀의 활동가들이 거의 보름 동안을 집에도 못 들어가면서 조사하고 정리한 것들이었다.

당시 경찰은 농민 전용철 씨가 원래부터 지병이 있었는데, 그 지병이 악화돼서 사망한 것으로 몰아갔다. 여의도 농민시위 때 경찰의 폭력진압이 없었음을 강변하는 경찰의 발표를 누가 믿겠는가. 그렇지만 이런 경찰의 부인을 뒤엎을 물증과 증인이 필요했다. 우리는 백방으로 자료 수집에 나섰다. 언론보도만이 아니라 국회의원을 통해서도 당시 출동한 경찰들을 확인했다. 민주노동당의 이영순 의원도 진상조사단과 함께해서 많은 도움을 주었다. 김치성은 TV 영상을 분석해서 기어이 전용철 씨가 여의도 시위에 참가했고, 건강한 모습이었음을 찾아냈다. 그런데 그런 그가 갑자기 충남 보령으로 내려가는 차 안에서부터 이상증세를 보였고, 보령에 내려간 뒤에 집과 마을회관에서 밖으로 나오지도 못하고 앓다가 뇌수술을 받고 사망했다.

곧바로 보령으로 차를 몰고 내려갔다. 주민들을 만나니 경찰이 여러 번 찾아왔다고 했다. 지역 경찰만이 아니라 중앙에서도 왔나본데, 경찰은 전용철 씨가 알코올중독 증세가 있었고, 평소부터 아팠다는 점을 부각시키려고 했다고 한다. 이웃 아주머니는 착실한 농민을 병자로 만들려 한다고 흥분했다. 전용철 씨가 살던 집에도 가보았고, 마을회관에도 가보았다. 하지만 동네에서 경찰의 말을 입증할 증언을 하는 사람은 없었다. 우리는 전용철 씨가 이전에는 아픈 적이 없었고, 여의도 농민시위 끝나고 내려오는 버스 안에서부터 이상증세를 보였음을 확인했다. 그는 여의도 경찰진압 때 맞은 게 분명했다. 진상조사단은 경찰폭력에 의한 사망을 기정사실로 여기고 조사를 진행했다.

여러 증인들이 나왔다. 여의도공원 국기게양대 앞에 늘어져 있는 그의 사지를 들고 옮긴 사람들이 나타났다. 모든 게 분명했다. 경찰폭력이 없었다는 경찰의 주장은 현장사진과 증언으로 충분히 뒤집을 수 있었다. 우리는 이런 증언과 정황을 토대로 사건을 재구성했고, 김희수 변호사의 지휘로 검찰이 하는 것처럼 여의도공원에서 현장검증도 했다.

마지막 결정적인 증거는 민중의소리 김철수 기자가 찍은 한 장의 사진이었다. 전용철 씨를 사람들이 들고 나가는 사진이었다. 바로 이전 시위장면에서는 분명히 멀쩡했던 사람이 축 늘어져서 사람들이 들고 나갈 정도가 되었다. 부검소견서와 연결해서 생각하면 전용철 씨는 머리 뒷부분을 방패 같은 것으로 가격당했고, 그 충격이 전두엽에 전달되는 바람에 뇌손상을 입어 사망까지 이른 것이었다. 이런 조사결과를 바탕으로 국가인권위원회에 사건 진정을 접수했다.

이렇게 되니 경찰도 더는 버틸 수 없었다. 마침 여의도 농민시위 현장에서 폭행을 당하고 중환자실에서 투병 중이던 홍덕표 씨도 사망하고 말았다. 전국적으로 농민을 포함한 시민들의 항의는 빗발쳤다. 시위대는 청와대 앞에서 밤샘농성도 전개했다. 국가인권위원회 조사도 우리와 같은 결론이었다. 그러자 노무현 대통령이 대국민 사과를 했다. 그런데도 허준영 경찰청장은 버틸 만큼 버티다가 사건 발생 한 달여 만에 마지못해 사퇴했다. 당시 시위진압을 진두지휘했던 서울경찰청 이종우 기동단장은 그전에 옷을 벗었다. 경찰은 이종우의 사퇴로 사실상 사건을 덮으려 했다. 그해 12월 31일이 되어서야 두 분 농민의 장례를 치를 수 있었다. 고 전용철 씨는 마석 모란공원에, 고 홍덕표 씨는 전북 김제 선산에 모셨다.

이 사망사건에서처럼 진상조사활동은 매우 중요하다. 만약 이 사건이 발생했을 때 초기부터 신속하게 진상조사활동을 전개하지 못했다면 사건의 해결도 그만큼 어려웠을 것이다. 아마도 의문사로 남아서 나중에 진상 규명해야 할 사건이 되었을 수도 있다. 용산 참사에서도 초기에 정확한 방향을 가지고 진상조사활동을 진행해야 할 이유가 거기 있었다. 용산 참사는 공개장소에서 국가가 국민을 학살한 사건이기 때문에 쉽게 해결될 수 있을 것이란 기대는 할 수 없었다. 분명히 정부는 사건을 서둘러 덮으려 할 것이었다. 패러다임을 우리 쪽으로 끌어와야 했다. 여론조작이 심할 것은 예상할 수 있었다.

하지만 나는 초기에 진상조사활동을 하지 못했다. 2009년 1월 20일 오후에 참사 현장에 가보니 너무도 어수선했다. 비상대책위원회는 200개 단체들이 모여서 구성했다고 하는데, 중심도 없이 허우적대고 있었다. 인권운동가들과 민변 소속 변호사 등과 진상조사활동

에 대한 준비를 하는데 진보진영의 주요 활동가들이 내게 다음날로
예정된 범국민대책위원회 결성회의 사회를 보라고 권유했다. 공동집
행위원장을 맡아달라는 것인데, 그렇잖아도 촛불집회 이후에 MB악
법저지 범국민비상행동의 공동집행위원장으로 2008년 하반기 이후
투쟁의 중심에 서왔던 일로 경찰로부터 경고를 받은 상황인지라 용
산 참사와 관련해서 중요직책을 맡게 되면 구속이 될 수도 있었다.

아무튼 그날 당일 저녁에 현장에서 열린 항의집회 끝에 시위대는
경찰의 저지를 뚫고 명동으로 진출하며 투석전까지 전개했다. 그만
큼 경찰의 학살에 대한 분노는 대단했다. 그리고 그날 밤 사람들은
한남동 순천향병원으로 모여들었다. 강제부검을 마친 시신이 거기에
있다는 소문이 있었다. 검찰은 정병두 서울중앙지검 차장을 본부장
으로 하는 대규모 수사본부를 사건 당일 즉각적으로 발족했다. 검사
만 20명이 넘었고, 수사인력까지 포함하면 100명이 넘는 대규모 수
사본부였다. 그들이 처음으로 한 일이 강제부검이었다.

강제부검은 지금도 이해할 수 없는 부분이다. 사건을 은폐하겠다
는 강력한 의지의 표현이라고밖에는 설명할 수 없다. 이전에는 시국
사건일수록 부검을 신중하게 진행했다. 유가족과 협의하고, 유가족이
신뢰하는 의사가 입회한 다음에야 가능했다. 부검을 서두를 이유가
없는데도 검찰 수사본부는 다른 일 제쳐두고 부검부터 한 것이다. 현
장에서는 유가족들이 누가 죽었는지도 몰라서 가족의 생사를 확인하
려고 안절부절못하던 시점이었다. 용산경찰서에서는 확인 중이라고
만 하면서 유가족들을 붙잡아두었다. 그러면서 화곡동 국립과학수사

연구원에 부검의 다섯 명을 대기시켜놓고 곧바로 부검에 들어갔다. 두 시간 만에 해치운 부검이었다. 혹시 있을지도 모르는 경찰의 폭행 흔적을 지우려 했던 것일까. 신원을 확인할 수 없다고 했지만, 돌아가신 분들의 유류품을 조금만 확인하면 신원은 단박에 알 수 있었으므로 그것은 거짓이었다.

그 부검한 시신이 순천향병원에 있었던 것인데, 경찰은 또 하나 의혹을 사는 짓을 했다. 시신을 분산시키기 위해서 다른 병원 장례식장에 예약까지 했다는 제보가 들어왔다. 그 소식을 듣고는 그럴 것이라는 생각이 들었다. 다섯 명을 한곳에 모아두기보다는 다섯 군데로 나누게 되면 투쟁역량은 분산될 것이다. 그런 사이에 유가족들을 한 명씩 잡고 회유하려 할 것이다. 다행히 사람들이 몰려가서 막는 바람에 그런 일은 벌어지지 않았다.

그날 밤, 마지막까지 내 남편은 아니겠지 하는 희미한 바람을 갖고 있던 유가족들은 새까맣게 타버린 숯덩이가 된, 게다가 부검한 뒤라 갈기갈기 찢겨진 남편의 시신을 확인하고는 오열했다. 시신 확인도 바로 한 것이 아니었다. 검찰의 허락이 없으므로 확인해줄 수 없다는 경찰에 막혀서 한바탕 투쟁을 한 뒤에야 가능했다. 쓰러지는 유가족들을 만났다. 시신을 확인하고 나오는 유가족들의 절규하는 모습이 지금도 선하다. 아비규환의 밤이었다.

국가의
끝없는 부인

'이명박 정권 용산 철거민 살인진압 범국민대책위원회(이하 용산범대
위)'는 사건 다음날인 2009년 1월 21일에 발족되었다. 시민단체들은
이명박 대통령의 퇴진을 요구하는 걸 수용할 수 없다면서 용산범대
위에 참여하지 않아 민중단체들과 진보정당으로 꾸려지게 되었다.

그 겨울은 몹시도 추웠다. 경찰은 추모대회조차 무조건 막았다. 집
회신고도 받지 않았다. 경찰의 원천봉쇄를 뚫고 추모대회를 한다는
것은 쉽지 않았다. 초기에는 수천 명의 대오가 결집했지만, 매주 추모
대회가 열리자 참가자는 갈수록 줄어들었다. 참사 현장에서도 촛불
을 들고 항의하는 집회를 하는 것조차 쉽지 않았다. 매일 충돌과 연
행이 이어졌다.

한편 정권과 여당인 한나라당은 전철연에 대한 공세의 강도를 높

여갔다. 전철연은 폭력투쟁집단이 되었고, 용산 철거민들도 도심테러범으로 몰렸다. 전철연에 대한 이데올로기 공세와 더불어 전철연이 벌인 투쟁과정에서 있었던 합의과정마저 문제 삼고 나왔다. 오랜 투쟁 끝에 협상한 것을 공갈에 의한 갈취로 몰아갔다. 용산 참사의 본질을 흐리게 하는 전통적인 물타기 방식이었다. 게다가 경기서남부 지역에서 연쇄살인을 저질렀던 강호순이 용산 참사 나흘 뒤인 1월 24일 체포되자 이를 비중 있게 다루어서 용산 참사에 쏠리는 국민적 관심을 돌리려 했다. 이와 관련해 청와대 행정비서관이 책임지고 물러났지만, 청와대 고위층의 방침이 전달된 신종 보도지침이었다.

검찰의 수사방향은 처음부터 경찰특공대원인 김남훈 경사의 죽음에 대한 책임에 맞추어졌다. 철거민들이 화염병을 투척해서 화재가 났고, 그로 인해서 김남훈 경사가 죽게 된 것에 대해서만 수사를 했다. 망루 농성에 참여했던 네 명을 구속했다가 나중에 부상을 당해 병원에 있던 이충연 용산4구역 철거대책위원회 위원장까지 구속했다. 16명의 농성 철거민들은 불구속기소했다. 국법질서에 도전한 범법행위이므로 엄단해야 한다며 특수공무집행방해치사죄를 뒤집어씌웠다.

반면 철거민 다섯 명이 죽은 책임에 대해서는 애초부터 수사 의지가 없었다. 따라서 김석기 당시 서울경찰청장(그때 그는 경찰청장으로 내정된 지 하루 만에 용산 참사 강제진압을 지시한다)에 대한 조사는 서면조사로 끝내고 나머지 경찰 책임자들에 대한 조사도 형식적으로 마무리하고는 무혐의 처리했다. 다만 김석기만이 참사의 책임을 지고 물러났다. 용역들이 경찰과 협력해서 진압에 참여했다는 점에 대해서도 MBC 〈PD수첩〉이 방영을 하고서야 서둘러 수사를 하고는 불구속기소했다. 만약 그들을 국민으로 대우하고, 국민이 가진 기본권을 가진 사람으로 인정했다면 이런 강제진압은 없었을 것이며, 공권력이 강제진압으로 사람을 죽인 일에 대해 무겁게 책임을 물었어야 함에도 검찰은 이 부분에는 눈을 감았고, 공권력의 정당한 집행으로 보았다. 이후 재판과정에서 법원의 태도도 마찬가지였다.

용산범대위의 입장에서는 이런 수사결과를 수용할 수 없었다. 우리는 진상 규명과 책임자 처벌을 요구했다. 1월 19일 철거민들이 망루를 짓고 올라가자마자 경찰특공대를 투입할 계획을 세운 것이 김석기 등 경찰의 판단에 의한 것이 아니라고 생각했다. 사실상 이명박 대통령의 지시에 의한 강제진압일 가능성이 높았다. 경찰 자체의 판단대로라면 시위진압 매뉴얼에 나온 것처럼 '인내진압'을 할 것이었다. 철거민들이 망루 농성을 들어갈 때는 몇 달치의 식량과 함께 용역과 경찰의 침탈을 막기 위한 화염병을 제조할 유류품들을 대거 지참해 올라간다는 것은 상식이었다. 이전에도 철거민들의 망루농성을 진압하다가 사망하는 사건을 경험했던 경찰은 분명히 시간을 끌면서 철거민들이 화염병을 모두 소진할 때까지 기다렸을 것이다. 하지만 겨우 세 시간 만에 강제진압 계획을 세우고, 25시간 만에 진압작전을 감행한 것은 경찰만의 판단일 수 없었다. 서둘러서 진압을 하다보니 꼭 있어야 할 화학소방차도 없이, 안전매트리스조차 깔지 않은 채로 진압에 들어갔다. 기본이 전혀 안 된 상태에서 시작된 진압은 대형 참사를 예고한 것이었다.

진상 규명이 필요한 부분은 또 있다. 당일 1차 화재가 났던 게 7시 6분경이었다. 그때 이미 작은 화재가 났고, 투입되었던 특공대가 빠져나왔는데 아무런 대책 없이 10여 분 뒤에 경찰 진압이 재개되었다. 그 특공대원들은 소화기마저 이미 다 써버려서 빈 깡통을 들고 진압에 들어갔다. 그리고 7시 20분경 문제의 대형 화재가 발생했다. 재판 과정에서 공방은 화재가 난 원인이 무엇이냐에 집중되었는데, 누구도 화염병을 던진 사람이 없었고, 진압에 투입된 경찰들도 철거민들이 화염병을 던지는 걸 보지 못했다고 법정에서 증언했다. 그렇다면 화재의 원인은 무엇이었을까. 상부에서 내려오는 신속한 진압 지시에 특공대원들은 그저 기계처럼 복종했다. 그들은 진압기계였고, 그러다가 한 명이 죽었다.

진상조사는 순탄치 않았다. 진상조사가 이루어지기 위해서는 경찰의 자료가 필수적이었는데, 경찰은 사건 관련 자료를 제대로 공개하지 않았다. 정부의 방침은 그대로 덮자는 것이었다. 검찰 수사결과가 어디로 갈 것인지에 대해 예상하고 있었지만, 그것을 뒤엎을 증거나 진술을 확보하지 못한 진상조사 결과는 보수언론까지 동원된 총공세를 넘지 못했다. 예전에는 이런 상황이면 양심선언하는 경찰도 있게 마련인데도 이 사건에서는 그조차 없었다.

계속적으로 범죄를 부인하는 국가에 맞서는 용산범대위의 투쟁력도 담보되지 못하니 우리는 버티기로 갈 수밖에 없었다. 2월이 지나면서부터는 투쟁동력이 바닥을 쳤다. 그래도 현장을 지키는 투쟁은 계속되어야 했다. 3월이 지나서 초조한 상황을 맞아 문정현 신부님께 SOS 신호를 보냈다. 문정현 신부님과는 예전부터 투쟁을 같이 해왔고, 특히나 평택미군기지 저지투쟁에서도 함께한 전력이 있어서 신부님이라면 뭔가 돌파구를 마련할 것이란 믿음이 있었다. 더욱이 나와 이종회 공동집행위원장은 수배를 당해서 순천향병원 장례식장을 한 걸음도 벗어날 수 없는 상황이었다.

매우 특수한
수배생활

내가 수배된 것은 3월 초였다. 2월 말부터 수배가 떨어진다는 소문이 있었다. 용산범대위는 사실상 공동집행위원장인 나와 김태연 상황실장을 중심으로 움직이고 있었다. 경찰, 검찰은 잘 알고 있었다. 투쟁의 중심은 집행위원장과 상황실장이고, 이들의 발을 묶으면 투쟁력이 현저히 약화된다는 걸. 1월 참사 이후 2월 내내 병원과 현장을 오가면서 투쟁에 골몰하느라 집에도 거의 들어가지 못하거나 들어가더라도 새벽에나 들어갔다가 나오는 일을 반복했다. 그러다가 2월 말부터는 언제 수배가 떨어질지 몰라서 집에도 들어가지 못했다.

3월 초 어느 날, 정말 오랜만에 인권운동사랑방에 들렀다. 수배되기 전에 후배들 얼굴이라도 볼까 해서였다. 그날 오후 그동안 모자란 잠이 밀려와서 사무실 한편에서 코 골며 자고 일어나 막걸리를 한잔하고 있는데, 한 언론사의 후배가 전화를 했다. 검찰이 영장청구를 한 사실을 아느냐며 내게 사실확인을 하려는 것이었다. 그 길로 순천향 병원 장례식장으로 들어갔다. 그렇게 시작된 수배생활이 10개월 동안 이어졌다.

그렇게 2009년, 1년 내내 '용산에서' 살았다. 아니, '용산을' 살았다고 해야 옳을지도 모른다. 용산 참사가 일어난 이후 용산에서 벗어나지 못했지만 용산 참사의 현장을 오갈 수 있었던 건 단 한 달 보름밖에 되지 않았다. 수배자로 발이 묶였으니 어쩔 수 없는 일이었다.

그러나 수배는 수배인데 희한한 수배였다. 수배자란 원래 경찰이나 검찰의 눈을 피해 은둔해 있어야 한다. 연락을 하는 몇 사람과만 아주 은밀한 관계를 유지한 채 숨어 지내는 게 수배생활이다. 언제 따라붙을지 모르는 미행을 따돌려야 하고, 언제 덮칠지 모르는 불안감을 안은 채 잠자리에 들어야 하는 것이다. 그런 긴장도 하루이틀 지나고 몇 달이 지나면 풀어져서 조금만 방심하면 체포될 수도 있다.

용산 참사와 관련된 수배자는 나와 이종회 공동집행위원장, 남경남 전철연 의장, 이렇게 셋이었다. 우리는 경찰이 지켜보는 앞에서 수배생활을 했다. 6개월을 살았던 용산구 한남동의 순천향병원 장례식장이 첫번째 은신처였고, 4개월을 살았던 명동성당 영안실이 두번째 은신처였다. 우리의 은신처 앞에서 경찰은 우리 세 사람의 사진을 들고 지키고 서 있으면서도 쳐들어오지 못했다. 장례식장은 유가족들이 같이 생활하는 공간이라서 못 들어왔다. 몇 번 쳐들어오려고 했지만 그렇잖아도 용산에서 사람이 죽어나갔는데 다시 쳐들어와서 우리를 잡아갔다가는 무슨 변을 당할지 모르는 위험이 있기 때문에 결행하지 못했다. 명동성당에서는 천주교가 우리를 지켜주었다. 명동성당 영안실 입구에는 늘 경찰이 배치되어 우리의 일거수일투족을 감시했다. 영안실을 나와 성당 경내를 돌아서 산책이나 운동을 하면 멀찌감치 뒤를 따라왔다. 그런데도 잡아가지 못했다. 경찰이 뻔히 보는 앞에서 하는 수배생활, 경찰이 눈으로 똑똑히 보고도 잡지 못하는 곳에서의 수배자의 생활이었다.

혼자서 외로움과 싸워야 하는 그런 수배생활과도 거리가 멀었다. 늘 사람들 속에서 부대끼면서 괴로워해야 했다. 우리 수배자들은 장례식장 4층의 왼쪽 방을 썼다. 거기가 상황실이 되었다. 그 방에서 회의도 하고, 문서도 만들고, 찾아오는 손님들과 술도 마셨다. 상가이기도 하니 술에는 제약이 없었다. 장례식장을 찾아오는 분들은 우리가 고생한다면서 음식과 술을 싸가지고 왔다. 그들이야 어쩌다 들르는 것이었겠지만 그곳에서 생활을 하는 우리는 매일 그들과 대작을 하는 일이 쉽지 않았다. 처음에는 그들이 돌아갈 때까지 함께해주고는 했지만 좀 지나고 나서는 그들이 있건 없건 실례를 무릅쓰고 잠을 자게 됐다.

반대편 방에서 공동생활하는 유가족들도 불편한 생활을 하기는 마찬가지였다. 넓은 방에서 조문객들을 위한 상으로 구획을 구분해서 다섯 집 식구들이 어울려 살아야 했다. 만약 유가족들이 따로 떨어져서 생활했다면 더 힘들었을 것이다. 아이들도 그곳에서 생활하고 공부하고 학교에 갔다.

졸지에 남편과 가정을 잃은 유가족들은 경찰에 대한 적개심을 순간순간 드러냈다. 그러다가도 남편 생각에, 자신의 처지 생각에, 아이들 생각에, 언제 끝날지 모르는 투쟁 생각에 갑자기 울음을 터뜨리는, 마치 우울증 환자와 같은 모습이었다. 어쩌다가 집에 다녀오면 더 우울해했다. 언제까지 이럴 거냐고, 장례를 치러야 하는 것 아니냐고 하소연하면 우리는 그 말을 다 들어주면서 그들을 설득해야 했다.

전철연 회원들은 남일당과 장례식장을 지키느라 정작 자신들의 지역투쟁은 소홀히 할 수밖에 없었다. 남일당에도 당번, 장례식장에도 당번이었다. 심지어 오가는 사람들의 식사까지 전담했다. 언제고 쳐들어올 수 있는 경찰 때문에 장례식장 계단에도 24시간 불침번을 서야 했다. 로비에 돗자리를 깔고 한뎃잠을 자는 노인분들도 있었다. 우리 수배자들을 그런 분들이 지켜주는 것이어서 늘 죄송스러웠다.

나는 수배에 들어갈 때부터 몸 상태가 말이 아니었다. 잠 잘 때마다 끙끙 앓는 소리를 하고는 했다. 온몸이 아프고 몸에 힘이 하나도 없었다. 용산 참사가 나고 나서 너무 무리한 탓이었다. 그러자 한의사들이 찾아왔다. 오씨3대한의원의 오춘상 원장이나 멀리 광양에서 와서 침을 놓아준 들풀한의원의 윤성현 원장이 있었다(이분들은 이후에도 투쟁현장에 찾아와서 침을 놓아주고 약을 대주고 있는 고마운 분들이다). 권승복 전 전국공무원노동조합(전공노) 위원장도 일요일마다 찾아와서는 몸살림을 가르쳐주었다(지금도 가끔씩 그에게 배운 방식으로 몸을 풀고는 한다).

그래도 갇혀 생활하다보니 어디 아파도 병원을 가지 못한다는 게

236

힘들었다. 그래서 침 맞는 자리를 익혔다가 내가 스스로 침을 놓고는 했다. 가르쳐준 대로 침을 놓으면 아픈 자리가 안 아프게 되는 신기한 경험도 했다.

그렇지만 그런 것만으로 건강 문제를 해결할 수 없었다. 움직일 수 없으니 몸은 점점 불어나고 둔해지는 것 같았다. 그래서 시작한 게 배드민턴이었다. 마침 용산4구역의 철거민 중에 배드민턴을 잘하는 김진홍 씨가 가르쳐준 대로 실내에서 배드민턴을 쳤다. 처음에는 낮은 천장에 셔틀콕이 닿고는 해서 재미가 없었지만 곧 적응을 했다. 수배자 세 명이 교대로 돌아가면서 치게 되는데 천장이 낮다보니 셔틀콕이 체공하는 시간이 매우 짧아 우리의 배드민턴은 매우 격한 운동이 되었다. 격투기를 하느냐는 핀잔을 받을 정도였다. 한 시간을 치고 나면 온몸은 땀으로 흠뻑 젖었다.

순천향병원에서 치던 배드민턴 습관은 명동성당으로도 이어졌는데 한낮에는 이런저런 눈들이 있어서 잘 치지 못하고 주로 밤에 나가서 배드민턴을 쳤다. 야광 셔틀콕이 있어서 밤마다 불빛이 하늘을 갈랐다. 물론 그때도 경찰이 바짝 다가왔지만 우리를 잡아가지는 못하고 지켜만 봤다. 경찰을 경호원으로 두고 운동을 즐기는 호사생활이었다고나 할까.

땅을 딛지 못하고 4층 장례식장에 갇혀서 한참을 살다보니 어느 날 이러다가 밖에 나가서 제대로 뛰지도 못할 것만 같은 걱정이 찾아들었다. 그곳을 탈출할 일에 골몰하던 때였을 것이다. 그래서 운동화를 사다달라 해서는 운동화를 신고서 방 안을 뛰었다. 별짓을 다 한다, 저러다가 미치는 거 아니냐고 했겠지만 그때 나는 절실했다. 사실 매일매일이 미칠 듯 답답한 나날이기도 했다.

겨울의 끝 무렵에 갇혔는데 곧 봄이 왔다. 창 너머로 남산의 남쪽 기슭이 보였다. 서울과 같은 삭막한 도시에도 봄은 어김없이 찾아오더니 남산은 꽃으로 덮였다. 아마도 벚꽃이었을 것이다. 벚꽃이 진 다음에는 아까시꽃이 피었다. 아까시꽃이 피는 무렵이면 몸도 마음도 힘들어지기 시작한다. 매년 겪는 일이다. 용산 유가족이나 관련자들이 1월 20일을 앞두고 그런 것처럼, 광주의 사람들이 5월병을 앓는 것처럼 동생이 죽은 6월로 가는 그 시간에는 매년 그랬다. 그래서 아까시꽃을 따다달라고 했더니 정말로 최헌국 목사가 아까시꽃이며 가지가지 꽃들을 꺾어왔다. 그리고 그해 6월 매년 가던 마석 모란공원을 가지 못했다. 동생의 추모식을 거른 건 그때가 처음이었다.

갇혀 있는 자가 제일로 부러운 것은 밖의 사람들이다. 거리를 지나는 사람들의 행보가 그렇게 자유롭게 보인다. 착시 현상이다. 한남동의 길 건너 인도를 걸어다니는 사람들의 모습이 부럽기만 했다. 뿐만 아니라 집으로 돌아가는 사람들, 집이 있어서 집에 갈 수 있다는 평범한 일상이 그리웠다. 수배자는 집에 가면 안 된다. 우리 집 근처에는 경찰이 차를 대놓고 감시한다고 했다. 같이 수배 중인 이종회 집행위원장의 부인인 백원담 형수는 어느 날 차를 몰고 가는데 경찰이 잡더란다. 차가 이종회 위원장의 명의로 되어 있어서 그랬다고 했다. 어처구니없어했지만 그들은 앞에 수배자가 번연히 있는 줄 알면서도 그런 짓을 한다.

아내와 두 딸들이 일주일에 한 번씩 면회를 왔다. 일주일 동안 지냈던 일들을 재잘재잘 떠들고 서로 걱정해주고 그러면 후딱 밤 시간이 되었다. 아쉬운 이별. 밖에 나가서 집에 가는 차도 태워주지 못하고, 장례식장과 영안실 앞에서 손을 흔들었다. 사생활이 보장되지 않는 트인 공간이니 부부로서 애틋한 정을 나눌 수도 없었다. 1년도 훨씬 넘게 집에서의 생활은 유보되었다. 그래도 내가 하는 일을 이해해주고 지지해주고 하는 가족들은 늘 힘이 되었다. 기죽지 않고 살아내는 딸들이 고마웠고, 이런 남편을 이해하고 아이들을 건사해주는 아내가 고마웠다.

그런데 하루는 시골의 부모님과 형님이 병원 장례식장을 찾아오셨다. 부모님은 80도 넘으셨고, 아버지는 목발 짚고 다니느라 웬만해서는 멀리 가지 않는데 수배 중인 아들이 보고 싶다고 먼 길을 오셨다. 아버지가 "다른 사람들은 잘만 드나드는데 왜 너는 못 나가냐" 물으셨다. 참 뭐라 답하기가 어려웠다. 대학 들어간 이래 속을 참 많이도 썩인 자식이다. 어머니는 지금도 내가 잡혀가지나 않을까 걱정을 하신다.

그러던 와중에도 우리 수배자들과 용산범대위는 이전부터 고립된 수배상황을 풀어야 한다고 판단하고 있었다. 이대로 고사되는 것은 패배였다. 우리는 수없이 탈출계획을 세웠다. 7월의 어느 날, 전날의 참사 6개월 행사 때문에 경찰이 진을 뺐기 때문인지 어느 때보다 경계가 허술했다. 새벽에 나는 4층 장례식장에서 완강기 밧줄을 몸에 건 채로 가스관을 타고 내려갔다. 그리고 장례식장 담과 옆 미군기지

담 사이에 걸쳐진 지붕을 사뿐히 밟았다. 순간 뿌지직 하는 소리가 사방에 울려퍼졌다. 모두가 잠든 새벽 시간에는 작은 소리도 더 크게 들리기 마련이다. 순간 경찰 두 명이 어둠 속에서 튀어나왔다. 밧줄을 잡고 담에 기대어 있는 내게 그중 한 명이 손가락으로 위아래를 가리키며 물었다.

"아저씨, 저 위에서 내려오는 거요, 아래에서 위로 올라가려는 거요?"

참 웃기는 질문인데, 거기에 답할 겨를이 없었다. 이 다급한 위기 상황을 어떻게 벗어나야 하는데, 1년 같은 1분의 시간이 흘렀다. 급기야 반대편 쪽에서도 전경들이 뛰어왔다. 더 이상 지체할 수 없어서 담장을 밟고 뛰어올라 정신없이 가스관을 탔다. 아래서는 그때서야 경찰들이 나의 발목을 잡으려고 버둥댔다. 그걸 피해 3층까지 올라왔는데 몸에 걸었던 밧줄이 벗겨졌다. 젖 먹던 힘까지 쓴다는 게 그럴 때 쓰는 말일 거다. 겨우 4층 우리 방에 올라와서는 한숨을 돌렸다. 온몸의 근육에 통증이 밀려왔다. 거기서 잡혔다면, 정말 개망신을 당했을 것이다. '타잔 사건'이라고 상황실 동료들이 이름 붙여준 탈출극은 실패로 끝났다.

그러다가 9월 초 우리는 결국은 그곳을 탈출했다. 기막힌 변장을 했다고는 하지만, 오랫동안 경계를 서던 경찰들은 이미 작대기 상태로 변해 있었다. 주변에 누가 드나드는지 별로 관심이 없었다. 우리가 탈출해서 명동성당에 들어간 다음에야 경찰은 우리의 탈출 소식을 접하고 난리가 났다. 1계급 특진의 기회도 날아간 것이지만, 무엇보다 책임을 추궁당할 일을 피하고 싶었을 것이다.

명동성당에 영안실이 있다는 사실을 대부분의 시민들은 모른다. 우리가 은거를 할 수 있는 공간으로 허락받은 곳은 영안실이었다. 장례식장에서 6개월을 지냈는데, 또 영안실이라니. 그곳에서 우리는 다시 4개월을 버텨야 했다.

── 유난히 길었던 그해 1년

2009년 용산 참사가 발생한 그해에는 유명인사들의 죽음이 이어졌다. 2월에는 김수환 추기경이 서거했고, 5월에는 노무현 전 대통령이 봉하마을 부엉이바위에서 뛰어내려 자결했다. 그리고 8월에는 김대중 전 대통령이 서거했다. 그때 사람들은 광장에 모여 추모했다. 끝없이 늘어선 추모행렬은 감동이었다. 이명박 대통령의 폭정 때문에 더 서러웠던 것일까. 하지만 그 광경을 장례식장에 갇혀서 지켜보는 마음은 편할 수 없었다. 전직 대통령의 죽음은 광장에 모여 추모하는 사람들이 왜 철거민들의 죽음은 외면할까. 추모대회를 경찰이 원천봉쇄했고, 운동권 특유의 집회문화 방식이어서 낯설었겠지만, 시민들은 우리에게 다가오는 것을 어려워했다.

물론 그런 중에도 사람들은 남일당으로 장례식장으로 꾸준히 찾아왔다. 문정현 신부님과 이강서 신부님이 3월에 들어와 매일 생명평화 미사를 열더니 천주교 정의구현전국사제단은 6월부터 그 자리를 계속 지켰다. 그리고 문화예술인들은 참혹한 참사의 현장을 다양한 문화공간으로 꾸며냈다. 음악회와 전시회가 열리고, 시낭송회, 연극공연도 이어졌다. 미디어 활동가들도 함께했다. 아마도 가난한 사람들이 성금을 모아주고, 다양한 방법으로 힘을 모아주지 않았다면 용산 투쟁은 지속될 수 없었을 것이다. 가난한 사람들의 연대가 곧 희망이었다. 하지만 그런 사람들보다는 찾아오지 않거나 외면하는 이들이 더 많았던 것도 사실이었다. 그래서 용산은 참으로 외롭게 버텨내야 했다.

우리가 살았던 장례식장의 방 한 칸은 용산범대위 상황실이기도 했다. 물론 용산 남일당에도 상황실이 있었지만 주요한 회의는 우리가 있는 순천향병원과 명동성당에서 진행되었다. 우리가 밖으로 나가지 못하므로 당연한 일이었다. 하루 종일 투쟁을 하다가 돌아온 상황실 사람들과 상황을 점검하고 이후의 투쟁을 기획하고 나면 밤은 이미 깊어 있었다.

공동집행위원장을 맡았던 나와 이종회 씨가 수배 중이어서 바깥 활동을 못 하던 동안, 용산범대위의 공동대표들과 집행위원들, 상황실 사람들을 비롯한 많은 이들은 투쟁을 쉬어본 적이 없었다.

용산 참사 현장인 남일당에서는 3월 11일부터 재개된 철거작업에 저항하는 투쟁을 계속해야 했다. 명도집행이 들어오면 그것을 온몸을 던져 막았다. 철거용역들과의 몸싸움 과정에서 폭력을 당한 것은 철거민들만이 아니었다. 문정현, 전종훈, 이강서, 나승구 신부 등 천주교 사제들도 그들의 폭력에서 예외가 아니었다. 깡패들이 깔아뭉개고 '날개 꺾기'를 하고, 주먹으로 패는 일도 다반사였다.

경찰은 남일당에 천막 하나 설치하는 것도 허용하지 않았다. 천막도 없이 땡볕 아래 농성을 이어가야 했다. 추모제를 한다고 하면 당장 경찰은 해산경고 방송을 해대고 해산하지 않으면 즉시 진압에 들어왔다. 이명박 대통령을 비난하는 펼침막을 내걸었다가 이를 철거하려는 경찰 때문에 승강이도 벌어졌다.

2009년 6월은 이런 경찰의 폭력이 가장 극심했던 때였다. 6월 15일부터 천주교 정의구현전국사제단은 남일당 현장에서 시국선언을 하면서 단식기도에 들어갔다. 그리고 그 첫주에 경찰과 충돌하여 유가족과 전종훈 신부가 실신하여 후송되었고, 다른 사제들도 경찰에게 옷이 뜯기고 폭행을 당했다. 이런 일로 인해서 천주교계가 분노했고, 뒤늦게 경찰이 천주교에 사과했다. 그런 뒤로 현장에서는 생명평화미사만은 평화롭게 봉헌할 수 있었다. 하지만 문화제가 되었든 추모제가 되었든 현장에서 진행되는 행사는 늘 경찰의 방해가 따랐다.

용산범대위는 참사 후 6개월째가 되던 7월 20일을 기점으로 남일당 현장에서 고립되는 상황을 넘어 시민들과 함께하기 위해 분향소를 서울광장에 설치하려고 했다. 경찰에 의해 시신을 천구하기 위한 행사는 봉쇄되었지만, 이후 용산범대위는 두 차례의 전국순회 투쟁과 지속적인 삼보일배, 1인시위, 추모대회 등을 서울 시내에서 개최하면서 6개월 넘도록 장례도 지내지 못하게 하는 정권을 비판해갔다.

'용산'이라는 이름만 들어도 기겁을 하던 경찰은 기자회견조차 봉쇄하고 연행을 거듭했다. 용산범대위의 대표와 집행위원, 상황실원 등 40여 명은 경찰의 연행을 피할 수 없었다.

용산 투쟁을 하면서 1년 내내 힘들었지만, 가장 힘들었던 때는 8월이었다. 5월 22일부터 쌍용차 노동자들이 77일 간의 옥쇄파업(막바지에 몰린 노동자들이 사생결단으로 벌이는 파업)에 들어갔다. '먹튀 자본' 상하이차가 기술만 빼먹고는 자본철수를 하는 것을 계기로 정부와 법원은 3천 명에 이르는 대대적인 정리해고를 승인했다. 죽은 자와 산 자로 나뉘어 강제로 쫓겨날 상황에 이르자 노조의 선택은 옥쇄파업밖에 남지 않았다. 그들은 공장에 고립되었고, 고립된 노동자들에게 단전단수 조처가 취해졌으며, 회사는 노노갈등을 유발했다. 노동자가 노동자를 공격하는 괴로운 상황을 견뎌야 했다. 경찰과 용역은 공장을 봉쇄했고 공중에서 매일 최루액을 투하했다. 경찰 헬기의 저공비행은 공포스러웠다. 그리고 8월에 들어와 강제진압이 감행되었다. 용산과 똑같은 방식으로 컨테이너 박스를 크레인에 매달아올려서 경찰특공대를 투입하고, 옥상에서 저항하는 노동자들을 개 패듯이 팼다. 용산범대위 상황실은 우리의 투쟁은 잠시 뒷전으로 미루어놓고 쌍용차 투쟁을 지원했다. 용산에 오는 사람들을 모두 쌍용차 공장으로 보냈다. 그렇지만 쌍용차 노동자들은 정리해고를 되돌리지 못하고 기만적인 협상을 한 뒤 파업을 풀고 경찰에 연행되었다.

이명박 정부는 그 여세를 몰아서 우리도 압박했다. 용산이 혼자 버티도록 내버려두지 않겠다는 적극적인 태도를 취했다. 우리를 고립시켜서 지치게 만들고자 했다. 기독교계 인사들이 중재에 나섰지만 우리의 요구와는 먼 일방적인 협상안이 제시됐다. 8월 15일, 우리는 협상안을 받을 수 없음을 통보했다. 그러자 경찰은 대대적인 장례식장 진압작전을 계획했고, 실제로 8월 19일 장례식장을 정리하려 했다. 그런데 마침 김대중 전 대통령이 서거하는 바람에 그 계획은 미루어졌다.

9월 초, 수배자들이 장례식장에서 탈출하면서 용산 투쟁에 많은 변화를 가져왔다. 일단은 남일당 현장과 장례식장으로 분산되어 있던 역량을 남일당으로 집중할 수 있었다. 유가족들은 장례식장 생활을 접고, 용산4구역 양회성 씨네의 가게를 개조해서 칸막이가 있는 방을 만들었다. 7개월여의 투쟁에 지친 유가족과 용산범대위가 이를 계기로 활성화되었다. 용산4구역 철거민들은 시청 앞에서 밤새 모기에 뜯기면서 농성을 이어갔다. 서울시를 압박하기 위한 투쟁이었다.

이에 따라 정부의 대응도 변화할 수밖에 없었다. 그대로 고립·고사시킬 수 없다는 점을 분명히 인식하는 계기가 되었을 것이다. 게다가 소강상태에 있던 상황을 반전시키는 용산범대위의 집요한 활동으로 인해 정권은 어떻게든 서둘러 사태를 정리하려고 했고, 이런 움직임은 10월 3일 추석날 오전 정운찬 당시 총리의 전격적인 남일당 분향소 조문으로 이어졌다. 그 사실만으로도 상황이 변했음을 알 수 있었지만, 별 내용 없이 대강의 위로만을 전하고 책임은 슬쩍 서울시로 미루고 말았다. 결국 중앙정부가 책임질 일이 없다는 기존의 인식을 되풀이하면서 다시 답보상태에 빠졌다.

이에 천주교의 전종훈, 문규현, 나승구 신부가 먼저 삭발 및 단식에 들어갔고, 이어 용산범대위 대표단이 단식농성에 들어갔다. 문규현 신부님은 단식 열하루 만에 갑자기 쓰러져 심장박동까지 멈추었다가 기적적으로 소생했다. 용산범대위 대표단은 단식을 하는 중에도 경찰서 유치장에 연행되기도 했다.

10월 28일 서울중앙지법은 그간의 파행을 거듭했던 1심 재판을 종결했다. 검찰이 수사기록마저 제출하지 않았고, 실제로 화염병에 의한 화재를 입증할 증거도 증인도 없었지만, 여섯 명에게 4~5년의 징역형을 선고했고, 두 명에게는 집행유예를 선고했다. 법원이 검찰과 경찰의 편을 들어준 것이다.

12월에 들어서 본격적으로 서울시와 협상 테이블이 마련되었다. 이는 장례를 지내기 위한 최소한의 협상이었지 사건의 전면적인 해결은 아니었다. 정부 책임자인 총리로서 책임을 인정한다는 어설픈 사과문이 있었다. 유가족과 철거민들에 대한 보상에 합의했고, 2010년 1월 9일 장례를 지내기로 결정했다.

장례식에는 우리 수배자도 꼭 참석하고 싶었다. 하지만 경찰과 정부는 끝내 이 마지막 길도 봉쇄했다. 눈이 퍼붓고 지독히 추웠던 날, 서울역에서의 영결식과 남일당 현장에서의 노제, 그리고 모란공원에서의 하관까지 하루 종일 시민들이 함께했다.

2010년 1월 11일, 명동성당에서 몸을 피하고 있던 나를 포함한 용산 수배자 3인은 기자회견을 갖고 경찰에 자진 출두했다. 순천향병원 영안실에서 6개월, 명동성당 영안실에서 4개월, 도합 10개월여의 수배생활을 정리하는 자리였다. 눈물로 보냈던 용산 철거민 열사들의 장례가 끝난 지 이틀 뒤, 삼우제를 마친 유가족과 용산범대위 사람들, 그리고 야당에서 우리가 가는 길을 배웅해주었다. 우리는 남대문경찰서에서 일주일간 조사를 받고 중부경찰서 유치장을 거쳐 1월 18일 서울구치소로 송치되어 수감생활을 시작했다.

▬ 죽은 자들의
앞에서

2010년 4월 29일 서울지법 523호에서 4차 공판을 받았다. 이 재판을 마치고 최소한 한 달은 더 있어야만 보석 결정이 날 것으로 생각했다. 구치소 독방에 돌아와 이전의 달력들을 떼어내고 5월 달력을 새로이 벽에 붙이면서 한 달을 어떻게 살 것인가를 고민했다. 읽을 책도 정리해보고, 해야 할 일에 대해서도 생각했다.

다음날은 마침 나의 마흔아홉번째 생일, 그러니까 우리 나이로 쉰 살이 되는 날이었다. 쓸쓸하게 생일을 지내면서 이런저런 회상에 잠겼을 때인 그날 오후 3시, 나는 갑작스레, 아무런 준비도 없이 보석으로 풀려났다.

4월 30일, 나는 1년 2개월 만에 세상에 돌아왔다. 그동안 사람이 죽었고 나는 수배를 거쳐서 감옥도 다녀왔는데 세상은 하나도 변하지 않은 그대로였다. 하지만 일상은 낯설었다. 오랜만에 돌아온 집은 어색했고, 지하철을 타려면 몇 번이나 확인해야 했고, 혹시 경찰이 따라붙지 않나 뒤돌아보기도 했다. 그래도 아이들 아침밥을 챙겨주고, 고3 큰아이 마중도 나가고 하면서 점차 적응하게 되었다.

용산범대위는 '용산 참사 진상 규명 및 재개발제도개선위원회(용산진상규명위원회)'로 개편되었고, 나는 이 위원회의 집행위원장이 되어 있었다. 용산범대위의 조희주 대표가 이 위원회의 대표를 맡았고, 상황실의 이원호 활동가가 사무국장이 되어서 용산 투쟁을 이어갔다. 나 없이 진행된 개편 회의 결과를 나는 받아들였다. 용산으로부터 지워진 짐을 벗을 수는 없었다. 나는 유가족들과 구속자 가족들, 그리고 용산4구역 철거민들에게 장례 협상 문제를 이해시키고 서로 간의 오해도 풀도록 하는 시간부터 가졌다.

5월 6일, 마석 모란공원을 찾았다. 모란공원 특구 왼쪽 양지바른 곳에 나란히 들어선 다섯 개의 묘지, 용산 철거민 다섯 열사들의 묘소. 묏등에 잔디는 잘 자라고 있었지만, 붉은 흙빛이 잔디 사이로 드러나서 묘를 쓴 지 얼마 되지 않았음을 보여주고 있었다.

왼편부터 이상림, 양회성, 한대성, 이성수, 윤용헌…… 살아생전에 만난 적은 없지만 사람 좋아하고 술 좋아해서 주위에 사람들이 많이 꼬였다는 인상 좋은 사람들. 전철연 사람들이 귀 아프도록 했던 죽은 이들 얘기였다. 잘못된 재개발 정책으로 인해 어느 순간 철거민이 되어 삶의 터전이었던 집과 가게를 빼앗기고 빈털터리로 거리에 나앉게 되자 죽을 수도 있는 투쟁을 결심했던 이들. 이들 중 세 사람은 용산4구역에 연대투쟁을 나왔다가 죽음을 맞았다. 경찰특공대가 물포를 쏘아대던 그 겨울 새벽, 컨테이너 박스를 통해서 망루를 부수려 들던 경찰특공대, 망루 계단을 치고 올라오는 특공대를 피해서 망루 4층으로 올라갔던 그들은 결국 새까만 숯덩이로 죽어서 내려왔다.

나는 1년 내내 묻고 또 물었다. 아무리 이들이 법을 위반했고, 공권력에 도전했다고 해도 이렇게 잔인하게 죽일 수 있는 것인가. 국가의 법질서가 아무리 엄중하다고 해도 사람의 목숨을 이토록 잔인하게 빼앗고도 유가족 앞에 진정 어린 사과 한 마디 할 수 없는 것인지. 국가의 잘못을 인정하고 고통을 당하는 유가족과 철거민을 위무할 수는 없는 것인지, 그토록 철저하게 진실을 왜곡한 것도 모자라 죽음의 불구덩이에서 겨우 살아나온 생존자들을 구속하여 중형을 내려도 되는 것인지, 왜 철거민들을 비롯한 사회적 약자에게는 그토록 공권력과 법질서를 엄격히 적용해야만 하는 것인지 묻고 또 물었다.

철거현장에서 철거민들에게 법은 늘 주먹보다 멀리 있었다. 법은, 공권력은 용역들이 저지르는 무법천지의 폭력에 애써 눈감고는 했다. 산만 한 덩치의 깡패들이 남녀노소를 불문하고 두들겨 패도 경찰은 침묵했다. 그것이 법이라는 것이다. 오히려 이에 항의하는 철거민들만 감옥에 갔다. 그런 공포 속에서 몇 년을 싸운다 한들 겨우 임대주택이나 이주비와 보상금을 조금 더 받는 것밖에 없고, 이렇게 싸워 이긴다고 한들 법은 다시 이들을 공갈협박죄라는 명목으로 감옥에 가둬버린다. 철거민들의 항의투쟁에도 눈 하나 깜짝하지 않을 힘과 돈을 가진 시공사를 철거민들이 공갈하고 협박해서 보상을 받아낸다는 게 이 나라 현실에서 가능한 일인가.

용산에서 철거민들이 망루를 짓고 올랐던 것은 결국 공권력도 법도 가진 자의 편만 들었기 때문이다. 상가 세입자들은 자신이 투자한 권리금을 비롯한 초기투자비용도 인정받지 못하고 거리로 나앉게 됐다. 용역 깡패들의 폭력에 시달리다가 무일푼으로 쫓겨나는 수밖에 없었다. 그런 현실에서 그들이 선택할 수 있는 길은 하나뿐이었다. 마지막 저항. 그것을 도심테러로 치부해버린다는 건 너무도 편의적인 해석이 아닌가. 철거민들이 폭력에 시달리고 일방적으로 내몰릴 때 공권력은 어디에도 없었는데, 망루 짓고 올라가니 테러범들이라면서 대화도 없이 잔인하게 짓밟아도 되는 것인가. 이게 국가인가.

죽은 사람들은 모두 한 가정을 책임져야 하는 가장들이었다. 우리 시대 가난한 가장들이 거기서 죽어갔다. 나는, 우리는 이들을 지켜주지 못했다. 왜 사람들은 노무현 전 대통령이 죽었을 때는 '지켜주지 못해서 미안하다'며 헌화를 하더니만 철거민 다섯 명의 죽음에 대해서는 추모할 수 없었을까. 경찰특공대가 망루를 공격할 때, 망루에 불길이 솟고 곧 화염에 휩싸이고, 일부는 그곳에 탈출하다가 안전매트리스도 없는 시멘트 바닥에 떨어져 방치될 때, 그 화염 안에서 사람들이 죽어갈 때 나는 그들을 지켜주지 못했다. 아니 그들이 망루에 오르기 전에 철거현장에서 폭력이 난무할 때 나는 그들을 외면했다. 우리 사회가 외면했다.

수배자가 되어 순천향병원 장례식장에 갇혀 있던 어느 날 밤에 그들 영전에 술잔을 올린 적이 있다. 형님 내 술 한 잔 받으소, 미안하

252

오. 당신들이 죽어갈 때 나는 잠자고 있었소. 그 겨울 새벽 죽음의 공포 속에서 당신들이 떨 때 나는 아무것도 하지 않았소. 그 자리라도 지켰어야 했는데, 경찰들의 폭력진압을 막으려고 했어야 했는데. 형님들 미안하오. 하지만 당신들의 억울한 죽음을 꼭 지키겠소. 나이순대로 한 잔 올리고, 한 잔 대신 마시고 그들과 대작을 했다.

출소한 뒤 이종회 씨와 함께 모란공원을 찾았다. 숯덩이가 된 몸, 강제부검으로 갈가리 난도질당한 몸, 그리고 355일 동안 냉동실에서 얼음덩이로 있던 그 몸을 누인 묘지 앞에 한참을 지나 겨우 술 한 잔 올린 것이다. 그리고 그해 6월 5일에는 돌덩이 하나씩 새겨 묘비를 세웠다. 우리는 당신들을 잊지 않겠다는 다짐과 함께.

끝나도
끝나지 않은 용산

2010년 5월 31일, 서울고등법원 형사 합의7부는 용산 철거민들에 대한 항소심 선고를 내렸다. 지방선거 이틀을 앞두고 내려진 선고에서 재판부는 철거민 일곱 명에게 징역 4~5년씩을 선고했다. 불구속자 두 명에 대해서만 집행유예를 선고했다. 재판부의 판단은 1심 선고 때와 똑같았다. 검찰이 제출하지 않았던 수사기록을 제출한 뒤에도 1심 선고 때와 같은 논리로 일방적으로 철거민들의 유죄만 확인하다니, 있을 수 없는 일이었다. 다만 1심 때보다 형량을 1년씩 줄여주었을 뿐이다.

항소심 재판부는 경찰의 "진압작전의 준비가 미흡했고, 실행에서 주도면밀하지 못했으며, 2차 진입 결정에서 신중하지 못해, 전격적으로 이루어졌다고 볼 여지가 충분히 있으며, 철거회사 직원이 소방호

스로 물을 뿌리는 것을 방치하는 잘못을 범하기도 했다"라고 지적하면서도 불법은 아니라는 논리로 철거민들에게 유죄를 선고했다. 그 부족한 점으로 인해서 철거민 다섯 명과 경찰관 한 명이 사망했는데도 말이다. 또 화염병이나 유류가 가득한 망루를 진압하기 위해서는 화염병 등이 소진될 때까지 기다리다가 진압해야 안전을 보장할 수 있다는 경찰의 시위진압 매뉴얼을 어긴 것에 대해서도 "지침에 불과한 매뉴얼을 지키지 않았다고, 진압이 위법하다고 할 수 없다"고 판단했다. 결국 경찰의 모든 행위는 부족하고 매뉴얼을 어겼다고 해도 적법한 것이라는 판단이었다. 이에 따르면 당연히 적법한 공권력의 행사에 저항한 철거민들이 범죄를 저지른 것이 된다. 정당방위로도 볼 수 없다는 것, 그렇다고 한다면 앞으로 공권력에 저항하는 모든 행위는 불법이 될 수밖에 없다는 무척이나 무서운 논리인 것이다.

또 재판부는 진압에 투입된 특공대원들이 법정에서 "화염병 던지는 것을 보지 못했다"고 한 진술은 무시하고 "화염병을 못 봤다고, 화염병 투척사실이 없다고 단정할 수 없다"면서 발화원인에 대한 구체적인 증거 없이 정황적으로 화염병일 것이라고 판단했다. 농성 중이던 철거민들 어느 누구도 화염병을 던지지 않았고, 당시 계속 쏘아댔던 물대포로 인해서 화염병의 심지는 불을 붙일 수 없게 젖어 있었으며, 그들은 모두 4층으로 올라가 바깥쪽으로 얼굴을 내밀고 숨 쉬기에도 정신이 없었다는 진술은 철저하게 무시되었다. 그래서 농성 중이던 철거민들은 자신을 포함한 동료들이 죽을 줄 알면서도 유류가 바닥에 질펀하게 깔렸고, 유증기가 가득 찬 망루에서 화염병을 던졌다는 것이다. 결국 재판부의 판단대로라면 철거민들은 자폭 테러를 할 정도의 극단적인 폭력배가 되는 것이다. 자신이 죽을 수도 있다는 것을 잘 알고 있으면서도 말이다. 이런 어이없는 판결을 재판부가 내린다는 것을 어떻게 받아들여야 하는지, 공판중심주의의 정신은 온데간데없었다.

또 재판부는 "우리의 경제질서는 자본주의와 시장경제질서를 기본으로 하면서, 예외적으로 국가가 개입"한다면서 이러한 경제질서 하에서 "시장에서 자신이 한 선택에 대한 결과는 스스로 책임지는 것이 원칙"이라고 강변했다. 그러면서 "이사를 않고 재개발구역에 남아 장사를 계속하는 쪽으로 선택"했고, "진압작전 개시 시 끝까지 저항하는 것을 선택"한 것은 철거민들이라며, 철거민들이 자신들의 선택에 책임을 져야 한다고 판결했다. 재개발 현장에서 쫓겨나지 않고 남아 있던 모든 행위도, 살인적인 진압에 저항한 것도 오로지 철거민들의 '선택'이므로 책임은 그들에게 있다는 이 논리 앞에서는 할 말을 찾을 길이 없다.

사법부의 판단이 이 정도라면 법은 이미 사회적 약자들에게는 폭력수단일 뿐이다. 법치가 이루어지려면 법이 정의에 입각하여 제정되어야 하고, 법 적용도 정의롭게 되어야 한다. 하지만 이건희 삼성그룹 회장 같은 이는 수백억 원의 조세포탈 등 국가경제에 막대한 지장을 주는 엄청난 범죄를 저질렀어도 감옥에 가지 않았다. 뿐만 아니라 단독사면을 받기까지 했다. 그에 비하면 수만 분의 일에도 못 미치는 피해를 끼친 철거민들, 더구나 자신들의 권리를 찾기 위해 저항했던 철거민들은 감옥에 갇히고 중형을 선고받았다.

항소심 판결과 함께 김석기 등 진압 책임자들에 대한 재정신청 사건도 기각되고 말았다. 다만 2010년 6월 24일에 헌법재판소는 용산 참사에서 생존한 철거민들의 이름으로 "검찰의 수사기록 공개 거부는 헌법상 보장된 기본권을 침해하는 것"이라며 낸 헌법소원을 받아들여 위헌을 선고했다. 이 결정에서 헌법재판소는 "법원이 수사서류에 대한 열람과 등사를 허용하라고 결정했는데도 검사가 이를 거부한 것은 피고인이 신속하고 공정하게 재판을 받을 권리와 변호인의 도움을 받을 권리를 침해한 것"이라며 위헌을 선고한 것이다. 수사기록이 제출되지 않은 상태에서 이미 1심 선고가 내려졌고, 항소심에 들어와 수사기록이 제출되고 판결까지 이루어진 다음에 나온 헌법재판소의 결정인지라 재판에 미칠 실효성은 없었다. 물론 이런 결정은 검찰이 자의적이고 편의적으로 수사기록을 제출하지 않던 잘못된 관행에 제동을 거는 긍정적인 효과가 있을 테지만 말이다.

결국 2010년 11월 11일 대법원은 철거민들의 상고를 기각하여 형을 확정했다. 헌법재판소의 위헌 결정도 무시한 채 하급심의 판결을 그대로 확정해준 것이다.

이런 법 앞에서 절망하는 사람들이 있다. 사법부가 진실의 일단이라도 밝혀주기를 바랐던 이들은 좌절했다. 도대체 경찰에게만 면죄부를 주는 사법부를 어떻게 신뢰할 것인가. 구속자 가족들은 울부짖었다. 해도 너무하는 것 아니냐면서 울분을 토해냈다. 어린아이들 곁으로, 그리고 아내와 부모가 기다리는 가정으로 돌아가려면 앞으로도 3년, 4년을 더 감옥에서 지내야 하는 이들의 가슴은 타들어갔다. 가장 없이 생계는 어떻게 유지할 것이며, 아빠를 찾는 아이들에게 뭐라고 답해줘야 하는지 남은 가족들은 울기에도 지쳤다.

그렇게 용산4구역 철거민들은 흩어졌다. 각자의 자기 생활로 돌아갔다. 유가족들은 생계를 찾았지만 평범한 생활로 돌아갈 수 없었다. 구속자들은 감옥에 있었고, 그 가족들은 2012년 1월말 특사로 감옥에서 남편들이 풀려나기 전에는 일상의 생활을 영위할 수 없었다.

*

용산은 우리의 이기심을 돌아보는 시대의 현장이었다. 땅 투기를 통해서라도 한몫 잡고 싶어하던 우리의 욕망이 그릇된 것임을 보여주는 현장이었다. 고층 주상복합아파트가 들어서기까지 수많은 사람들이 피눈물을 흘리며 쫓겨나고, 심지어 죽기까지 한다는 현실을 적나라하게 보여주는 현장이었다. 뉴타운에 열광하던 자신들의 잘못이 이들을 죽음에 이르게 한 것임을 확인할 수밖에 없는 현장은 사람들의 마음을 불편하게 했을 것이다. 그래서 시민들은 외면했고 용산은 그만큼 외로웠다.

한편으로 우리 사회의 민주주의가 국가공권력의 폭거 앞에 일순간 무너져내릴 수 있음을 웅변하는 곳도 용산이었다. 그래서 우리의 민주주의는 철거민을 비롯한 사회적 약자들이 배제된 민주주의였으며, 잘못 설계된 민주주의였음을, 사실은 민주주의 기본도 제대로 세우지 못한 지경이었음을 뼈저리게 말해주던 곳이 바로 용산이었다.

이런 현실에서 가난한 사람들은 가난한 사람들끼리 서로 끌어안고 가야 함을 용산은 정확하게 보여주었다. 신자유주의의 야만이 횡행하는 시대에, 부자들만을 위한 정책을 추구하는 정부가 들어서 있는 시대에 가난한 이들이 작은 권리 하나라도 쟁취하기 위해서는 가난한 이들끼리 연대하지 않으면 안 된다는 교훈을 남겼다. 그리고 그런 연대가 이루어지면 쉽게 꺼질 수도, 쉽게 잊힐 수도, 쉽게 저버릴 수도 없는 힘이 생긴다는 것을 보여준 것 또한 용산이었다. 용산을 덮으려고 발악을 했던 정권의 탄압에 굴하지 않고 꾸역꾸역 용산으로 모여들었던 가난한 이들을 나는 잊을 수 없다. 그들이 있기에 나는 수배생활을 이겨낼 수 있었고, 수감생활을 견뎌낼 수 있었다.

내 인생에서 운명처럼 안고 가야 하는 용산. 나는 용산에서 떠나지 못한다. 아니 아마도 내 인생이 끝날 때까지 용산 문제로부터 자유로울 수는 없을 것이다. 평택미군기지 저지투쟁 이후 대추리를 운명처럼 끌어안고 살아야 하는 것처럼 말이다. 활동가에게 활동 속에서 만난 인연만큼 질긴 것은 없다. 용산에서 만난 이들과의 관계 속에서 내 인생은 변주될 것이고, 용산은 상당히 중요한 변수가 되리라.

용산은 아직도 계속되고 있고, 나 또한 용산 속에서 계속 살고 있다. 고마운 사람들, 가난한 사람들의 맞잡은 손을 기억하면서 용기 내어 살 수 있을 것 같다, 용산 덕분에.

국가공권력에 의한
공개학살이었다

항소심 최후진술서

사건 2011노441 일반교통방해 등

재판장님,

  저는 오늘 이 법정에 참으로 착잡한 심경을 갖고 최후진술을 위해 섰습니다. 2심 재판부가 1심 재판부와는 다른 판결을 내릴 것이라는 실낱같은 희망을 갖고서 말입니다. 23년째 오로지 인권운동에 복무하고 있는 제게 법원은 그래도 인권의 마지막 보루일 수 있다는 희망을 보고 싶습니다.

용산 참사는 국가공권력에 의한 공개학살이었습니다. 주거권과 생존권을 지키려는 철거민들의 절망적인 몸부림이 망루농성으로 표현되었습니다. 이런 극한적인 방법의 망루농성을 할 수밖에 없는 철거민들이 용역깡패들과 경찰의 폭력에 시달렸습니다.

검찰은 짜맞추기 조작수사로, 국가공권력에 의해 공개학살당한, 그 참혹한 불구덩이 속에서 겨우 살아남은 철거민들을 법정에 세웠습니다. 그들은 심각한 인권피해의 현장에서 살아남은 생존자였음에도 이런 점들은 고려하지 않았고, 법원 또한 검찰과 함께 철거민들을 단죄하기에만 급급했습니다. 한 명의 경찰관이 희생된 일에 대해서 법원은 국법질서에 도전한 불법행위를 엄단한다고 했고, 중형을 선고했습니다. 그렇지만 다섯 명의 철거민들을 죽인 경찰의 망루농성 진압에 대해서는 침묵했습니다. 아니, 과잉진압, 살인진압의 책임을 묻지 않았고 살인행위를 한 공권력에 면죄부를 부여했습니다. 법원의 권능으로 말입니다.

그뿐입니까. 시위진압 경찰의 안전대책 미비로 중상을 입은 망루농성 철거민들에게 법원은 1심에서 중형을 선고했고, 용산 참사의 진실을 규명하려고 삼보일배, 1인시위에 나선 활동가와 시민들에게 벌금폭탄을 안겨왔습니다.

검찰은 민주화운동의 결실로 이룬 정치적 독립을 이명박 정권 집권 뒤에 헌신짝처럼 내팽개치고, 정권의 충실한 시녀로 전락했습니다. 정권에 충성을 다한 검사들은 승승장구 승진가도를 달리고 있습니다.

검찰은 우리의 행위를 폭력으로 내몰고 있습니다. 그러면서 시위대에 부상당한 경찰관들의 명단과 부상 정도를 증거로 내밀고 있습니다. 웃기는 소리입니다. 시위현장을 조금이라도 아는 사람들이라면, 이런 경찰과 검찰의 주장이 얼마나 터무니없는 주장인지를 너무도 쉽게 알 수 있을 것입니다. 중무장한 경찰의 부상보다 비무장의 시위대가 당한 부상에 대해 법원은 더 크게 관심 가지고 단죄해야 합니다.

우리는 시위대의 폭력을 자제시키려 했고, 평화적인 집회와 시위를 주창했습니다. 단 한 번도 폭력 집회와 시위를 계획한 적도 없습니다. 용산 참사에 분노한 시민들에게 경찰은 폭력으로 맞대응할 것이 아니라 먼저 사죄부터 해야 했습니다. 우리에게 폭력행위 운운하는 것은 어불성설이고 가당치도 않는 파렴치한 짓입니다.

미신고 집회였으므로 불법행위라고 검찰은 주장합니다. 단 한 번도 집회신고를 받아준 적이 없는 경찰, 1인시위와 삼보일배마저 연행하기에 급급한 원천봉쇄의 상황에서, 그렇다면 우리는 침묵하고 있어야 했을까요. 공개적인 학살을 보고도, 잘못된 재개발제도의 피해자인 철거민들이 국민으로 대접도 받지 못하고 죽음으로 내몰린 상황을 보고도 침묵하고 있었어야 할까요. 우리가 불법집회를 주최할 수밖에 없었던 상황은 무시한 채 실정법 위반만을 문제 삼는 옹졸한 검찰의 태도는 이미 정권의 시녀가 되어버렸기에 당연한 일입니다.

1심 재판부는 집회와 시위가 민주사회의 중요한 자유이며, 헌법이 보장하는 기본권이라는 관점을 일탈한 채 검찰의 일방적인 주장만을 수용하여 저희에게 중형을 선고했습니다.

저는 이 재판 내내 법정에서 형의 감경이나 선처를 구하지 않았습니다. 그런 저의 태도를 보고 개전의 정이 없다고 검찰은 질타해왔습니다. 왜 제가 반성해야 하는 건가요. 평화적인 방법으로 용산 참사에 항의하고, 용산 참사로 가족을 잃은 유가족의 편에 서고, 힘없고 가난한 철거민들의 입장에 선 게 죄라면, 저를 단죄하십시오.

저는 분명히 개전의 정이 없는 확신범입니다. 저는 저의 용산 참사와 관련한 모든 행위가 인권옹호 활동에서 한 치도 벗어난 적이 없다고 확신하고 있기 때문입니다. 이미 우리의 주장과 활동이 옳았음이 입증되고 있습니다. 잘못된 재개발제도, 특히 뉴타운 사업은 난항을 겪고 있고, 그래서 정부와 서울시, 경기도 등에서는 기존의 뉴타운 사업과 재개발사업 계획을 대대적으로 수정하고 있습니다. 우리의 용산 참사의 진상 규명과 책임자 처벌, 재개발제도 개선을 위한 투쟁은 오늘날 이렇게 잘못된 재개발 관련 사업들을 수정시키는 데 분명히 기여했다고 생각합니다.

저는 법정에 서야 할 사람들은 국가폭력에 의해 공개학살을 자행한 자들이고, 그들을 배후에서 학살행위로 내몬 현 정권의 실세들이라는 점을 분명히 합니다. 저는 용산 참사와 관련한 범죄자들을 끝내 단죄하는 일을 포기하지 않을 것입니다.

비록 현실의 법정에서 저는 죄인일 것이지만, 인권의 법정, 정의의 법정, 역사의 법정은 제게 무죄를 선고할 것이라 믿습니다. 인권운동가로서 법원이 정의와 인권의 편에 서는 모습을 보고, 그래도 법원은 인권의 마지막 보루일 수 있다는 희망을 볼 수 있기를 바랍니다.

2011년 4월 27일
피고인 박 래 군

서울중앙지방법원 제8형사부 귀중

(나는 2010년 4월 말에 보석으로 석방되어 불구속 상태에서 재판을 받았다. 2011년 1월 24일 1심에서 징역 3년1월에 집행유예 4년형을 선고받았으며, 이 최후진술서가 전달된 2심의 판결도 원심과 같았다. 다행히 중상을 입은 철거민들은 2심에서 집행유예를 선고받아 구속만큼은 면할 수 있었다.)

그리고 5년 후, 용산이 남긴 것들

그 뒤 나에게도 많은 변화가 있었다. 인권운동사랑방의 상임활동가로 돌아가기에는 너무 많이 멀어져 있다는 느낌이 있었다. 상임활동가에서 돋움활동가(상근을 하지 않지만 책임을 같이 지는 활동가)로 계속 인권운동사랑방의 일원으로 남았지만 그것도 결국 2012년 2월에 그만두었다. 대신 인권재단 사람에서 추진했던 인권센터 건립사업에 매진하기로 했다. 그러느라 용산 참사와 관련한 일들은 소홀했을 수도 있다. 하지만 지금까지 나는 용산 참사와 관련한 이런저런 일들에서 책임을 지고 있고, 앞으로도 그 책임에서 벗어날 수 없다는 것을 안다.

지난 5년 동안 무엇을 했을까. 남일당 현장을 지킨 시간이 1년, 그리고 장례 이후 4년. 그동안 용산진상규명위원회의 활동을 한 마디로 정리하라면, 사람들에게 용산 참사를 현재진행형의 사건으로, 그리고 우리 사회가 풀어야 할 과제로 인식시킨 일이었을 것이다. 용산 유가족들이 말하는 것처럼, 사람들이 용산을 잊지 않도록 할 수 있는 일을 해왔던 것 같다.

용산은 우리가 잊지 말아야 할 가치를 선명한 깃발로 올려주었던 그런 것이다. 용산 참사 발생 이후 내걸었던 한 마디, "여기, 사람이 있다!" 우리 사회가 지금과는 다른 사회로 가야 하는 이유를 이 한 마디가 분명하게 제시했다. 지금까지처럼 돈에 내몰리고 경쟁에 내몰리는 이런 잘못된 자본주의 시스템 속에서는 용산처럼 사람이 잔인하게 학살당하는 야만사회가 지속될 것이라는 경고에 덧붙여, 이제 사람의 존엄에 눈길을 돌리고 더불어 함께 살아가는 세상을 만들어야 한다는 보편지향이, 나아가 사람과 자연이 어우러지는 삶으로 나아가야 한다는 강력한 의지가 그 말에 담겨 있다고 생각한다.

그리고 쌍용차 노동자들이 내걸었던 깃발도 있었다. 77일 간의 옥쇄파업 동안 내걸었던 "함께 살자!" 같이 일하는 동료를 죽여야 내가 산다는 잔인한 경쟁의 체계를 박차고 나와서, 아니다, 이제 같이 손잡고 죽어도 같이 죽고 살아도 같이 살자는 그 절절한 구호가 파업 기간 내내 공장의 담벼락에 걸려 있었다. 최루액에 젖은 자신들을 향해 달려드는 용역과 경찰에 맞서며 분노로 지켰던, 한솥밥 먹던 동료들이 구사대가 되어 공격할 때 눈물로 적셨던 그 깃발이었다. 용산의 구호는 쌍용차로 이어져 있었다.

용산과 쌍용차의 깃발에서 우리 사회가 가야 할 미래를 발견하지 못한다면 그건 절망이다. 반면 우리가 만들어가야 할 미래를 발견한다면 그건 희망이다. 그 희망을 국가는 잔인하게 짓밟고 있다. 그리고 우리 사회의 다수는 그 국가의 잔인한 범죄를 외면했고, 또 침묵했다. 결국 자신들도 야만사회, 잔인한 국가의 범죄에 희생될 것을 모르는 것처럼. 지난 5년은 그런 무지와 외면, 침묵과 싸워온 세월이었다. 용산의 유가족과 나는 그리고 함께했던 이들은 그랬다.

영상집단 연분홍치마가 만든 〈두 개의 문〉의 상영도 그런 노력의 일환이었다. 이 영화의 가편집본을 갖고 와서 내부 시사회를 할 때 나는 너무도 고마웠다. 용산을 다룬 영화들이 당시의 상황을 보여주면서 분노를 자극해왔을지 모르지만 이 영화는 용산이란 소재를 통해 관객들을 지옥으로 끌고 들어갔다. 매우 냉정하게 용산은 무엇인가를 생각하게 하는 영화였다. 특히 용산 투쟁에서 간과하고 있던 시각, 즉 진압작전에 투입된 경찰특공대도 사실은 피해자일 수 있음을, 그리고 국가가 행정·입법·사법부가 모두 혼연일체가 되어 농성자들을 지배질서에 도전한 범법자로만 보았음을 그려 보여주었다. 이 영화의 마지막 부분은 쌍용차 파업투쟁의 잔인한 진압으로 이어진다. 용산에서 저지른 국가폭력을 국민들이 용인했기에 쌍용차에서도 같은 방식으로 진압했다는 점을 분명히 말해준다.

몇몇 불필요하게 삽입된 장면들을 제거하면 좋을 것이란 의견을 냈다. 동시에 이 영화를 극장에 걸자고 제안하니 영화를 만든 감독들이 도리어 놀랐다. 극장에 걸 만한 작품이었고, 이걸 보는 사람들이 용산을 다시 한 번 생각할 수 있겠다는 느낌이 확 왔다.

영화 상영을 위해서 배급위원회를 구성하자 뜻있는 시민들은 3만 원씩, 아니 그 이상씩 자발적으로 내고 배급위원이 되어주었다. 엔딩 크레딧에 배급위원으로 참여한 8백여 명의 이름이 올라갈 때가 나는 가장 감동적이었다. 용산을 알리자, 바로 알자는 캠페인에 자발적으로 참여한 사람들. 그만큼 사람들 마음속에 용산이 각인되었음을 말해주는 것이었다. 극장에만 7만 명 넘는 관객이 모였으니 공동체 상영까지 합치면 족히 10만 명의 사람들이 이 영화를 본 셈이다. 예감대로 다큐멘터리 영화로서는 대박이 났다. 그게 2011년이었다.

2012년 용산은 본격적으로 쌍용차와 만나고 강정과 만났다. 그래서 만든 게 각각의 이니셜을 따서 '스카이 액션(SKY ACTION)'이었다. 쌍용차, 강정, 용산의 공동행동—내몰리고 쫓겨나는 사람들의 연대투쟁. 우리는 갑오농민들이 내걸었던 "사람이 하늘이다" 대신에 "쫓겨나고 내몰리는 우리가 하늘이다"란 구호를 내걸고 전국을 돌았다. '2012 생명평화대행진'을 한 달 동안 진행하면서 전국의 투쟁현장, 농성장을 찾았다. 밀양에서는 송전탑 투쟁을 진행 중인 '할매'들을 만났다. 강정마을의 강동균 회장은 그 할매들을 끌어안고 울었다. 그들의 분노와 설움이 곧 강정이었고 용산이었고 쌍용차였다. 서울로 올라와서는 대한문 앞 쌍용차 농성장 옆에 "함께 살자 농성촌"을 만들었다. 쌍용차마을, 강정마을, 용산마을에 탈핵마을을 붙였다. 광화문에서는 장애인들의 농성촌이 있었다. 마침 대선 기간이어서 행진과 문화제, 노동자 공동투쟁단과의 공통투쟁 등으로 대선후보들을 압박하는 투쟁들을 만들어갔다.

용산은 용산만으로 끝나는 것이 아니었다. 생명평화대행진을 통해서 우리가 확인한 사실들은 전국 곳곳이 울음바다라는 것, 사람과 생명이 죽어가고 있다는 것, 자본의 이기적인 탐욕과 그와 한패인 국가의 폭력이 판을 치는 세상은 우리가 사는 세상을 야만사회로 만들었다는 것 등이었다. 이렇게 쫓겨나고 내몰리는 사람들은 존엄함을 지키기 위한 투쟁을 하는 이들이었다. 그들은 뜯기고 매를 맞으면서도 농성장을 지켰다. 농성장은 땅 위에만 있는 게 아니라 산 위에도 있었고, 강둑에도 있었고, 바다 옆에도 있었다. 그리고 하늘까지 용산의 망루가 올라가 있었다. 어찌할 것인가. 곳곳에서 울부짖으며 싸우고 있는 이들을 외면할 수 없음을, 그들과 함께 싸우고 함께 해결해야 할 거대한 구조와 맞서고 있음을 우리는 처절하게 깨달았다. 용산은 그들과의 연대에 주저하지 않았다. 그렇기 때문에 용산 유가족과 함께 내가 쌍용차로 강정으로 밀양으로 가는 일은 당연했다. 이렇게 용산에서 시작된 연대는 희망버스의 연대와 다를 게 없다.

내게 용산은 이런 모든 연대의 출발점이다. 용산에서 선명하게 내걸었던 '사람'이란 기치가 앞으로 내가 살아가는 삶의 중심에 서 있을 것이다. 사람을 올바로 세워내는 일, 사람이 차별당하지 않고, 폭력에 내몰리지 않고 존중받는 세상을 만드는 일이 아마도 내가 해야 할 일인 듯싶다.

그런 와중에 2013년 10월, 박근혜 정부는 김석기를 한국공항공사 사장에 임명했다. 김석기, 그는 용산 참사 당시 서울경찰청장의 자리에 있으면서 차기 경찰청장으로 내정되어 있던 자였다. 그는 용산에 망루를 짓고 올라갔던 철거민들을 특공대를 투입하여 진압한 장본이었다. 심지어 미국이었다면 농성자들에게 총을 쐈을 것이라는 망언도 서슴지 않고 했던 자다. 유가족들이 보는 앞에서도 용산 진압은 정당했다고 강변했던 그는 아무런 처벌도 받지 않았다. 자신의 책임을 모조리 부하들에게 뒤집어씌우고, 자신은 무전기를 꺼놓고 있었다는 말도 안 되는 진술서를 검찰에 제출한 것으로 끝났다.

그는 오사카총영사로 부임했다가 총선 때 경주에서 출마했다. 그러고는 한국공항공사의 낙하산 사장 자리를 차지하는 것을 보고 우리는 경악했다. 박근혜 정부는 용산 참사를 해결하겠다고 했던 약속을 지키기는커녕 용산 참사를 계승하겠다고 선언한 것이었다. 이에 맞서 용산 유가족들과 전철연 사람들과 함께 김포공항에 있는 한국공항공사에서 항의행동을 하다가 경찰에 연행이 되는 일도 있었다.

*

2014년 1월 20일은 용산 참사가 발생한 지 5주기가 되는 날이었다. 2천3백 명가량의 시민들과 250개 단체들이 참여하여 5주기 범국민추모위원회가 구성되었고, 그 이름으로 추모주간 행사를 가졌다. 5주기여서 그런지 언론에서도 많은 관심을 보여주었고, 시민들의 참여도 높았다. 용산은 아직 잊히지 않았다는 점에서 안도하기도 했다.

하지만 용산 참사의 현장인 남일당이 여전히 폐허로 남아 있는 모습은 가슴을 아리게 했다. 그 폐허 위에 한겨울 찬바람이 불었다. 5년 전 그날도 몹시 추웠다. 그날의 참상이 떠오르는 건 어쩔 수 없는 일이었다. 개발이 중단된 용산과 같은 지역의 철거민들이 당하는 고통

도 생각났다. 우리가 제기한 강제퇴거금지법은 국회에서 낮잠을 자
는 중이다. 그리고 진상 규명은 한 발도 나아가지 못하고 있다. 그러
니 답답하다. 하지만 여기서 주저앉지는 못하겠다. 다시 용산 참사 진
상조사팀을 만들어 가동하는 이유도 그런 것이다. 백서를 발간하고,
진상 규명 과제를 정리한 책자도 내고, 다시 영화도 만들어보고 싶다.
용산을 옛날의 끝나버린 사건으로 묻히지 않게 하기 위해서 올해도
분주히 움직여야만 할 것 같다. 그러면서 다시 인권운동의 길을 찾아
나가고 싶다.

4부

3막을
기다리며

인권운동가로
산다는 것

올해 2014년, 나는 26년차 인권운동가다. 이제 인권운동가라는 말 외에 달리 나를 설명할 수 없게끔 살아왔다. 한 가지 일을 26년 동안 해왔으면 그 분야에서는 대가가 되어 있어야 마땅한데, 나는 지금도 인권이 무엇인지, 인권운동가를 뭐라고 정의해야 하는지 잘 모르겠다. 어찌 생각하면 한심한 일이 아닐 수 없다. 물론 나도 교과서적인 대답 정도는 할 수 있다. 인권이라는 가치—'모든 인간은 존엄하다'—를 신념으로 삼고 '모든' 인간이 존중받는 세상을 만드는 사람이 인권운동가일 것이다. 그러므로 사람을 살리고 세상을 바꾸는 게 인권운동이다.

  그런데 나는 이런 정의가 참 불편하다. '모든' 사람을 존중해야 한다고? '모든' 사람이 존엄하다고? 일그러진 현실에서 보게 되는 사람들을 모두 존중할 자신이 오늘도 없는 나는 이 말을 자꾸 되뇌인다. 나는 '모든 사람'을 존중할 자신도, 존엄하다고 인정하고 싶지도 않다. 사람을 차별하고 억압하고, 인권침해를 가하는 사람도 '존엄하다'는 바로 그 사람들이기 때문이다.

돈과 권력과 지식과 문화와 관행 등으로 사람에게 가하는 폭력은 얼마나 우리 사회를 비인간적으로 만들어왔는가. 단 한 번이라도 세계인권선언의 이상이 실현된 적이 있었던가. 국가권력의 인권침해를 어느 정도 제어할 수 있는 정도의 수준은 만들었다고 생각하던 순간 자본이 밀고 들어와 다시 군림하더니 국가마저 자본의 이익을 위해 멸사봉공하는 체제로 바꾸고 말았다. 불평등이 심화됨에 따라 자유는 온데간데없고, 연대의 정신은 공중분해된 가운데 오로지 개인에게 세상의 모든 짐을 떠넘긴 살벌한 세상이 되어버렸다.

그래도 나는 인권운동의 길을 지켜왔다. 지금껏 유일하게 자랑할 수 있는 건 인권운동의 길을 지켜왔다는 점뿐이다. 내가 살아온 삶의 절반 넘게 한길을 간다는 것이 쉽지만은 않았다. 왜 나라고 벗어나고 싶은 때가 없었겠는가. 그런 길에서 감옥도 다녀오고, 별도 많이 달았다. 감옥에 갔을 때마다 나는 부당한 일에 맞서 싸우고는 했다. 2006년 평택미군기지 확장저지 투쟁 중에 감옥에 갔을 때는 모든 지문날인을 거부했다. 경찰서와 검찰에서 조서를 작성하고는 꼭 무인을 찍도록 했다. 그런데 그걸 거부하니 경찰이 무척이나 당황했다. 결국 버티면서 모든 조서에 서명을 해버렸다. 간인조차도 서명으로 한 조서는 아마 내가 처음이 아니었을까. 그리고 유치장과 감옥에서도 마찬가지다. 물건을 구매하는 데도 무인을 찍으라고 하고, 영치품 봉투에도, 책이나 우편물 수령장에도 무인을 찍으라고 했지만 결국은 모두 서명으로 대체해버렸다. 순간적으로 그냥 시키는 대로 타협을 하면 그만이지만 이런 것 하나하나에서 지켜야 할 것은 지켜야 한다고 나는 생각했다.

인권운동사랑방 초기 시절에 미결수와 기결수의 복장이 같은 점에 대해 문제 제기한 적이 있었다. 무죄추정의 원칙에 따라 미결수는 기결수와 복장이 달라야 하지 않느냐는 지적이었다. 아직 형이 확정되지 않는 미결수를 기결수처럼 대하는 것의 부당함을 제기하여 헌법재판소의 결정을 받아냈다. 그로부터 미결수는 기결수의 푸른색 수의가 아닌 황토색 옷을 입게 되었다. 또 법정에 출정할 때는 일반 복장도 착용할 수 있도록 했다. 그런 변화는 저절로 오는 게 아니다. 하지만 감옥에서 법정에 출정할 때 사복을 입지 않는 경우가 많다. 우리와 같은 사람만 주로 사복을 입는다. 귀찮기도 하고, 재판부에 건방지게 보여서 찍힐 것을 미리 겁내는 미결수들을 보고 안타까웠다. 결국 제도를 바꾸어도 그 의미를 모르면 그 제도는 도로아미타불이 되어버린다. 그런 것들이 얼마나 많을까.

법정에서는 직업을 인권운동가로 인정받기 위해 노력했다. 예전에는 대개 운동가들이 구속되면 직업란에 무직이라고 표기되고는 했다. 운동가는 직업이 없는 게 아니라 운동 그 자체가 직업인데, 무직이라는 것은 부당하다. 그래서 재판장과 승강이를 벌여서 인권운동가라는 직업을 인정하게 만들었다. 서울구치소에 있던 2010년에는 방 검사를 할 때면 복도에 나와서 뒤로 돌아 앉아 있게 했다. 내 방을 뒤지는데 그걸 보지도 못하게 강압하는 것은 있을 수 없다며 항의를 했다. 지금은 어떤지 모르겠다.

사소한 것이더라도 부당한 제도와 관행, 문화와 정책에 대해 문제를 제기하고 그에 맞서는 것은 인권운동가로서는 피할 수 없는 일이다. 불복종의 원칙을 몸에 DNA처럼 갖고 있는 사람이 인권운동가일 것이다. 그러므로 피할 수 없는 불복종의 상황에서 몸을 빼내서 피하게 되면 마음이 영 불편하고 괴로워진다. 연행이 예상되어도 같이 항의하다가 연행되는 게 되레 마음이 편하다. 평택 대추리 투쟁 때 포클레인 위에 올라가 있으면 연행될 것을 알면서도 그렇게 저항할 수밖에 없었고, 용산에서 경찰이 불허하는 추모대회를 열면 구속될 것을 알면서도 강행했다.

그렇다고 내가 무조건 강경한 것만은 아니다. 인권운동가는 매우 인상이 강한 말이라 나를 보기 전에는 내가 무척이나 드셀 것으로 생각하는 사람이 많지만, 나의 성정은 원체 부드럽다. 사람들과 웃고 농담하기를 좋아하고 장난도 잘 친다. 그리고 남의 말을 잘 들어주는 편이다. 사람들도 나를 편하게 생각한다. 나는 외유내강外柔內剛이란 말을 좋아한다. 안으로는 원칙을 지키며 흔들리지 않되 밖으로는 한없이 부드럽고 유연한 사람을 원한다. 부드러움이 강함을 이긴다는 말이 있듯이 운동가라고 해서 강하게 치고 나가야만 하는 것은 아닐 것이다. 부드럽게 사람들 사이로 스며들어 어느새 자연스럽게 그 관계 속에 위치할 수 있기를 나는 바란다.

사실 사람들이 나를 편하게 생각하는 건 편안한 외모 덕분일 수 있다. 나는 외모의 덕을 많이 보고 사는 편이다. 전혀 지식인같이 생기지 않아서, 아니 구릿빛을 넘어 검은색에 가까운 피부가 시골 아저씨 같아서 농민들 속에서도, 노동자들 속에서도, 철거민들 속에서도 전혀 티나지 않고 스스럼없이 어울리기 적당하다.

내게 찾아오는 사람들은 대개 억울한 일을 당해서 도움을 받고자 하는 이들이다. 그런 사람들의 얘기를 듣는 일은 솔직히 힘들다. 피해자들은 대체로 자신들의 피해에 갇혀 있다. 자신들이 입은 억울함이 너무 크기 때문에 객관적으로 판단하기 어렵다. 고집도 부린다. 이미 어떻게 해볼 수 없는 상황이 되었는데도 왜 자기의 일에 관심 가져주지 않느냐고 항변도 한다.

그리고 때로는 인권운동단체를 이용하려고도 한다. 자신들이 일방적으로 당한 얘기만 해서 그걸 해결해달라고 하는 사람도 있다. 한번은 교도관이 인권침해를 했다고 하면 인권단체들이 나선다는 것을 알고는 평소 자신들의 말을 들어주지 않는 교도관을 어찌 해보려고 조폭이 찾아왔던 적도 있었다. 그래서 팩트를 정확하게 파악하는 일은 이 바닥에서도 중요하다.

하지만 대부분 나를 찾아오는 이들은 착한 사람들이다. 그런 사람들이 당한 일을 듣다보면 화가 난다. 열심히 일했을 뿐인데 갑자기 일자리에서 쫓겨나야 하는 사람들, 부당한 요구를 듣고도 감내했지만 결국은 피해만 고스란히 당한 사람들의 얘기를 듣는 일은 중요하다. 아무리 현실에서 해결 불가능한 상황이라도 들어주는 것이 필요하다. 한때는 '내 귀에 도청장치' 같은 말도 안 되는 일로 찾아오는 사람들이 있었다. 그들을 만나서 얘기를 들어야 하는 건 분명 짜증나는 일이지만 모든 일을 뒤로 미루고 세 시간이고 네 시간이고 얘기를 들어주면 그들은 나를 신뢰하기 시작한다. 대개 내가 성의껏 들어주면 그들은 눈물을 흘린다. 그들에게는 너무도 고통스러운 일이었지만 누구도 들어주지 않는 얘기를 진지하게 들어주니까 그것만으로도 고마워한다. 그러면 나는 달리 생각하는 법을 살짝살짝 귀띔해준다. 그렇게 해서 그들이 차츰 그런 말도 안 되는 상황을 이겨내는 것도 보았다.

내가 하는 수많은 일들은 누군가 그 일을 말하기 위해서 찾아오는 순간 시작된다. 나는 그 말을 제지할 방법을 알지 못한다. 들어야 한다. 선입견을 갖지 않은 채 얘기를 듣다보면 화를 내고 답답해하고 안타까워하면서 그 일을 들고 온 사람의 감정과 동일시된다. 감정의 이입, 동화라고나 할까. 어떻게 장애 아동들이 인권유린을 당하는 걸 외면할 수 있을까. 어떻게 정든 집과 마을을 빼앗기고 내몰리는 일을 모른 척할 수 있을까. 공권력에 의해서 조작된 사건이라고 하는데, 그래서 때로는 억울하게 죽기도 했는데 어떻게 침묵할 수 있을까. 그러다보면 나는 그 사건 속으로 빨려들어가고 어느새 그 가운데에 서서 그 일을 해결하기 위해 부심하는 주체가 되어버린다.

하지만 조심해야 하는 일이 있다. 해결사가 되는 일이다. 해결사는 문제를 대신 풀어주기 마련이다. 사건을 가지고 나를 찾아오는 이들은 내가 해결사로서 뛰어난 능력을 발휘해주기를 바란다. 그리고 대체로 나는 그들의 기대감을 충족시켜주는 방향으로 일을 해왔다. 하지만 그러면 안 되는 것 같다. 인권운동가의 일이란 인권피해자들이 자기의 문제를 직시하고 그런 일들을 해결해가도록 안내하고 지원하고 촉진하는 것이지 그들을 대신하는 것은 아니지 않을까. 시간이 많이 걸리더라도 그들과 충분한 대화를 하고 그들이 주체가 되도록 하는 것이 필요하다는 얘기다.

예전의 양지마을 사건이 있었을 때가 생각난다. 우리는 시설에 가둬두고 사람들을 납치해서 노예처럼 부린 시설장들에게 분노했고, 사회적인 이슈로 만들어내는 데 성공했다. 하지만 세상의 관심이 가라앉자 시설에서 나온 사람들은 높은 제도의 벽 앞에서 좌절했다. 절망한 그들은 쉽게 술에 젖어들었고, 오갈 곳도 없어 노숙의 길을 택했다. 그리고 거리에서 죽어갔다. 우리는 그들이 주체의 힘을 갖도록 하지 못했다.

인권운동가에게 현장은 사건의 현장만이 아니다. 제도의 현장, 법의 현장, 문화의 현장일 수 있다. 공간일 수도 있고, 시간일 수도 있다. 나도 부당한 제도와 법에 맞서서 거리에서 농성하기를 밥 먹듯이 해왔다. 2000년대의 겨울 대부분은 국회, 법원, 청와대, 정부종합청사 같은 곳 앞에서 천막을 치거나 때론 천막도 없이 농성을 했다. 반인권 법률, 반인권 정책에 맞서는 투쟁 없이 한겨울을 나본 적이 거의 없었다. 그리고 때로는 국가인권위원회 만들 때처럼 혹한기 노상 단식농성까지 불사해야 했다. 토론회와 기자회견, 1인시위는 운동가들의 일상이다. 농성이나 집회, 시위를 하다가 걸핏하면 경찰에 연행되고, 벌금을 맞거나 구속이 되는 일도 겪어야 한다. 내가 26년차 인권운동가라는 것은 그 세월 동안 그런 현장에서 그런 일을 하며 살아왔다는 뜻이기도 하다.

지속가능한
인권운동의 조건

인권운동이 해야 할 일은 아직도 산적해 있지만, 무엇보다 주목해야 할 상황은 가파르게 상승하고 있는 자살률이 아닐까 싶다. 나는 한국 사회 인권문제의 핵심적인 징표를 자살률로 본다. 하루 42.6명이 자살하고, 1년이면 15,566명이 스스로 목숨을 끊는 현실. OECD 국가 평균의 약 세 배에 이르는 수치다(2010년의 통계). 우리 사회는 정상적인 삶을 영위할 수 없을 정도로 비정상적인 야만사회가 된 것이다.

자살은 생명을 스스로 포기하는 일이다. 사회적 안전망이 거의 없는 상황에서 일자리 없이 생계를 걱정하며 불안한 생활을 영위해가야 하는 사람들이 절망에 이르면 자살을 선택하게 된다. 하지만 소수의 재벌과 부자 들은 갈수록 더욱 많은 부를 소유하면서 경제권력을 독점하고 이런 권력으로 정치권력, 사법권력까지 좌지우지하고 있다. 반면 사회적 약자들은 인권보장체계로부터 배제되면서 경제적 불평등으로 생명까지 포기하는 현실이다. 자살을 하지 않고 살 수 있는 사회를 만들어내는 일, 그건 평등이란 가치를 부여잡고 지금의 불평등한 구조를 깨기 위해 부단히 노력할 때 가능하다. 그동안 자본의 독재에 저항하는 일에 대해서 인권운동이 너무도 소홀해왔다. 그들이 저지르는 차별과 인권침해 사건에 매달리는 것을 넘어 자본 지배의 사회를 인권의 가치로 재구성해내는 일이 중요하지만 그것을 나는, 우리는 제대로 해내고 있지 못하다.

또한 민주화운동의 결과로 획득되었다고 믿었던 자유권마저도 경제적·사회적 토대 없이는 유지될 수 없다는 사실이 이명박 정권 이후 뚜렷이 드러나고 있다. 독재정권에서나 볼 수 있었던 언론의 장악과 정보기관과 정부의 민간인 사찰까지 목도하게 된 상황이다. 또 국정원이나 사이버사령부 같은 정보기관들이 대북심리전이라는 명분으로 국내 정치에 깊이 개입하고 심지어는 선거에서 여론을 조작한 일이 드러났다. 김대중, 노무현 정권 시절부터 시작된 사회권의 급격한 후퇴, 이명박 정권 이후 드러난 자유권의 동반추락 현상을 보면서 인권의 한 축인 평등을 강조하는 것은 어쩌면 자연스러운 일이다.

자유권을 중심으로 진행된 인권운동이 최근에 노동자들의 정리해고와 비정규직 철폐 운동에 집중하는 것은 그만큼 우리 사회 인권문제가 그곳에서 시작된다는 인식이 있기 때문일 것이다. 더욱이 박근혜 정권에서 노동권이 회복될 것이란 기대를 하기는 어렵다. 그가 임기 내에 비정규직 문제를 해결하겠다고 밝혔지만 경제민주화 공약을 폐기하고 민영화를 주된 정책방향으로 잡은 이상 비정규직 문제는 해결될 수 없다. 사회복지와 관련한 공약들도 폐기하고 있어서 박근혜 정권에서는 불평등이 더욱 심화되면 되었지 개선은 불가능하다.

여기에 더해서 인권보장체계로부터 배제된 소외계층들은 더욱 통제의 대상이 될 것이다. 국정원, 검찰 등 공안기관을 통한 감시와 억압은 더욱 강화된다. 게다가 안전을 위해서라면 자신의 자유도 쉽게 포기하는 대중의 심리를 이용하여 더욱더 치안국가로 치닫게 될 우려가 있다. 남북관계마저 대결국면으로 지속된다면 국가보안법에 의한 공안탄압도 일상화되면서 우리 사회의 표현의 자유, 비판의 자유는 더욱 위축될지 모른다. 이렇게 되면 박근혜 정부는 유사 파시즘 경향을 보일 가능성이 매우 짙다.

이런 예측이 가능한 현재, 인권운동이 지향해야 할 진보적인 방향은 과연 무엇일까.

청색 권리로서 인권 민주주의와 개인·집단의 자율성을 옹호하고, 적색 권리로서 복지국가와 노동자 권리를 지지하며, 녹색 권리로서 평화와 한반도 문제 해결, 젠더와 생태적 가치를 모색하고, 갈색 권리로서 제3세계를 지원하고 이주노동자를 돕는 것이 우리가 지향하는 인권적 사회공동체의 목표가 되어야 한다고 나는 생각한다.
—조효제,『인권의 문법』, 후마니타스, 2007, 343쪽

조효제 교수의 제안처럼 인권운동은 단일한 방향만을 가질 수 없

다. 청·적·녹·갈색을 모두 아우르는 진보적인 이념을 통합해내고, 실제 운동에서도 이들 세력을 통합해내는 것이 인권운동의 본성상 가능하다. 지금 진보운동진영이 정파에 의해서 갈가리 찢겨진 상황에서는 인권운동의 통합력은 더욱더 절실하다.

그렇다면 실제 현실 운동을 하는 입장에서 인권운동의 과제는 무엇일까.

이제 인권운동이 소수의 활동가와 전문가 들을 과감하게 훌쩍 뛰어넘는 운동으로 발전했으면 좋겠다. 시민들과 호흡하는 운동, 시민들과 같이 만들어가는 운동을 꿈꿀 수 없을까. 활동가들이 중심이 되어 모든 일을 하는 것이 아니라 대중들을 교육하고, 조직하여 대중들과 같이 움직이는 운동을 지향해야 하지 않을까. 지금껏 소수의 인권활동가들의 고민과 헌신 위에서 인권운동은 생존해왔고, 발전해왔다고 해도 과언이 아니다. 활동가들은 최저생계비에도 미치지 못하는 활동비를 받으면서 주말이나 여가를 즐길 수도 없는 강도 높은 노동조건 속에서 생활해오고 있다. 물론 활동가의 열정과 헌신은 중요한 덕목이다. 하지만 이렇게 열정적이고 헌신적인 활동가들이 하나둘 운동 일선을 떠나고 있다. 소수의 활동가들이 온몸을 바쳐 활동하다가 지쳐 떠나는 이 구조에서는 인권운동의 발전은 기대할 수 없다.

그러면 어떻게 해야 할까. 활동가들이 갖는 인권운동의 내용들을 더 많은 이들이 공유하도록 해야 한다. 왜 인권의 가치, 인권운동의 소중함을 소수의 활동가들만 간직한 채 시민들과 공유하려고 하지 않는가 하고 우리는 물어야 한다. 더 많은 사람들이 공유하고 동의하는 가치라야 힘이 된다. 그런 대중이 인권운동의 주체로 나서도록 할 기획이 필요하고, 실제로 시민들이 스스로 인권활동을 할 수 있도록 만들어야 한다. 그래서 지역운동도 필요하다. 지역 내에서 인권운동의 역량을 구축해가는 일은 지역의 인권센터 등에서 진행될 수 있으며, 이를 통해 지역 인권조례와 인권기구들을 만들어내는 일을 시민들과 함께 해볼 수 있다. 그럴 때 인권활동가들도 대중으로부터 나올 수 있다.

시민들과는 다양한 소규모 수평적 네트워크로 만날 수 있다. 기존의 단체처럼 조직해서는 시민들이 찾아오기에 너무 문턱이 높다. 더 가더라도 시민들이 스스로 교육하고, 스스로 네트워크를 만들고 스스로 활동하도록 촉진하는 일이 가능하다고 생각해보자. 민주집중제의 조직방식에서는 시민들은 수동적인 위치에 머무르고 동원대상이 될 수밖에 없다. 서로를 존중하는 다양한 사람들이 적극적으로 의견을 개진하고 활동을 기획하는 일은 언제고 가능하다. 다양한 차이를 인정하고 서로를 존중하는 수평적인 다중심의 네트워크가 그 답이다.

지난 2008년 촛불집회를 보면서 진보운동진영은 스스로에게 물어야 했다. 무엇 때문에 운동단체와 운동가들은 시민들의 외면을 받아왔을까. 촛불집회는 대중을 조직·동원의 대상으로 보는 뿌리 깊은 운동사회의 인식에 근본적인 문제를 제기했다. 이제 시민들은 자신이 주체가 되고 싶어하고, 주체가 될 때 스스로의 힘으로 숙제를 해결해내는 능력을 발휘한다. 그래서 진보운동진영이 촛불한테 배우자고 했지만, 여전히 답보상태다.

그렇다면 인간의 존엄성을 가장 우선적인 가치로 치는 인권운동은 어땠는가. 마찬가지였다. 이제 모든 인간은 존엄하다는 대명제를 들고 시민들 속으로 들어가보자. 그들을 지도하고 이끌어가기보다는 그들과 더불어 인권교육을 통한 인권의식을 갖도록 하고, 그런 교육을 받은 시민들 스스로 일을 찾아내고 활동할 수 있는 네트워크를 형성하도록 촉진하는 일이 활동가들의 역할일 것이다.

그다음으로 생각할 수 있는 건 진보의 방향에 대한 합의 수준을 높여가는 일이다. 인권에 무슨 보수나 진보가 있냐고 말하는 사람들이 있다. 하지만 나는 인권은 매우 정치적이라는 주장에 동의한다. 인권 문제의 모든 판단 또한 정치적 입장에 따라 확연히 달라진다. 우리 사회에서 보수적인 인권론자들은 자유권 중심의 사고를 가진 이들일 것이다. 그들은 국가권력에 의한 억압 문제에 우선적인 관심을 돌린다. 하지만 인권으로 세상을 어떻게 변화시켜야겠다는 의지까지 포함하지 않는다. 그들이 말하는 정상국가, 정상사회란 자유가 실현되는 그런 사회다. 그런데도 그들은 종종 국가보안법의 폐지에는 주저한다. 나는 우리 사회에서 국가보안법의 폐지, 즉 사상의 자유를 옹호하는 보수적인 인권론자들이 훨씬 더 많아지기를 바란다. 반면 진보적인 인권론자라면 우리 사회의 국가폭력만이 아니라 자본의 지배와 폭력에 대해서도 관심을 기울이고 소수자 차별 문제에 남달리 예민해야 한다. 그러기 때문에 유난히 불평등에 관심이 많을 수밖에 없다. 이런 문제들을 종합적으로 사고하면서 현재 자본주의체제를 넘어서는 사회의 진보를 고민하는 것이 진보적 인권의 방향이다.

인권운동이 전문성을 강화하면서 정책대안 제시 중심으로 흘러간다면 운동의 방향이 너무 협소해지거나 제도 내적 개혁에 머무르게 될 수도 있다. 신자유주의가 강요하는 빈곤과 폭력을 거부하는 진보적 인권운동으로서 자신의 방향성에 대해 합의를 높여간다면, 내부의 연대의 질도 높이면서 다른 운동진영과의 연대의 수준도 높여갈 수 있다. 인권운동이 다른 운동의 보조적인 역할을 맡는 것이 아니라 주체적으로 자신의 역할을 높여가는 것이 이 시대가 요구하는 방향이 아닐까.

활동가들은 자신들의 사안과 단체만이 아니라 사회 전반에 대한 인식, 운동의 방향에 대한 공통의 이해를 높여가면서, 부분만 잘하는 데 그치지 않고 전체를 아우르는 진보운동에 복무해야 한다. 최근에 계속되는 밀양 송전탑 투쟁에서 인권운동가들은 주민들을 만나고 그들의 얘기를 들으며 구술사 작업을 해냈다. 현장에서 인권침해 감시 활동을 하면서, 밀양으로 가는 희망버스를 조직해내는 데 일조를 했다. 여기에는 단지 인권침해에만 주목하고 거기에 한정하지 않으려는 지향이 있다. 에너지 정책의 문제와 평화적 생존의 문제, 후대에까지 이어질 생태계 문제들까지 종합적으로 고려하는 것이다. 그러므로 밀양에서 환경운동과 만나고, 지역운동과 만나고, 농민운동과 만나고, 노동운동과 만나고 있는 게 아닌가. 이런 운동의 방향을 분명히 한다면 집중과 선택이 가능하다. 융합이니 통섭이니 하는 말이 운동에도 적용될 수 있을 것이다.

이런 운동들을 일단은 진보적 인권운동이라고 하자. 이런 진보적 인권운동을 일구는 거점 같은 것으로 생각한 게 인권센터다. 일상적으로 활동가와 시민들의 교류가 이루어지는 장으로서 인권교육이 진행되고, 토론과 각종 행사가 이루어지는 곳이며, 그런 가운데 시민들이 자발적으로 네트워크가 만들어지는 곳이 될 수도 있다. 공간이 갖는 위력에 대한 기대가 있는 것이다. 거기에 프로그램이 다양하게 배치된다면 더욱 좋다. 서울에 만든 인권센터는 시민들의 힘만으로 만들었는데, 거기에 도서관과 갤러리까지 갖추어 시민들이 다양하게 참여하는 프로그램을 만들고 있다. 이런 인권센터들이 지역마다 만들어진다면 지역운동의 거점이 되고 나아가 사회 변화와 재구성의 거점이 될 수 있지 않을까 하는 기대를 갖고 있다. 그런 인권센터들이 또 네트워크를 구성하면서 전체 사회에서 힘을 키울 수 있었으면 좋겠다.

물론 이런 센터를 만들고 운영하고, 프로그램을 가동하기 위해서는, 그리고 네트워크를 만들어 활동하기 위해서는 재정적인 기반을 마련해야 한다. 인권운동을 위한 든든한 재정적인 기반은 시민들로부터 마련될 수밖에 없다. 기업들의 인권침해와 차별을 감시하는 역할을 포기할 수 없는 인권운동이 기업이 내는 돈으로 기업의 눈치를 보면서 운동을 해갈 수는 없기 때문이다. 물론 개인사업자나 중소기업 등에서는 인권이란 가치에 동의하고 거기에 기부할 수도 있겠지만, 우리 사회의 대기업에는 어떤 기대도 할 수 없는 현실이다.

이런 모든 일은 시민들의 힘으로부터 나온다. 이런 시민들을 '사회적 시민'이라고 하자. 인간의 존엄을 지속적으로 부정하고 소외와 분열을 부추기는 자본은 죽음의 세력이 되어 있다. 치열한 경쟁으로 내몰리는 약자들, 소수자들은 인간이기를 포기하고 살아야 한다. 이런 사회의 시스템과 구조를 부단히 인간적으로 변화시켜가는 사람은 사회적 관계 속에서 존재하는 사회적 시민이어야 한다. 인권의 주체인 개인의 권리를 주장할 뿐만 아니라 사회의 구성원으로서 사회구조를 변화시킬 권리가 있는 사회적 시민이어야 한다. 사회적 시민들의 힘으로 사회를 재구성해가는 것, 그런 일에 바탕이 되는 인권센터를 만들어내고 싶다.

인생 3막을
기다리며

역사의 진보는 거저 되지 않는다. 시대의 변화에 맞는 새로운 사람들이 없이는 인권운동도 역사도 진보할 수 없다. 그런 점에서 이미 나는 구세대다. 시대의 흐름에 뒤처지지 않기 위해서 부단히 노력해왔고, 새로운 운동의 기획을 위한 고민을 미룬 적이 없지만, 1980년대부터 운동을 시작했고, 1980년대 말부터 인권운동을 해왔으니 나는 구세대 인권운동가이다.

신체 나이가 50줄에 들어서자 체력은 떨어져서 예전처럼 활기도 없는 건 물론이고 '아, 이래서 나이 들면 보수가 되는구나' 하고 느낀 적도 있었다. 나이가 들면 자기 것을 지키려고 한다. 거기에 더해서 이런저런 지위가 생기는데, 그 지위는 자칫하면 권력이 되고 위계가 된다. 나이 들수록 겸허해지고 낮아지지 않으면 예전에 그토록 혐오

하던 모습의 권위적인 선배가 될 수 있다. 늘 긴장해야 하는 이유다.

시대의 변화는 무척이나 빠르기만 하다. 386 컴퓨터에 감탄하던 게 엊그제 같은데, 그 뒤에 PC통신이 생겼다가 사라졌고, 인터넷이 등장했으며, 삐삐만으로도 통신혁명처럼 느끼던 시대에서 스마트폰과 SNS가 지배하는 시대로 급변했다. 이런 흐름들을 따라잡기 위해 나이 먹은 세대로서 노력한다는 것만으로는 너무 벅찬 게 사실이다. 좀더 시대에 맞는 감수성과 감각을 가지고, 그리고 이론으로도 무장하고, 시민과 호흡하는 그런 활동가가 필요한 때일 것이다.

그런 기준에서 보면 나는 생각도 낡았고, 운동방식도 낡았다. 감수성도 감각도 이론도 활동경험도 모두 뒤떨어진 것이리라. 참신한 상상력을 동원하거나 새로운 양식의 운동문화를 생산하기에는 너무 낡은 세대임이 분명하다. 그럴 때는 미련 없이 앞길을 비켜주어야 한다. 나는 앞에서 말한 정도의 인권센터, 그리고 어느 정도 지속가능한 인권운동의 가능성을 만들어놓고는 운동 일선을 떠나야 한다고 생각한다.

예전에는 죽을 때까지 현장에서 활동하는 모습이 아름다워 보였다. 그렇지만 지금 생각하면 그건 짧은 생각이었던 것 같다. 장강의 앞물은 도도히 흘러오는 뒷물에 자리를 내주어야 한다. 그래야 세상은 변화하고, 갈 길을 가기 때문이다. 중요한 자리를 빨리 후배들에게 넘겨주어야 새로운 기운이 생겨날 것이다. 대신 나는 어떤 직책도 맡지 않고 자원활동을 하거나 재정적인 후원을 한다면 할 일은 그래도 많지 않겠는가. 후배들의 앞길을 가로막는 '똥차'가 되어, 운동의 경험만 파먹고 사는 권위적인 추한 선배가 되고 싶지는 않다. 내가 모든 걸 다 할 수 있다, 내가 중심이 되어야 한다는 미련한 생각을 내려놓는 마음이 필요할 때인 것 같다.

나는 나름의 인생의 시기를 구분하고는 한다. 인생 1막은 대학교 1학년 때까지다. 나는 소설가가 되고 싶다는 욕망에 모든 것을 내맡겼다. 글을 쓰지 않으면 인생은 의미가 없을 것만 같았다. 시대와 맞닿아 있고, 그래서 사람들의 공감을 불러일으키며 세상의 변화에도 기여하는 그런 소설을 쓰는 작가가 되고 싶었다. 대학에 입학해서는 문학회를 먼저 찾아들었고, 학교생활은 뒷전인 채 소설 쓰기에만 매달렸던 적도 있었다. 그러다가 대학 1학년 말에는 내가 쓴 단편소설로 학교에서 주는 문학상을 받기도 했다. 소설가로 등단하는 꿈에 부풀어 있을 때 내게는 거부할 수 없는 운명처럼 운동이 찾아들었다.

인생의 2막은 대학 2학년 때부터 현재까지다. 나는 학생운동과 짧은 노동운동을 거쳐서 1980년대 말부터 지금까지 긴 세월 동안 인권운동의 길을 걷고 있다. 그러므로 나이 60에는 정말 마운드에서 내려서고 싶다. 추하지 않게 운동을 정리하는 것도 그런대로 괜찮지 않을까. 나이 60이라 해도 40년이라는 긴 세월을 운동에 복무한 셈이니 인생 1막에 비해서는 너무도 비대칭적인 기간이 아닐 수 없다.

인생 3막은 딱 10년만 잡았다. 그 시간 동안 인권운동을 하면서 겪은 일들, 만난 사람들의 이야기를 담아서 맘껏 소설을 쓰고 싶다. 그러면 그런 대로 내 인생을 수미일관되게 사는 게 아닐까. 세상 모든 일이 그렇듯 내 생각대로 될 것이라는 보장은 없지만 그런 희망을 가져본다.

나는 인권운동 2세대 활동가다. 앞선 선배 활동가들은 1970년대와 1980년대 군사정권의 억압정치에 저항하는 운동을 해왔다. 주로 1990년대부터 인권운동에 뛰어든 우리 세대는 선배들이 이루어놓은 운동의 지평 위에서 운동의 영역들을 확장해왔다. 그런 가운데 민주화운동의 부분이었던 인권운동을 독자적인 운동으로 세워냈다. 20년 전에는 인권운동 2세대가 선두주자였지만, 지금은 3세대 인권운동가들이 필요할 때다. 더욱 철저하게 인권감수성과 이론으로 무장된, 인권의 가치를 신념으로 갖고 오로지 인권운동으로 밥 먹고 사는 그런 운동가들이 새롭게 자라고 있을 것이다. 그런 그들의 모습을 보면서 그들이 잘 활동할 수 있도록 길을 닦아놓는 것만으로도 나는 내 역할을 다하는 것이리라 생각한다. 인권운동도 새로운 물길이 필요하고, 그 물길을 따라 새로운 세대의 운동이 흘러가야 한다. 그 길에서 기쁘게 비켜주는 그날을 어서 맞이하고 싶다.

사람 곁에 사람 곁에 사람
인권운동가 박래군의 삶과 인권 이야기

1판 1쇄 펴냄 2014년 3월 20일
1판 3쇄 펴냄 2017년 5월 23일

지은이 박래군
펴낸이 김경태
마케팅 곽근호 윤지원
편집 홍경화 김은영 전민영 성준근
디자인 김상보 박정영
펴낸곳 (주)출판사 클

독자 북펀드에 참여해주신 분들 (가나다순)
강동구 강문숙 강석여 강영미 강주한 김기남 김기태 김동은 김묘선 김상철 김인겸 김주현 김지호
김철효 김현승 김현승 김현종 김환 김희곤 나준영 노창주 문병준 민준기 박나윤 박무자 박선유
박준일 박혜미 박효정 신정훈 심만석 안병주 양지연 원승환 윤현식 이수연 이수진 이윤주 이주헌
이하나 이현우 임길승 임상훈 임지윤 장경훈 전성모 정담이 정대영 정미영 정민수 정솔이 정율이
정진우 정해승 조익상 최경호 최지영 최하나 탁안라 한성구 한은옥 현동우 황경미

출판등록 2012년 1월 5일 제311-2012-02호
주소 03385 서울시 은평구 연서로26길 25-6
전화 070-4176-4680 **팩스** 02-354-4680
이메일 bookkl@bookkl.com

ISBN 979-11-85502-02-1 03330

이 책은 저작권법에 의해 보호를 받는 저작물이므로 무단 전재 및 무단 복제를 금합니다.
잘못된 책은 바꾸어드립니다.

이 도서의 국립중앙도서관 출판시도서목록(CIP)은 서지정보유통지원시스템 홈페이지(http://seoji.nl.go.
kr)와 국가자료공동목록시스템(http://www.nl.go.kr/kolisnet)에서 이용하실 수 있습니다.
(CIP제어번호: CIP2014007576)